黑 骏 马
法律学术文丛

帅奕男 著

智慧社会的司法范式转型

知识产权出版社
全国百佳图书出版单位
—北京—

图书在版编目（CIP）数据

智慧社会的司法范式转型/帅奕男著 . —北京：知识产权出版社，2021.11

（黑骏马法律学术文丛/马长山主编）

ISBN 978-7-5130-7807-8

Ⅰ.①智… Ⅱ.①帅… Ⅲ.①司法制度—研究—中国 Ⅳ.①D926

中国版本图书馆 CIP 数据核字（2021）第 215679 号

责任编辑：薛迎春　　　　　责任校对：潘凤越

执行编辑：张琪惠　　　　　责任印制：刘译文

智慧社会的司法范式转型

帅奕男　著

出版发行：知识产权出版社 有限责任公司	网　　址：http：//www.ipph.cn
社　　址：北京市海淀区气象路 50 号院	邮　　编：100081
责编电话：010-82000860 转 8724	责编邮箱：471451342@qq.com
发行电话：010-82000860 转 8101/8102	发行传真：010-82000893/82005070/82000270
印　　刷：三河市国英印务有限公司	经　　销：各大网上书店、新华书店及相关专业书店
开　　本：710mm×1000mm　1/16	印　　张：14.75
版　　次：2021 年 11 月第 1 版	印　　次：2021 年 11 月第 1 次印刷
字　　数：240 千字	定　　价：78.00 元
ISBN 978-7-5130-7807-8	

法之界，思无疆

修身养性、吟诗作赋、四海远游、把酒临风，常常是对古代文人的生动写照。时至今日，这依然是诸多学者的一种生活理想。在分工日益精细的当代社会，学者日渐脱离了文人生活的浪漫传统，变成了一个从事知识生产和传播的职业。也即学者只是一份谋生的工作，一种教书育人的职业选择；但这又是一份高尚的职业，难免代表着一种家国情怀，一份社会良心。因此，虽然不会有高官厚禄，也不能带来万贯家财，但还能够吸引很多人踏上学术之路，去闯荡"学术江湖"。

"学术江湖"自有它的"行规"。就其理想状态而言，一是自由性，学者可以凭自己的兴趣和判断来决定研究什么、发现什么问题、提出什么样的理论观点。二是独立性，学术研究并不受前见影响、不受立场约束，而是秉持客观、中立的独立风格。三是创新性，学术研究的成果不能是既有研究的重述或者阐释，而必须是创新的。也即要么是前人从未涉及的拓荒性研究，要么是站在"巨人肩膀"上向前推进的超越性研究。四是反思性，学术研究既有证成性的，也有反思性的，但其底色还是反思性的，是通过批判反思来构建更加理想的生活图景。五是责任性，纯粹的为研究而研究并不是没有，但带着一种情怀的研究才是主流，其实是通过知识生产和理论学说来参与国家和社会的建设过程，这也是社会分工赋予学者的一份职责。有了这份情怀，才能去寻真知讲实话，表达社会良心，促进社会进步。事实表明，从古到今，也正是学术自由才为人类创造并汇聚了一片璀璨的思想星海，推动着人类文明的不断变革发展。可以说，学术自由和创新是学术研究的本性，也是"学术江湖"的底线。

然而，学术研究在不同时代所面临的环境和条件，则是大不相同的。每遇兴盛繁荣或者社会变革时期，都会引发巨大的思想解放和社会创新，农业革命、工业革命如此，信息革命也如此。在德国哲学家雅斯贝斯眼中，人类历史在公元前 500 年前后，经历了一次理性的觉醒，从此之后，每经历一次这样的理性洗礼，都会形成一次文明的飞越，并且影响至今，从而构成了人类历史发展的"轴心期"，中国、印度和西方等地区的文化突破也正是在这个"轴心时代"同时出现，"普世价值"便寓于其中。如今，随着信息技术革命的飞跃发展，人类社会已经迈进了网络化、数字化、智能化的数字时代，这似乎形成了一种可以与人类理性觉醒相类似的"历史界限"——从"物理时代"转向"数字时代"，人类文明实现了新的突破。这个数字化的新"轴心"，并不一定会孕育出更多的"普世价值"，但却能够实现人类文明的重大转型和颠覆性重塑，进而生成了空前的巨大创新空间。数字经济、数字社会、数字中国、数字法治……这些无疑为学术自由和创新提供了广阔的"飞地"，"法之界，思无疆"也便成为法学繁荣的时代号角。

正是基于这样的学术期待，"黑骏马法律学术文丛"面世了。她作为知识产权出版社出版的开放性法学随笔"黑骏马法学漫丛"的姊妹系列，是在庞从容编辑的组织策划下，以扶植新秀、鼓励创新、繁荣学术为宗旨：在选题上，侧重具有基石性的重大问题、新兴领域的重点问题；在作者上，关注中青年骨干学者和优秀博士、博士后；在学科上，鼓励多学科的交叉融合研究，力图让本丛书成为法学天地中一道独特的风景线，以期为新时代的法学研究做出些许贡献。

2021 年 2 月 22 日于上海

Contents 目录

导　论

一、问题的提出

　　党的十九大报告在论述加快建设创新型国家时，提出了"智慧社会"这一概念。智慧社会是继农业社会、工业社会、信息社会之后的一个新概念，是一种更为高级的社会形态，目前正伴随全球智能化浪潮到来。随着互联网、区块链、大数据、人工智能等技术的加速融合发展，人类正在进入一个新的历史阶段。新兴技术背景下，"灰犀牛"风险危机四伏，"黑天鹅"事件防不胜防，互联网呈现出再造经济模式、重塑社会组织、革新政治结构的力量，源于欧洲工业革命的现代法治也正在经受新型社会的全新考验。2020 年，全球互联网用户达 45.4 亿，超过全球人口总数的50%[1]，庞大的网民群体促进了互联网模式的不断创新，各类社交平台、电商平台、视频平台、P2P 金融借贷等获得了迅速发展。新兴利益催生多元化的社会主体和社会需求，继而产生的新型社会矛盾对传统的司法权及司法制度形成了巨大冲击。一方面，互联网领域民事纠纷和刑事案件呈爆发式增长，网络犯罪、电子商务纠纷使得传统的地域管辖失灵，指定管辖矛盾重重，案件中的利益诉求、证据形态也在不断突破单一物理空间环境下的既有经验和样式，迫使我们不得不重新思考诉讼规则在双重空间的适用效力。另一方面，各网络平台的内部规则及解纷制度使其获得了"准司法权"，并在网络用户的交互中不断强化，这不仅意味着人们对在线纠纷解决模式的高度认同，也显示出人们对程序式的诉讼效率的不满和警惕，司法中心主义受到了前所未有的挑战。司法部门试图通过内部的信息化、智能化建设解决这些问题，如设立互联网法院、推进司法人工智能的研发和应用，但其对司法效率和便利的追求似乎呈现出与现代司法价值的紧张关系，"法院俨然成为判决工厂，法官仿佛是在流水作业线上进行操作的

---

〔1〕　We Are Social & Hootsuite，Digital 2020 Global Digital Overview（January 2020）.

技工，审级制度的意义在削弱，公检法司不同角色的协同性和统一性在加强"[1]。所以，智慧社会所引发的司法问题不是单纯地改变司法配置、出台司法解释或者是推出智能审判系统所能解决的，而是需要从更为总体性的司法范式角度探讨如何回应变化的社会需求，以保证人们生活发展的希望图式顺利展开。

从理论上看，现代司法所面临的是知识话语更迭之中的范式转换问题。技术发展带来了从建构理性到社会信息化的知识变革，在基于互联网、大数据的知识生产和知识流通中，人们对世界的认识发生了根本性变化，理性思辨的研究方法受到怀疑，自由解放的历史叙事失去了吸引力。与此相关的，在社会运行的基础领域，互联网所带来的流动性使得原有的社会结构和权力分配格局被动摇，信息化、网络化、智能化交替冲刷着近代以来理性构建的法治秩序基础。作为法治体系的重要一维以及社会矛盾纠纷的"灵敏显示器"，司法首当其冲地受到了知识变革所带来的冲击，既有规范性信念指向的司法"理想化类型"发生动摇。现实的重大变化往往需要概念上的创新与之相适应，因而如何在变化了的知识状态中发展出新的司法范式并完成转换就成为一个重要的问题。本书将研究重点聚焦于司法范式转型这一领域，在司法范式的现代性内涵及其形态演变中把握司法范式转型的动因和逻辑线索，借助知识合法化的理论解释数字化时代的司法现象，思考司法运作的变革趋向，为智慧社会的司法范式提出理论性设想，并对中国智慧司法的深入推进提出初步建议。

二、研究综述

在本书中，"司法范式"将被诠释为法治语境中的司法逻辑和价值取向，而司法范式转型正是法治转型中司法理念与实践的变革。智慧社会的司法范式转型是面向智慧法治的司法智能化变革，因而本书对文献资料的梳理，主要围绕现代法律与司法的类型及演化、司法智能化的相关问题展开。

---

[1]　季卫东：《人工智能时代的司法权之变》，载《东方法学》2018年第1期。

(一) 国外相关研究综述

1. 关于现代法律与司法的类型及演化的研究成果

现代法律传统或法律秩序率先出现在西欧国家,国外学者较早地开始探寻西方法律与司法发展演化的动力和模式。因而今天我们对现代法律与司法的研究,大多会从欧美国家寻找理论根源。从目前收集的资料来看,国外学者对现代法律与司法发展演化的研究成果,主要有马克斯·韦伯(Max Weber)的《经济与社会》、昂格尔(Roberto Mangabeira Unger)的《现代社会中的法律》、诺内特(Philippe Nonet)和塞尔兹尼克(Philip Selznick)的《转变中的法律与社会:迈向回应型法》和哈贝马斯(Jürgen Habermas)的《在事实与规范之间:关于法律与民主法治国的商谈理论》。这些著作对社会历史中的法律形态及其合法性基础、演化模式进行探究,其中不乏对不同法律形态中司法逻辑和价值取向的分析。

马克斯·韦伯提出的法律范式的类型学划分颇具影响力,其现代法之形式合理性和实质合理性的理论命题延续至今。在《经济与社会》中,韦伯着重论述了统治的"正当性"或"合法性"问题,从法律与政治的关系的角度构建自己的社会理论体系,揭示了现代"自由社会"中唯一的正当统治形式"法治"的特征和内涵。[1] 在这种统治形式中,韦伯将合理性法律划分为形式理性法律和实质理性法律,同时强调形式理性法律的主导地位。因而在这里,现代司法就是一种沟通和整合一般法律规则与具体行为事实两种差异性范畴的制度装置。这样严格限制司法裁量权的司法形式主义在一定程度上排除了司法实践的任意性,但严格的规则服从也引发了"法律的形式理性危机"。从法律演化的角度来看,韦伯将他对法律类型的分析与对统治类型的分析融合在一起,揭示了自由资本主义社会阶段法律和司法的基本类型及其根本性质,但也过于强调现代法律和司法发展演化中政治的支配性地位。

昂格尔从社会结构特征和价值观念的角度为现代法律和司法的生成及演化提供了答案。在《现代社会中的法律》中,昂格尔按照法律类型的历史条件,将法律的发展形态区分为习惯法、官僚法和法律秩序三种类型。

---

〔1〕 [德] 马克斯·韦伯:《经济与社会》(上卷),林荣远译,商务印书馆1997年版。

通过考察社会结构与法律秩序之间的互动关系，昂格尔指出，西欧多元集团的形成和自然法理论共同促进法律秩序的真正形成，而这种妥协性使得自由主义的法律并不能通过明确的规范指示特定的结果，因此，韦伯意义上的"现代法治"不可能解决自由主义的核心问题——秩序与自由。[1]事实上，自由主义国家正在逐渐演变为福利—合作国家，社会结构和价值观念的变化催生新的意识和法律秩序，价值选择从关注形式公正转向关心程序或实质公正，司法推理也开始从形式主义向目的性或政策导向转变。

诺内特和塞尔兹尼克按照理想型的方法构建了法律模型来回应形式理性危机。他们在《转变中的法律与社会：迈向回应型法》中提出了一种发展模型，该模型包含三个演化阶段，即压制型法、自治型法和回应型法。[2]按照这种理论，将目的性和参与结合在一起的新的法律形式——回应型法是法律形式主义危机的结果。为了平衡法律完整性与开放性之间的关系，回应型法将"目的"作为法律推理的权威，追求社会发展动态中的实质正义。然而，目的的选择往往伴随着尖锐的价值冲突，如果没有公正而合理的程序作为支撑，这种社会性的法治模式可能也只是一种美好的愿望。

哈贝马斯借鉴了以上的社会学研究进路，在《在事实与规范之间：关于法律与民主法治国的商谈理论》一书中将资本主义法律范式分为自由竞争阶段的法律形态和福利国家阶段的法律形态，并在此基础上剖析了形式法范式和福利法范式所存在的问题，认为这两种法律范式都割裂了事实性与规范性之间的必要联系。基于交往理性，哈贝马斯认为民主的意见形成以及意志形成过程的程序和交往前提是法律合法性的基础，只有通过一种程序主义的法律商谈理论，才能使司法裁决同时满足判决的自洽性与合理的可接受性这两个条件，实现法律规范的社会整合功能。[3]这种程序主义的法律观在自由主义法治与福利国家法治衰落后成为一种替代性选择，而这也意味着法律的强制力逐渐转化为法的担保下进行

〔1〕［美］昂格尔：《现代社会中的法律》，吴玉章、周汉华译，译林出版社2001年版。
〔2〕［美］诺内特、塞尔兹尼克：《转变中的法律与社会：迈向回应型法》，张志铭译，中国政法大学出版社1994年版。
〔3〕［德］哈贝马斯：《在事实与规范之间：关于法律与民主法治国的商谈理论》，童世骏译，生活·读书·新知三联书店2003年版。

协商的交涉力。

在吸收了诺内特和塞尔兹尼克、哈贝马斯以及卢曼（Niklas Luhmann）的法律演化模式之后，图依布纳（Gunther Teubner）在《现代法中的实质要素和反思要素》一文中构建了一种社会与法律共变的发展模型。图依布纳将现代法律概括为形式理性、实质理性、反身理性三种类型，并在此基础上提出一种新程序主义的反身型法，以改善法制与社会的结构性衔接问题。[1] 在这里，法律变迁与社会变迁是既相关又迥异的过程，社会的外在变化不会直接引发法律系统的刺激反应，而是形塑了"社会实在的法律结构"后才会影响法律的发展。

综上所述，尽管西方学者们从政治统治、社会结构、法律理性等不同角度论证了现代法律与司法的生成原因和演化路径，但总体上对于现代法律与司法的认识呈现出形式主义、实质主义和程序主义三个阶段。自由主义法治背景下的形式法是现代法律建制的早期形态，司法被严格框定为服从实在法的规则；福利国家背景下的实质法是社会变迁中形式法的转型，司法从关注形式公正转向关注实质公正；程序主义法治则是应对形式理性危机和私法实质化的转型策略，司法通过程序化的方式寻求判决的自洽性与可接受性。

2. 司法智能化的研究成果

从计算机普遍得以应用之后，国外学者就开始讨论机器是否可以具有法律思维、完成法律推理的问题。近年来，随着互联网、大数据、人工智能技术的融合发展，国外对于司法智能化的研究不再局限于对裁判的预测，而是扩展到法院司法活动的相关领域。

（1）法律推理的相关研究

自20世纪70年代开始，美国学者就在讨论建模法律研究和推理的可能性。布坎南（Bruce G. Buchanan）和海德里克（Thomas E. Headrick）在1970年发表的论文《关于人工智能和法律推理若干问题的考察》中，首次讨论了使用人工智能技术建立法律研究和推理模型的可能性，为人工智能

---

〔1〕 ［德］图依布纳：《现代法中的实质要素和反思要素》，矫波译，强世功校，载《北大法律评论》1999年第2卷，第2辑。

在司法推理领域的研究和实践提供了理论基础。[1] 此后一段时间，研究者们都在探索基于规则来解决推理的模型或者建立一种基于话语的法律论证模式。比如伦敦帝国理工学院的塞尔戈特（Marek Sergot）和科瓦尔斯基（Robert Kowalski）描述了一种基于规则的程序设计来表示立法文本，使用逻辑编程模拟了英国国籍法的一部分；凯文·D. 阿什利（Kevin D. Ashley）则在其著作《法律论证建模》中提出了一种基于案例的法律论证模式，为在判例法体系中如何评估、比较、区分相关案例的异同提供了详细模型。[2]

经过几十年法律专家系统的研发之后，研究人员意识到目前人工智能的发展水平还不能完全达到类人化的按照逻辑思维严密推理的程度，因而将研究重心转向通过要素分割运算进行"决策辅助"。西蒙（Eric Simon）和埃斯（Gerry Gaes）的论文介绍了美国联邦司法系统中的量刑辅助工具ASSYST（Applied Sentencing System），它会从案件相关材料中获取最终裁判所需的所有信息，但是只提供给法官暂定的解决方案选项。[3] 这一思路也被用于证据推理模型的建构，理查德·利瑞（Richard Leary）的论文展示了一种通过图形显示犯罪和罪犯之间联系的模式。其数据来源既有"硬"法医数据，如 DNA、指纹和鞋印，也有"软"行为数据，即通过数据分析来绘制犯罪和社区数据的"热"图，在此基础上形成的推理网络有助于共犯的假设生成。[4] 上述法律推理的研究显示出司法人工智能正在从模拟人类推理思维转向数据驱动的决策辅助和预测。

（2）法律检索的相关研究

法律检索系统的研究最早开始于 20 世纪 60 年代。美国匹兹堡大学的约翰·霍蒂（John Horty）教授在 1965 年研发并公开演示了一个基于计算

[1] Bruce G. Buchanan & Thomas E. Headrick, *Some Speculation about Artificial Intelligence and Legal Reasoning*, 23 Stanford Law Review 40 (1970).

[2] Robert Kowalski & Marek Sergot, *The Use of Logical Models in Legal Problem Solving*, 3 Ratio Juris 201 (1990). Virginia J. Wise, *Book Review: Modeling Legal Argument: Reasoning with Cases and Hypotheticals*, 5 Harvard Journal of Law & Technology 245 (1991).

[3] Eric Simon & Gerry Gaes, *ASSYST - Computer Support for Guideline Sentencing*, in Proceedings of the 2nd International Conference on Artificial Intelligence and Law (ICAIL'89), Association for Computing Machinery, 1989.

[4] Richard Leary, *Evidential Reasoning & Analytical Techniques in Criminal Pre - Trial Fact Investigation*, PhD Thesis, University College London (2004).

机技术检索州法规的法律信息系统。[1] 此后的几年中，美国、英国的法律机构或团体相继推出了关键词检索的信息系统，比如英国政府原子能局的STATUS 系统以及美国司法部的 JURIS 系统（Juristic Retrieval and Inquiry System）。[2] 到了 1978 年，卡罗尔·哈夫纳（Carole Hafner）发表的博士论文提出了一种使用人工智能方法改进流通票据领域法律信息检索（IR）的系统，该系统使用语义网络来超越纯粹基于关键字的方法，为人工智能在法律检索领域的研究和应用提供了基础性框架。[3] 随着搜索引擎、信息提取技术的增强以及万维网的崛起，20 世纪 90 年代出现了新一波法律信息检索研究的浪潮。1995 年，《人工智能与法律》出版了一期专门研究基于文本的智能法律系统的专刊，J. C. 史密斯（J. C. Smith）及其在不列颠哥伦比亚大学的研究小组介绍了 Flexlaw 系统的相关情况；格雷汉姆·格林利夫（Graham Greenleaf）和他的同事则对基于知识的系统、数据库和超文本系统之间的关系进行了一些开创性的思考。[4] 在这一时期，研究人员开始关注人工智能在自然语言文本中自动抽取信息检索的研究。莫恩斯（Marie Francine Moens）在其著作《文本的自动检索与抽取》中探讨了人工智能技术在信息检索文本自动处理中的应用；凯文·阿什利和他的学生斯特凡妮布鲁宁豪斯（Stefanie Bruninghaus）开发了 SMILE（SMart Index LEarner）系统，该系统采用机器学习的方法从全文源中提取相关要素的信息。[5] 2000 年以后，随着大数据技术走向成熟，其与人工智能技术的融

〔1〕 S. Blair Kauffman, *Electronic Databases in Legal Research: Beyond Lexis And Westlaw*, 13 Rutgers Computer & Technology Law Journal 73（1987）.

〔2〕 参见张力行：《计算机法律信息检索与计算机法律专家系统——理论与实践》，载《中外法学》1989 年第 3 期。

〔3〕 Carole D. Hafner, *An Information Retrieval System Based on a Computer Model of Legal Knowledge*, PhD thesis, University of Michigan（1978）. Republished by UMI Research Press, Ann Arobor, MI（1981）.

〔4〕 J. C. Smith, et al. , *Artificial Intelligence and Legal Discourse: The Flexlaw Legal Text Management System*, 3 Artificial Intelligence and Law 55（1995）. Graham Greenleaf, Andrew Mowbray & Peter Dijk, *Representing and Using Legal Knowledge in Integrated Decision Support Systems: DataLex WorkStations*, 3 Artificial Intelligence and Law 97（1995）.

〔5〕 Marie-Francine Moens, *Automatic Indexing and Abstracting of Document Texts*, Springer US, 2000. Stefanie Bruninghaus & Kevin D. Ashley, *Progress in Textual Case-Based Reasoning: Predicting the Outcome of Legal Cases from Text*, 2006, see The AAAI Digital Library, https: //www. aaai. org/Papers/AAAI/2006/AAAI06 -254. pdf.

合应用为自动化法律案例检索研究提供了新的可能。皮特·杰克逊（Peter Jackson）及其同事为我们描述了一个关联案件的自动检索系统，该系统结合信息检索和机器学习技术，将每一个新案件与可能对其产生影响的相关文书联系起来，从诉讼数据库中自动检索相关的已决案件。[1] 这显示出智能法律检索系统的研究不仅致力于如何优化法律信息的自动化检索，而且对法院判决一致性的相关研究产生影响。

（3）在线纠纷解决机制的相关研究

随着信息技术和互联网通信技术的发展，美国于 20 世纪 90 年代率先开始了在线纠纷解决的相关研究。伊森·凯什（Ethan Katsh）在《网络空间争议解决》一文中介绍了美国启动的三个在线纠纷解决（Online Dispute Resolution，ODR）试验项目——在线仲裁服务项目（VM）、在线调解项目（UMOMP）以及在线意见调查工作室（OOO），并对在线环境中争议产生及解决的性质进行了分析。[2] 互联网通信技术的进步带来了虚拟空间商业活动的蓬勃发展，社会上出现了数量惊人的纠纷，以 eBay 网络平台为代表的电子商务纠纷解决引起学者的关注。保罗·德拉特（Paul B. de Laat）在《网络空间中第三方的新兴角色》一文中介绍了电子商务催生的在线调解和在线仲裁服务，以及这些新兴的网络角色给隐私权保护以及公共审计带来的问题。[3] 随着网络空间的开放，对在线纠纷解决机制的研究拓展至网络生活的众多领域。伊森·凯什和奥娜·拉比诺维奇·艾尼（Orna Rabinovich-Einy）所著的《数字正义——当纠纷解决遇见互联网科技》详细介绍了电子商务、医疗保健、社交媒体、就业保障和法院系统五个方面在线纠纷解决机制及预防机制的发展，并且从接近正义的角度论述了线上/线下双向拓展的纠纷解决机制如何促进数字时代正义的实现。[4]

由于网络空间法院管辖权问题的复杂性，以及传统诉讼制度正义供给

---

[1]　Peter Jackson, et al. , *Information Extraction from Case Law and Retrieval of Prior Cases*, 150 Artificial Intelligence 239（2003）.

[2]　M. Ethan Katsh, *Dispute Resolution in Cyberspace*, 28 Connecticut Law Review 953（1996）.

[3]　Paul B. de Laat, *Emerging roles for third parties in cyberspace*, 3 Ethics and Information Technology 267（2001）.

[4]　［美］伊森·凯什、［以色列］奥娜·拉比诺维奇·艾尼：《数字正义——当纠纷解决遇见互联网科技》，赵蕾、赵精武、曹建峰译，法律出版社 2019 年版。

的局限性，对司法系统（特别是法院）在线纠纷解决机制的研究成为一个重要领域。奥伯特（Benoit A. Aubert）在《为网络正义提供基础框架》一文着重探讨了如何利用建模更好地理解网络正义背景下技术的作用。文章对加拿大不列颠哥伦比亚省和安大略省技术支持下的民事司法制度进行研究，认为技术支持的民事司法模型可以快速识别利益相关者及其诉求，有望在更大范围内发挥纠纷解决的作用和价值。[1] 菲利普·卡斯特纳（Philipp Kastner）则认为面向技术的转型有可能存在技术官僚自上而下的方法，不适当地限制了其中的创造性解决方案，因此需要充分考虑手段与目的之间的密切关系，促进司法转型中的网络正义。[2] 2018 年，第一届国际在线法院论坛在英国伦敦召开，超过十个国家的司法系统介绍了各自在线法院技术的最新进展，进一步促进了法院在线纠纷解决机制的研究。多伦·梅纳什（Doron Menashe）在分析了网络法庭的固有优势和局限之后，认为网络法庭模式利大于弊，在试点运行之后可以在更多的司法领域中推广，并且在文章中进一步提出网络法律制度，以便法院制度适应互联网时代的社会现实。[3]

（4）在线法律服务的相关研究

国外司法服务的研究和实践与"接近正义运动"的思潮密切关联。20世纪60年代兴起的"接近正义运动"要求针对穷困者提供法律咨询和法庭上的代理，使他们有更多的可能获得司法救济。到了20世纪90年代，计算机及网络技术的普及为接近正义理念的进一步实践提供了新的渠道和机会。在这一背景下，美国法律服务公司（Legal Services Corporation，LSC）于1998年举行了第一次峰会，讨论如何利用技术改善诉诸司法的机会。在此之后，一系列的文档汇编应用程序被开发出来，罗纳德·斯陶特（Ronald W. Staudt）在 2009 年发表的论文中详细阐述了在线法律援助与文档汇编的

---

〔1〕 Benoit A. Aubert, Gilbert Babin, Hamza Aqallal, *Providing an Architecture Framework for Cyberjustice*, 3 Laws 721（2014）.

〔2〕 Philipp Kastner, *Transitional Justice + Cyberjustice = Justice²?*, 30 Leiden Journal of International Law 753（2017）.

〔3〕 Doron Menashe, *A Critical Analysis of the Online Court*, 39 University of Pennsylvania Journal of International Law 921（2018）.

软件程序 A2J Author 产生的原因及其对消除诉诸司法的障碍所产生的影响。[1] 随着智能手机的广泛使用以及社交媒体的兴起，在线司法服务的研究不再局限于法律援助，而是探讨如何利用互联网和智能技术满足诉讼当事人的需要，为其提供最合适的司法服务。卡布拉尔（James E. Cabral）及其同事在《利用技术加强诉诸司法的机会》中讨论了新技术在诉诸司法方面的成果以及可能产生的"数字鸿沟"，并且在文章第六部分详细论述了智能法律服务应用的潜在用途。[2]

（二）国内相关研究综述

1. 关于现代法律与司法的类型及演化的研究成果

由于我国的法治研究和建设的后发现代性，我国学者对现代法律与司法生成演化的理论研究比较少见，更集中于对司法改革背景下中国问题的探讨，但是也出现了很多对后信息时代的法律秩序变革与法治转型的研究，其中不乏对司法问题的阐述。

（1）现代司法范式演化的相关研究

舒国滢教授在 20 世纪 90 年代末从符号学的角度勾勒出司法"广场"与司法"剧场"两种司法理论范式，并从这两个简单的符号类型衍生出自由/秩序、民主/独裁、实质正义/程序正义、大众化/精英化、通俗化/职业化等二元对立的语路和价值倾向。[3] 文章将司法的剧场化看作现代法治发展的一个趋向，为本书阐述后现代法治与司法范式的变革提供了理论前提。胡云腾教授和袁春湘老师借助社会转型相关理论分析了中西方社会转型的差异，并梳理了中西方社会转型中的司法改革情况。[4] 韩德明教授的著作《司法现代性及其超越》则立足于现代性前沿理论，针对风险社会时代语境提出未来社会中司法范式的演化趋势。该书由作者的博士学位论文

[1] Ronald W. Staudt, *All the Wild Possibilities: Technology that Attacks Barriers to Access to Justice*, 42 Loyola of Los Angeles Law Review 1117 (2009).
[2] James E. Cabral, et al., *Using Technology to Enhance Access to Justice*, 26 Harvard Journal of Law & Technology 241 (2012).
[3] 舒国滢：《从司法的广场化到司法的剧场化——一个符号学的视角》，载《政法论坛》1999年第3期。
[4] 胡云腾、袁春湘：《转型中的司法改革与改革中的司法转型》，载《法律科学》（西北政法大学学报）2009年第3期。

完善而成，从现代法的理念要旨和生成动力出发，对西方社会司法现代化进程中两种司法范式——形式司法和实质司法的性质及具体内涵进行界定和阐述，探讨了司法范式演化的内在原因和外在条件，并对现代司法的未来发展方向进行了理论预见。[1]

此外，还有部分研究从中国国情出发，提出面向本土的司法范式转型。如程春明教授的著作《司法权及其配置：理论语境、中英法式样及国际趋势》通过考察法国、英国司法权及其司法制度的关联，寻找各个国家的本土特征，以探讨当下中国司法制度中的相对价值和学理解释；方乐教授提出了中国特色社会主义法治体系转型的过程中当下中国应当发展的自主型司法模式；沈德咏、曹士兵、施新州教授的论文致力于国家治理结构的优化，从国家治理系统及其各子系统的相互关系的角度提出中国司法权运行机制的系统化构想。[2]

（2）技术背景下法律秩序变革与法治转型的相关研究

余盛峰老师 2013 年发表的论文《全球信息化秩序下的法律革命》阐述了全球信息化背景下围绕能量与物质构建的法律秩序向围绕信息构建的法律秩序的全面转型。[3] 文章从法律客体层面、法律空间层面和法律时间层面分别论述了法律全球化与信息全球化对法律格局产生的深刻影响，指出当代法律正在形成一种"无差异的差异化"秩序。如果说这篇论文未能为后风险社会的当代法律描述出清晰的轮廓，那么作者在 2018 年发表的论文《法律的"死亡"：人工智能时代的法律功能危机》则详细阐述了人工智能时代"机器学习"的法律机制。[4] 文章首先阐述了传统法律的"深度不学习"属性，随后分析了大数据、区块链、智能合约等技术应用催生出的新型学习性法律，其中重点探讨了法律代码化、代码法律化所带来法律传统功能丧失的问题。马长山教授的论文进一步分析了智能互联网技术

---

〔1〕 韩德明：《司法现代性及其超越》，人民出版社 2011 年版。

〔2〕 程春明：《司法权及其配置：理论语境、中英法式样及国际趋势》，中国法制出版社 2009 年版；方乐：《法治体系建设中的司法转型》，载《人大法律评论》2015 年卷第 1 辑；沈德咏、曹士兵、施新州：《国家治理视野下的中国司法权构建》，载《中国社会科学》2015 年第 3 期。

〔3〕 余盛峰：《全球信息化秩序下的法律革命》，载《环球法律评论》2013 年第 5 期。

〔4〕 余成峰：《法律的"死亡"：人工智能时代的法律功能危机》，载《华东政法大学学报》2018 年第 2 期。

背景下新型经济关系和社会关系产生的"革命性后果"，并提出构建一体融合规则体系，塑造信息时代的新型法治秩序。[1] 文章详述了法律价值、法律关系、法律行为三个方面的深度变革，指出智能互联网时代既有司法解纷机制在涉网民事纠纷和网络犯罪中遭遇明显障碍。

此外，罗洪洋教授和雷磊教授在论文中对智慧社会的法治转型进行了深入分析。罗洪洋教授和陈雷博士在《智慧法治的概念证成及形态定位》一文中阐述了"智慧法治"的定义和特征，认为智慧法治就是运用人类智慧解决法治理论和实践问题的一种高级的法治形态，智慧法治在司法领域的形态表现为运用高新科技实现司法制度和司法能力现代化的智慧司法。[2] 雷磊教授则强调中国特色社会主义法治建设必须牢牢把握智慧法治这一未来方向，将信息化、数据化和智能化作为推动中国法治建设高速发展的手段。[3] 文章提出建设智慧法治应具有鲜明价值导向等七项基本原则，要从智慧司法、智慧立法等方面进行综合性的立体规划。

从上述文献梳理来看，学界对于现代法律与司法的类型及演化的研究注重西方理论与本土路径的结合，立足于中国国情和法治建设实践，而且近期对后信息时代的法律与司法转型的研究具有时代前沿性。

2. 司法智能化的研究成果

我国学者从 20 世纪 80 年代末开始探讨人工智能在司法领域应用的问题，出现了一系列法律专家系统的研究和成果。1989 年，华东政法大学（原华东政法学院）苏惠渔教授的著作《量刑与电脑——量刑公正合理应用论》，提出利用人工智能对量刑进行研究，至今仍受到理论和司法实务部门的重视。[4] 1990 年，武汉大学赵廷光教授主持开发的"中国刑法专家系统"软件系统通过鉴定。这些研究和实践为中国司法人工智能的进一步研究奠定了基础。2015 年，在大数据和人工智能技术背景下，我国最高人民法院提出了建设"智慧法院"的设想，推动了新一轮的法院信息化建

---

〔1〕 马长山：《智能互联网时代的法律变革》，载《法学研究》2018 年第 4 期。
〔2〕 罗洪洋、陈雷：《智慧法治的概念证成及形态定位》，载《政法论丛》2019 年第 2 期。
〔3〕 雷磊：《中国特色社会主义智慧法治建设论纲》，载《中共中央党校（国家行政学院）学报》2020 年第 1 期。
〔4〕 苏惠渔等：《量刑与电脑——量刑公正合理应用论》，百家出版社 1989 年版。

设和司法人工智能的应用。学界对司法智能化的研究也不再局限于法律计算机化或人工智能法律系统，而是扩展到司法人工智能、互联网法院、司法大数据、智慧司法等相关领域。

（1）司法大数据与人工智能应用的相关研究

鉴于人工智能技术的发展情况，早期人工智能法律领域的思考主要集中于法律专家系统的研究。2001年，张保生教授在论文《人工智能法律系统的法理学思考》中较早地探讨法律专家系统的问题，文章从法律推理与人工智能的关系角度梳理了法律专家系统的发展历史和动力因素，分析了其对法学理论和法律实践的价值和意义[1]。在大数据和人工智能技术融合发展以后，司法人工智能的研发和应用出现了新一波浪潮，如2016年北京市高级人民法院推出的智能研判系统"睿法官"，2017年重庆法院的"智能专审平台"和上海法院的"206系统"（刑事案件智能辅助办案系统）。崔亚东的著作《人工智能与司法现代化》详细介绍了上海"206系统"的基本架构，重点阐述了智能辅助系统证据审查的原理和功能，从单一证据校验、证据链审查等角度说明了人工智能在司法决策环节的具体应用程度[2]。葛翔博士介绍了上海法院"行政案件智能辅助办案系统"的功能架构，认为人工智能在改变司法审判过程的直觉主义，推动法律符号系统的完善方面有独特的作用[3]。朱彬彬和祝兴栋老师的论文详细分析了目前类案推送系统"有效性""全面性""有序性"不足的现实困境，探讨了如何在算法设计、推送排序和数据规范化的层面改善类案的快速查询和智能推送，以推动其在统一法律适用中的作用[4]。

与此同时，司法智能化的实践应用促进了学界对司法人工智能决策问题及其与现代司法理论话语冲突问题的深入探讨。在人工智能司法决策方面，吴习彧老师的论文分析了计算机在理解、识别案情等方面存在的"认知"缺陷，认为目前人工智能难以胜任技术含量高的司法工作，更可行的做

〔1〕 张保生：《人工智能法律系统的法理学思考》，载《法学评论》2001年第5期。

〔2〕 崔亚东：《人工智能与司法现代化》，上海人民出版社2019年版。

〔3〕 葛翔：《司法实践中人工智能运用的现实与前瞻——以上海法院行政案件智能辅助办案系统为参照》，载《华东政法大学学报》2018年第5期。

〔4〕 朱彬彬、祝兴栋：《类案推送的精细化：问题、成因与改进——以刑事类案推送为例》，载《法律适用》2018年第20期。

法应是开发一种人机结合的司法裁判智能化辅助系统;[1] 周尚君教授和伍茜博士进一步分析了司法人工智能从技术辅助到自主决策的理论困境,认为应当划定人工智能司法决策模型建构的限度来避免这种变革可能产生的负面影响;[2] 朱体正副教授的论文《人工智能辅助刑事裁判的不确定性风险》以美国罪犯矫正替代性制裁分析管理(Correctional Offender Management Profiling for Alternative Sanctions, COMPAS)系统为切入点,分析了人工智能辅助刑事裁判中可能出现的法官对于智能工具的过度依赖和锚定效应,揭示了智能辅助裁判的不确定性、可解释性风险。[3] 学界对人工智能参与司法决策的研究集中于智能化辅助裁判,并对其中的可能空间和必要限度进行了深入探讨。

在司法人工智能与现代司法理论冲突方面,徐骏老师表达了对现代司法理论预设的担忧,认为智慧法院的深度实现将深刻地改变法院的组织结构和管理能力,冲击现有的诉讼架构和流程,进而对司法活动主体的法律理念、行为决策产生影响;[4] 季卫东教授从司法权的角度出发,认为中国司法系统的审理流程发生了广泛而深刻的质变和突变,这对现代法治的制度安排提出了严峻的挑战;[5] 王禄生副教授从"知识—权力"的角度分析了司法场域技术话语与专业话语的冲突,认为这种冲突的深层理论根源在于围绕法学专业知识形成的专业权力与围绕科学技术知识形成的技术权力之间的冲突,因而在下一阶段大数据与人工智能司法应用的过程中要协调话语冲突,推动技术知识与专业知识的深度融合、明晰技术权力对专业权力的介入边界。[6] 上述研究着力于司法智能化对现代司法理论的冲击,展示了司法智能化转型中的深层张力。

〔1〕　吴习彧:《司法裁判人工智能化的可能性及问题》,载《浙江社会科学》2017 年第 4 期。
〔2〕　周尚君、伍茜:《人工智能司法决策的可能与限度》,载《华东政法大学学报》2019 年第 1 期。
〔3〕　朱体正:《人工智能辅助刑事裁判的不确定性风险及其防范——美国威斯康星州诉卢米斯案的启示》,载《浙江社会科学》2018 年第 6 期。
〔4〕　徐骏:《智慧法院的法理审思》,载《法学》2017 年第 3 期。
〔5〕　季卫东:《人工智能时代的司法权之变》,载《东方法学》2018 年第 1 期。
〔6〕　王禄生:《大数据与人工智能司法应用的话语冲突及其理论解读》,载《法学论坛》2018 年第 5 期。

（2）智慧法院建设及司法管理的相关研究

20 世纪 80 年代开始，学界就对司法管理的智慧化进行了思考，在早期表现为法院信息化建设的相关研究。1983 年，龚祥瑞教授和李克强发表《法律工作的计算机化》一文，介绍了国外计算机技术在法律工作中的应用，并指出法律工作计算机化是现代化的标志，也是未来的必然趋势。[1] 芦露博士在《中国的法院信息化：数据、技术与管理》中将我国法院信息化建设分为三个历史时期——信息化筹备和陈词数据时期、自动化和考绩数据时期、网络化和大数据时期，并在这个基础上分析了法院信息化进程与审判管理间的互动关系。文章指出，网络化时代的审判流程管理和案件管理系统，是时间集约型的，借助数据分享和集中管理，能够形成系统中的全景式监督。[2]

随着智慧法院建设的持续推进，学界研究更加侧重于司法智能化应用对审判机制的影响。胡昌明老师介绍了我国智慧法院建设中审判管理方面的工作，如审判管理数据公开化、审判流程节点控制，并且从审判监督的角度阐述了智慧法院信息管理平台的积极作用。[3] 高一飞教授和高建老师从样本分析的角度，阐述了智慧法院解决审判管理面临的"案多人少"等司法难题的可行性，但同时指出智能化法院也可能产生法官主体地位淡化的问题。[4] 钱大军教授则立足于司法体制改革，认为司法人工智能一方面具有提升司法质效、规范司法裁量的显性功能和正功能，但另一方面，通过数据系统加强对法官的控制，可能反而会强化既有的科层制结构。[5] 尽管上述研究从法院信息化建设、智慧法院建设、司法智能化等不同角度进行，但始终着力于技术和司法管理之间的关系，体现出司法领域内部的智慧化转向。

（3）新型诉讼模式与司法服务的相关研究

我国诉讼模式和司法服务的研究与实践寓于 20 世纪 80 年代以来的

---

〔1〕 龚祥瑞、李克强：《法律工作的计算机化》，载《法学杂志》1983 年第 3 期。

〔2〕 芦露：《中国的法院信息化：数据、技术与管理》，载《法律和社会科学》2016 年第 2 期。

〔3〕 胡昌明：《中国智慧法院建设的成就与展望——以审判管理的信息化建设为视角》，载《中国应用法学》2018 年第 2 期。

〔4〕 高一飞、高建：《智慧法院的审判管理改革》，载《法律适用》2018 年第 1 期。

〔5〕 钱大军：《司法人工智能的中国进程：功能替代与结构强化》，载《法学评论》2018 年第 5 期。

司法改革进程之中，姚志坚博士的著作《司法改革：诉讼便利化探究》通过对全球"接近正义"潮流的法理分析，反思和探究我国民事司法改革中存在的问题与偏差，意在推动我国超职权主义民事诉讼模式的转型。[1] 随着互联网经济的发展，学界开始关注网络空间的司法治理问题。姚伟老师在论文中分析了涉网案件审判与传统审判模式和法律规定之间的冲突，提出应加快推动网上法庭向互联网法院审判模式转变。[2] 而在互联网法院审判模式的实践过程中，相关研究更加集中于新型诉讼模式对传统诉讼制度的挑战。郑旭江老师在《互联网法院建设对民事诉讼制度的挑战及应对》一文中指出互联网法院在实践中主要面临诉讼管辖问题、电子送达问题和电子证据问题；肖建国教授和庄诗岳博士则更加关注涉网案件的管辖制度，通过分析传统地域管辖规则在涉网案件中的困境，提出建立适应互联网法院特性的多元连结点管辖规则；周翠教授的论文《互联网法院建设及前景展望》关注诉讼专业化和高效化，提出对电子督促程序、电子准备程序和电子速裁程序等进行改革。[3] 此外，段厚省教授在论文中分析了远程审判与传统诉讼法理之间程序效率与程序公正、技术风险与法律运作正当性的张力，并且重新诠释了当前在线诉讼的程序法理。[4]

在诉讼模式的创新实践中，司法服务的相关研究也开始关注智能技术带来的变革。黄彩华法官的论文以"E法院"为样本，分析了交通事故网上办案平台以及交通事故赔偿计算器微信小程序等司法服务上线运行之后引起的司法秩序的变革，智能化的司法服务不仅带来了法院内部司法资源的优化，而且产生了交警部门和保险公司交通事故调解率提高、当事人维权成本降低等蝴蝶效应。[5] 周佑勇教授的论文更加关注当下社会公众对诉讼服务的期待，提出当前"智慧法院"的诉讼服务建设还存在

---

〔1〕 姚志坚：《司法改革：诉讼便利化探究》，法律出版社2008年版。

〔2〕 姚伟：《关于设立中国（杭州）互联网法院的建议》，载《民主》2017年第8期。

〔3〕 郑旭江：《互联网法院建设对民事诉讼制度的挑战及应对》，载《法律适用》2018年第3期；肖建国、庄诗岳：《论互联网法院涉网案件地域管辖规则的构建》，载《法律适用》2018年第3期；周翠：《互联网法院建设及前景展望》，载《法律适用》2018年第3期。

〔4〕 段厚省：《远程审判的双重张力》，载《东方法学》2019年第4期。

〔5〕 黄彩华：《无须诉讼的司法秩序——科技革命对纠纷解决模式的影响》，载《中山大学法律评论》2018年第2期。

阶段定位偏差、场景设置缺失、区域协同困境、智能技术瓶颈四个方面的问题。[1] 文章指出，人工智能技术为诉讼服务的升级转型提供了全新的可能，我们需要构建智能技术驱动下的全流程、全场景与集约化的诉讼服务新模式，推动面向便民服务的智能化升级与应用。上述研究论述了智能化背景下诉讼纠纷解决的创新发展，体现出司法过程及司法服务的转变趋向。

综上所述，国内外均没有直接针对智慧社会司法范式转型的研究成果，但上述研究为智慧社会司法范式的转型研究奠定了理论基础，对本书司法范式转型的研究具有重要的参考价值。

三、研究思路与方法

（一）研究思路

本书主题"司法范式"一词，指的是司法逻辑与价值取向的"理想化类型"，不同司法范式之间的关系并非是非此即彼的，而是社会历史发展中的动态呈现。法治范式体现了人们对法律系统所处的社会所持有的一般看法，这种看法构成了司法范式的语境条件。因而本书写作的总体思路是：在法治范式的语境下，明确现代司法范式的基本内涵，探讨现代司法范式的形态转变及演化动力，并以此为基础，针对现代司法范式面临的社会信息化挑战以及司法内部运作的智慧化趋向，提出面向智慧社会的司法范式构想。

基于上述总体思路，本书在内容上的安排如下。首先，结合现代法治的理念和精神，提炼出司法范式的现代性内涵，即个人主体性的司法判断、理性主义的司法推理和内在价值的司法程序，进而对西方现代化进程中自由竞争阶段、福利国家阶段、安全保障阶段所对应的三种司法范式——形式司法、实质司法、协商司法的性质及具体内涵进行界定和阐述，揭示司法范式演化的社会外部条件和系统内部原因。其次，考察法治秩序变革及司法范式转型的社会外部条件，分析信息化背景下现代司法范式面临的三重挑战，一是双重空间对既有司法裁判规则和场域形成的冲

---

[1] 周佑勇：《智能技术驱动下的诉讼服务问题及其应对之策》，载《东方法学》2019 年第 5 期。

击，二是平台治理对国家法律的中心主义和司法至尊地位的消解，三是司法智能化给以法学专业知识为基础的现代司法理念带来的挑战。再次，考察司法范式转型的系统内部原因，分析司法智能化过程中司法规则、司法裁判、司法过程、司法服务呈现出来的发展特征和未来趋向，并在此基础上剖析新兴知识的技术支持深度参与司法权力运作之中所产生的问题。最后，借鉴现代法治理论中的反思要素，对法律与社会特性进行"双向阐释"，提出面向后现代的智慧法治范式，并在这种新型法治范式中塑造智慧社会司法范式的形态，对司法价值、司法决策和司法功能进行创新性诠释。

（二）研究方法

一是历史分析方法。本书通过对西方现代化进程中自由竞争阶段、福利国家阶段、安全保障阶段不同历史范畴中司法形态的考察，分析司法范式的转型原因和演化动力，探寻司法范式转型与社会变革之间的内在机理。

二是比较分析方法。本书对西方司法现代化过程中出现的形式司法、实质司法、协商司法进行比较分析，梳理不同司法范式的特征，并在此基础上分析智能化背景下司法场域呈现出的形态变化。

三是"理想类型"研究法。"理想类型"研究法来自马克斯·韦伯的社会学研究，指的是采用"理想模式"的方法提出假设，再以这种研究假设的"理想类型"作为参照，研究社会和解释现实。本书关于智慧法治及智慧司法的范式建构将采用这一研究方法，按照自己的"理想"描绘出符合智慧社会特性的司法形态。

第一章

司法范式的基本内涵与形态演变

根据库恩（Thomas Samuel Kuhn）的理解，"范式通常是指那些公认的科学成就，它们在一段时间里为实践提供典型的问题和解答"[1]。范式涉及学术研究的基本理论、方法和标准，揭示事物的内在属性和根本性质，是对现象内在逻辑的提炼和基本规律的概括[2]。在法学理论的发展中，不同的法律理论范式标示着不同的法律立场、观点和方法，"司法范式"也不是一个具有固定含义的词汇，它体现的是法官默认的司法逻辑和价值取向，在不同的历史语境中有着不同的意义。因此，本章将从司法范式的基本内涵出发，考察不同法治范式中的司法形态，进而在现代法治范式的转型中把握司法范式演变的逻辑线索。

第一节　司法范式的基本内涵

正是在现代"法治"的基础上，司法才开始作为一种独立的权力范畴，在法律的适用和创制中形成"司法范式"并发生演变。因而对于司法范式基本内涵的把握，需要结合现代法治的理念和精神，探寻现代社会的司法精神。

一、司法范式的现代法治语境

在人类社会发展中，法律和法制是伴随着阶级和国家出现的，但法治的出现则晚一些。古希腊时期，亚里士多德在《政治学》中论述了"法

---

[1]　[美]托马斯·库恩：《科学革命的结构》，金吾伦、胡新和译，北京大学出版社2003年版，第4页。
[2]　参见马英：《论法律的现代性》，吉林大学出版社2009年版，第30页。

治"的内涵，即普遍的服从和良法之治。我国春秋战国时期的法家学派也强调以法治国，倡导"法治论"。但这两种语境中的"法治"明显不同于以民主为基础、以限制公权为特征、以保障公民自由平等为目标的现代"法治"。如果讨论司法范式的相关问题，我们就有必要对现代法治的生成逻辑做一梳理，因为现代司法的生成是西方法律传统语境中的实践之一，西方法律传统的形成意味着现代司法也随之而生。

（一）多元集团的权力分立

现代法治的基础之一是多元集团的权力分立。昂格尔按照法律类型的历史条件，将法律的发展形态大致区分为习惯法、官僚法和法律秩序三种类型，分别对应部落社会、贵族社会和自由主义社会。昂格尔从两个方面阐述了自由主义社会法律秩序，也就是我们所说的西方法律传统的根本性质：自治性和普遍性。自治性表现在四个方面，其一是实体内容上的自治，法律是一种世俗的规则体系；其二是机构上的自治，即独立的司法系统；其三是方法上的自治，论证司法行为合理性的法律推理；其四是职业上的自治，经过特殊训练的法律职业团体[1]。基于上述四种自治性，立法的普遍性和判决的一致性成为可能，法律秩序呈现出普遍性的特征。昂格尔称，这种严格意义上的"法治"产生于西方社会，是历史发展中一种罕见的现象。它的形成得益于两个历史条件，西欧多元的利益集团和自然法的观念。中世纪的欧洲一直存在平民阶层、精英阶层与王权之间的冲突，三种利益集团相互博弈下的冲突和妥协，形成了次佳的法治方案。自然法的观念则源于古希腊、古罗马的传统以及宗教精神，它导致了理想的认识和现实的经验之间的紧张关系，理想与现实多方面对抗的结果是对法律秩序的追求。

伯尔曼（Harold J. Berman）从教会法体系与世俗法体系的角度解读了这种权力分立的格局，他通过对前现代欧洲社会法律秩序的描述和分析，认为现代法律传统发源于欧洲11—12世纪的教皇革命。在10世纪的克吕尼改革之后，僧侣成为跨地域性的阶级，形成了具有科层制结构的教会组织，开始出现社团自我意识并排除其他社会关系的意识。1075年，格列高

---

〔1〕　参见［美］昂格尔：《现代社会中的法律》，吴玉章、周汉华译，译林出版社2001年版，第50、51页。

利教皇通过授职权之争宣称教会法庭是"整个基督教世界的法庭"，坚持教皇在世俗事务中的终极至上地位——有权废除皇帝和国王。从那时起，在信仰、道德问题上，以及在婚姻、继承等民事问题上，教皇的统治是绝对的；在其他方面，教皇与世俗权威分享统治权。[1] 由于世俗领域与社会生活领域的权威的区分，呈现出世俗司法权与宗教司法权分离、并存、相互影响的局面，由此导致了教会法体系与各世俗法律体系的分化发展。这种法律体系的复合化带来的结果之一是为了保持法律体系间的复杂平衡，就必须使法律系统化和合理化。因此世俗权威与精神权威的分立不仅形成了法律体系的多元格局，而且附带产生了"一个职业的法律家和法官阶层，分等级的法院制度，法学院，法律专著，以及把法律作为一种自治的、完整的和发展的原则和程序体系的概念"。[2] 由于教会法学家倡导理性和良心原则，在教会法结构中发展出一系列早期的诉讼程序，包括（1）诉讼程序书面化；（2）证据需在宣誓后提出；（3）允许代理人代表当事人参加诉讼；（4）二元程序：简易程序和普通程序；（5）对于案件事实的司法调查科学（自由心证和口供）等。[3] 尽管这些诉讼程序带有强烈的宗教神学元素，但是这些形式化规则无疑为现代法治的程序规则奠定了基础。

（二）人之主体性的发展

西方法治思想体现着人类的尊严与价值，在这种法律传统的形成中起到推动作用的是人类自身的完善，也就是人的主体性的不断发展。16—18世纪的宗教改革和启蒙运动为西方现代法治的形成提供了文化土壤。

在人类社会早期，习惯法是由一些含蓄的行为标准而不是公式化的行为规则构成，且在选择规则和依据规则作出决定方面十分模糊，所以其只能依靠世俗权威或神启来维持第三方裁判的权威性和中立性。日耳曼部落出现了以火裁和水裁为主要形式的神明裁判，"用火裁判的那些人蒙着眼

---

〔1〕 参见［美］哈罗德·J. 伯尔曼：《法律与革命》（第一卷），贺卫方等译，法律出版社2008年版，第95页。

〔2〕 ［美］哈罗德·J. 伯尔曼：《法律与革命》（第一卷），贺卫方等译，法律出版社2008年版，第112页。

〔3〕 参见［美］哈罗德·J. 伯尔曼：《法律与革命》（第一卷），贺卫方等译，法律出版社2008年版，第245、246页。

或光着脚通过烧红的犁头，或用手传送燃烧的铁，如果他们烧伤的伤口很好地愈合，那么就宣布无罪。……在冷水中，如果嫌疑者的身体漂在水上面，而不符合水的自然过程，那么就说明水不接受他，就被判有罪。在热水中，如果把他裸露的胳膊和腿放进滚烫的水中之后，能够不受伤地拿出来，那么就被判无罪"[1]。这样的判决既是审判的结果，又被视作命运的安排，它依靠一种神圣又富于戏剧性的仪式来表达"神"的意志。事实上，从古希腊时代开始，人们就尝试摆脱自然力的神秘束缚，先哲们依赖正义和法律建立社会秩序的愿望，不再用隐晦的神话形式表达，而是直接蕴含在他们的政治主张和守法观念中。但是这仅是人类群体相对于原始宗教而言的自我意识的觉醒，并且在中世纪又进入了黑夜。尽管教皇革命所带来的教会法和世俗法体系的合理化在一定程度上促进了现代法律体系的形成，但是教会对权力的争夺逐渐演化成一种教会垄断世俗事务，或者说教会权力不断介入和干涉世俗事务的格局，人们被套上专制和基督教礼堂独断的双重枷锁，在司法裁判中表现为"上帝"的意志。到了16世纪，宗教改革运动成为推动个人主体意识觉醒的重要力量。在精神世界和世俗世界二元分立的基础上，宗教改革促成了世俗对神学依附的摆脱，经过启蒙运动的发展，主体性精神逐步张扬并成为现代法治的自由价值的基础。主体性原则所表达的是人对世俗事务的自行主宰，康德（Immanuel Kant）力图用这个原则为科学思想、道德行为、认知能力等各个领域奠定基础。在对神圣之物的关系方面，人们"通过减少圣事次数、对圣餐作纯粹象征性的解释、放弃圣象、圣徒和后圣的奇迹，通过拒绝被灌输的圣恩"，"转而认为上帝是纯粹超验的存在"[2]。在神意和天命被排除在世俗世界之后，万物的尺度和世界秩序的根据似乎只能从意志自由的主体那里获得，人的主体性被置于空前高度，并成为现代法治基本理念和制度设计的基础。

（三）技术理性的祛魅

16世纪初哥白尼（Mikotaj Kopernik）提出"日心说"，科学、理性逐

---

[1]　[美] 哈罗德·J. 伯尔曼：《法律与革命》（第一卷），贺卫方等译，法律出版社2008年版，第53页。

[2]　[美] 大卫·雷·格里芬：《导言：后现代精神和社会》，载 [美] 大卫·雷·格里芬编：《后现代精神》，王成兵译，中央编译出版社1997年版，第6页。

渐从宗教神学中解脱出来。笛卡尔（Rene Descartes）率先从理性主义的向度进行哲学思考，他按照"普遍怀疑"的原则将一切事物作为理性检视的对象，并且将理性作为评价一切客体的标准。笛卡尔相信，理性比感官的感受更可靠，提倡运用形式化的逻辑方法和精确化的数学工具来实现知识发现的精确性和系统性。这种理性主义的光芒在科学活动中被进一步放大。17世纪，牛顿（Isaac Newton）建立经典力学体系，火车、轮船相继被制造出来；到了19世纪，机械化的生产在纺织业、运输业以及通信领域大放异彩，科学革命和机械世界观深入人心。工业革命的结果导致了经济制度和社会制度的彻底变化，同时也影响了政治思想和法律思想上的变革。

韦伯将现代性进程视作一个文化"祛魅"的过程，他将历史上稳定而持久的政治统治分为三个类型，即基于对统治者超凡魅力之认可的魅力型统治、基于对世袭的神圣习俗之承认的传统型统治，以及基于对特定制度和法律之服从的合法型统治。韦伯所理解的现代法传统就是作为这种"合法型统治"之根据的合理性法律，它区别于传统型统治和魅力型统治中的宗教神授型法律和主权者命令型法律，体现出现代社会精神从价值理性到技术理性的转型。韦伯将这种合理性法律划分为形式合理的法和实质合理的法两种基本类型，他认为这两种合理性法律之间存在着前后承继和范式更新关系。其中，形式理性的法是现代资本主义国家主导的法律类型。因为它具有资本主义发展所要求的基本性质，同时，寓于其法律技术和政治制约之中的法律理性，对经济形态产生强烈的反作用。韦伯从概括化和理性化两个方面来阐述法律的理性化，前者把对判决个案有决定性意义的原因归纳为一条或若干条原则，也就是"法律原则"，后者则意味着建立起所有法的联系，使它们相互之间组成一个原则上没有缺漏的、逻辑上清楚的且没有逻辑矛盾的规则体系。[1] 由于现代社会的理性化以近现代自然科学活动为重要背景，因而这种理性化从兴起之时就被科学精神和技术理性所渗透。也正因如此，现代法治无论是追求平等自由的价值观念，还是保障权利实现的制度设计，都离不开理性精神的指引。

---

[1]　参见［德］马克斯·韦伯：《经济与社会》（下卷），林荣远译，商务印书馆1997年版，第15、16页。

二、司法范式的现代性内涵

个体的主体性和自我意识的生成或走向自觉，是现代性的本质规定性之一，是全部现代文化精神的基础和载体，换言之，个体化是理性化的必然内涵。[1] 笛卡尔对实体（人的灵魂是实体的一个首要形态）所做的定义最简洁地表达了这种思想。按照他的定义，实体乃是无须凭借任何事物只须凭借自身就成为自己的东西。[2] 这种见解在精神维度表现为所有神秘主义或"宗教狂热"都遭到了排斥，我们自己就是目的，而不仅是他人用来实现其目的的手段；在文化维度表现为感性知觉是道德和美学的认识来源，不承认世界上存在客观的道德和美学准则；在政治社会中则表现为国家与社会的分离、政治与法律的分离。在庞德（Roscoe Pound）看来，前现代社会中法律的潜在基础是神启、惯例和权威，法律归因于诸神或是受神灵感召的圣人，也曾在古希腊和古罗马时代归因于某位立法者；而现代社会的法律则建立在一种永恒的、内在的理性基础之上。[3] 这种与前现代法律革命性的断裂彰显了现代性精神不仅作为文化精神和价值取向渗透到个体和群体的行为和活动之中，而且作为自觉的制度安排构成社会运行的内在机理和图式。[4] 在现代性成为一种社会生活或组织模式的过程中，司法作为现代社会运行的重要基石和社会关系调整的关键环节，在法治国家获得独立地位，司法范式也呈现出迥异于传统法律文化的现代性内涵。

（一）表达自我意识的司法判断

现代法治语境中的主体性意识在司法中表现为不依附其他权力的独立性，因而现代司法范式的首要内涵是表达自我意识的司法判断。这里的"自我意识"并非是无限自由的司法裁量，而是指立足于个人主体性的对于案件事实和法律适用的认识。传统社会中，司法通常呈现出一种混同于政治，或依附于王权，并兑现统治意志的现象。由于集团内部的紧密联系

---

〔1〕 衣俊卿：《现代性的维度及其当代命运》，载《中国社会科学》2004 年第 4 期。

〔2〕 参见［美］大卫·雷·格里芬：《导言：后现代精神和社会》，载［美］大卫·雷·格里芬编：《后现代精神》，王成兵译，中央编译出版社 1997 年版，第 4 页。

〔3〕 参见［美］罗斯科·庞德：《普通法的精神》，唐前宏等译，夏登峻校，法律出版社 2001 年版，第 22 页。

〔4〕 参见衣俊卿：《现代性的维度及其当代命运》，载《中国社会科学》2004 年第 4 期。

与共同信念，司法判断受到来自超自然信仰、宗教神学以及王权的强烈干预。诺内特和塞尔兹尼克将这种法律秩序称为"压制型法"，其特点突出地表现为法律机构容易直接受到政治权力的影响，以及权力通过强化社会服从使"二元法"体制获得合法性和正当性[1]。随着专制制度严重衰败以及资产阶级力量的壮大，摆脱专制统治和天主教会压迫的愿望日益强烈，在启蒙运动的鼓舞下，人们开始从个体主体性的角度认识自我、认识世界。康德在《答复这个问题：什么是启蒙运动》一文中强调，"启蒙运动就是人类脱离自己所加之于自己的不成熟状态"。所谓的不成熟状态，"就是不经别人的引导，就对运用自己的理智无能为力"[2]。在这种背景下，自我感觉与自我意识成为行为的内在标准和终极来源。现代性的解释者认为，个人主义意味着否认人本身与其他事务有内在的关系，即是说，个人主义否认个体主要由他（或她）与其他人的关系，与自然、历史抑或是神圣的造物主之间的关系所构成[3]。当"主体性、个性、自由、自我意识、创造性、社会参与意识、批判精神等成为现代人的生存方式的本质性特征"，"经验式、人情式的宗法血缘的前现代的文化基因让位于自觉的、理性化的人本精神"[4]，司法判断也开始从"自生自发"进入"自由自觉"。通过法律系统与宗教、政治、道德、习惯等其他系统的分离，法律获得了充分的规范意义。而司法权与行政权、立法权的分立深度唤醒了司法的"自由意志"，使其不再仅仅依附政治权威或宗教权威。司法职业的专业化以及司法方法的发展，进一步促进了法律系统的闭合，使得司法判断不再是"神的意志"或"王的意志"，而是法官在法律内依据自身的认知能力作出的判断。

1. 司法权获得独立地位

司法判断的"自我意识"首先表现为司法权在国家权力中获得独立地位。在现代社会之前，司法并不是一种独立的权力范畴，司法权要么作为

---

〔1〕　参见［美］诺内特、塞尔兹尼克：《转变中的法律与社会：迈向回应型法》，张志铭译，中国政法大学出版社1994年版，第35页。
〔2〕　［德］康德：《历史理性批判文集》，何兆武译，商务印书馆1990年版，第22页。
〔3〕　［美］大卫·雷·格里芬：《导言：后现代精神和社会》，载［美］大卫·雷·格里芬编：《后现代精神》，王成兵译，中央编译出版社1997年版，第4页。
〔4〕　参见衣俊卿：《现代性的维度及其当代命运》，载《中国社会科学》2004年第4期。

"民众大会"直接掌控的权力，要么只是实现王权统治和封建专制的工具。启蒙思想家率先从理论上提出并论证司法独立的学说。洛克（John Locke）的分权理论将国家权力分为立法权、执行权、对外权力三种（司法权的内容包含在执行权当中），认为国家政治权力应当是有限的、分立的和负责任的。他强调立法权的至上性，认为执行权（司法权）是低于立法权的。[1] 孟德斯鸠（Montesquieu）则在平行意义上提出立法权、司法权、行政权三种国家权力的分立和制衡。"如果司法权不同立法权和行政权分立，自由也就不存在了。如果司法权同立法权合二为一，则将对公民的生命和自由施行专断的权力，因为法官就是立法者。如果司法权同行政权合二为一，法官便将握有压迫者的力量。"[2] 事实上，欧洲的分权理论主要是对英国政治实践状况的总结和推演，而现代国家政治实践则是在制度上推动了司法权的分离和独立。自 13 世纪专职司法审判组织建立，英国的法官们就认为，国王已经把他的全部司法权转交给了各种法庭，国王及其行政人员因而不能直接行使自己的司法权，甚至也无权干涉司法权的行使。[3] 在美国，司法权的独立地位第一次获得了真正意义上的宪政保障。根据美国 1787 年联邦宪法，联邦政府由国会、总统和联邦法院分掌立法、行政和司法三权；联邦法院是最高的司法部门，其内的终身任期大法官对宪法和各项法案有最终解释权，有权裁决涉及国家和各州的重要案件。将司法权作为制约立法和行政权力的重要力量，宣示了司法权的独立地位，也意味着司法管辖从既往对"等级"的强调转变为对"地域"的强调。在等级国家中，同一地域之中不同等级共同生活在一起，每个等级都遵守自己的法律；而主权国家的建立，促使人们将法律作为适用于该地域所有居民的一种不偏不倚的秩序加以制定和适用。[4] 因而寓于主权国家之中的现代司法体系也逐渐脱离"等级制"的捆绑，转而获得了地域性的平等意涵。同时，司法权在国家权力中获得独立地位，意味着司法不再是政治权

---

〔1〕 参见［英］洛克：《政府论》（下篇），叶启芳、瞿菊农译，商务印书馆 2009 年版，第 90—93 页。

〔2〕 ［法］孟德斯鸠：《论法的精神》（上册），张雁深译，商务印书馆 1997 年版，第 156 页。

〔3〕 参见程春明：《司法权及其配置：理论语境、中英式样及国际趋势》，中国法制出版社 2009 年版，第 160 页。

〔4〕 参见［美］昂格尔：《现代社会中的法律》，吴玉章、周汉华译，译林出版社 2001 年版，第 177 页。

力的一种运作形式，司法权力的地位及界限保证了司法判断基于个人主体性的独立和公正。

2. 司法职业的专业化

司法判断的"自我意识"还体现在从事司法活动之群体的职业化。传统社会中，从事司法活动的主体并不需要强大的法律知识基础，决定其是否具备司法资格的是身份。基于集团内部共同的信念和神明崇拜，部落中解决矛盾争议的第三方主体通常是族长、长老或祭司；等级国家的最高司法权一般在皇帝或教皇手中，基层司法权则多数由行政长官执掌，如清代官僚体系中的知府；即便在司法传统优越的英国早期社会，王室法庭的法官也是从其他职务借用过来的，在诺曼征服之后，司法则成为英国贵族阶层的特权。这些"兼职"的司法从业人员显然带有强烈的法律系统以外的利益背景，不可能仅从法律出发作出表达法律职业"自我意识"的司法判断。随着现代性精神所推崇的工具理性、科学主义的兴起，浓重的宗教神学思想和实践逐渐退隐。世界观的"祛魅"促使传统社会分化为不同专业知识基础上各具特色的专家领域，司法职业群体在这一背景下浮现出来。

由于资本主义经济催生复杂的社会关系，法律发展趋于系统化、一般化、抽象化，从事司法活动的群体开始重视以法学学说和理论为内涵的知识论基础，并从注重公共性职业主义向崇尚专业性职业主义转变。[1] 1215年，英国约翰王在《自由大宪章》中明确规定，只任命懂得法律的人为法官。随后，亨利三世的司法改革逐步完善了法官任用制度，行政官员逐渐退出了法庭审判。[2] 1608年爱德华·柯克（Edward Coke）大法官与詹姆斯一世之间的论争显示出司法职业已经具有了较强的职业信念。在教会法院与普通法院的管辖权限争议的讨论中，詹姆斯一世主张国王拥有与法官一样的裁断案件的理性，柯克断然拒绝了这一似是而非的说法，并指出："上帝恩陛下以丰富的知识和非凡的天资，但微臣认为陛下对英王国的法律并不熟悉，而这些涉及臣民的生命、继承权、财产权的案件并不是按天赋理性（natural reason）来决断的，而是按人为理性（the artificial reason）

---

〔1〕 参见韩德明：《司法现代性及其超越》，人民出版社2011年版，第78页。
〔2〕 参见程春明：《司法权及其配置：理论语境、中英法式样及国际趋势》，中国法制出版社2009年版，第153页。

和法律判决的。法律是一门艺术，它需要经过长期的学习和实践才能被掌握，在未达到这一水平之前，任何人都不能从事案件的审判工作。"[1] 由专业的法官组成的法庭掌管司法事业，不仅加强了现代性—知识—司法职业化三者之间的紧密关联，而且促进了法律系统的进一步分化：法律人开始专职从事法律工作，出现了专职法官、律师、法律家；法律成为一门高级学问，法律学者对法律制度、法律命令、法律判决作出专业的阐述；法律从业人员在具有高级学问的独立机构中接受培训，形成专业化、系统化的法律思维[2] 司法职业团体所接受的相同的法律学习方式、职业思维和职业信念使法律从业者形成了较强的职业凝聚力和政治影响，相对健全的职业体系保障了他们的物质需求和职务稳定性，从而为司法在国家权力领域中抵挡其他权力的侵害提供了强有力的堡垒。从社会学家埃米尔·迪尔凯姆（Émile Durkheim）、韦伯、安东尼·吉登斯（Anthony Giddens）到经济学家亚当·斯密（Adam Smith）、大卫·李嘉图（David Ricardo）、让·巴蒂斯特·萨伊（Jean - Baptiste Say）、里昂·瓦尔拉斯（Léon Walras）、阿尔弗雷德·马歇尔（Alfred Marshall）、约翰·梅纳德·凯恩斯（John Maynard Keynes）、保罗·萨缪尔森（Paul A. Samuelson）乃至卡尔·马克思（Karl Heinrich Marx）等几乎所有的作者，都把分工看成工业化进程不断深化的重要根据乃至现代社会的基本特征。[3] 司法职业的专业化是现代社会法律运作、纠纷解决的内在需要，也为司法判断的"自我意识"提供了知识背景和组织基础。

3. 司法自由裁量及自由心证

司法判断的"自我意识"突出地表现在法官基于内心良知的自由裁量及自由心证。12 世纪以前，在一些刑事裁判中，巫师假借上帝名义听取各方当事人陈述，审查各类证据并作出裁断，谓之"神谕裁判"。[4] 到了 13

---

〔1〕 ［美］罗斯科·庞德：《普通法的精神》，唐前宏等译，夏登峻校，法律出版社 2001 年版，第 41、42 页。

〔2〕 参见［美］哈罗德·J. 伯尔曼：《法律与革命》（第一卷），贺卫方等译，法律出版社 2008 年版，第 8 页。

〔3〕 参见汪习根主编：《司法权论——当代中国司法权运行的目标模式、方法与技巧》，武汉大学出版社 2006 年版，第 47 页。

〔4〕 施鹏鹏：《刑事裁判中的自由心证——论中国刑事证明体系的变革》，载《政法论坛》2018 年第 4 期。

世纪，为了加强王权在司法裁判领域的至上地位，欧洲大陆创设了法定证据制度，主张以极为客观的证据材料作出刑事判决，法官在审理案件时无权依照自己的认识和思维独立判断证据，只能依据"比正午还清晰的证据"作出判决。与神谕裁判相比，法定证据制度具有历史进步意义，但二者都是以法律以外的原则作为判断的标准，来自宗教或王权的专横和僵化封锁了法官在判断证据方面的主动性。

随着启蒙浪潮的翻涌推动，意大利法学家贝卡里亚（Cesare Bonesana Beccaria）提出裁判者应当基于"良知"达致对案件事实的"确信"。1808年的法国《刑事诉讼法》（《重罪法典》）使这种思想得以制度化，"法庭并不考虑法官通过何种途径达成内心确信；法律并不要求他们必须追求充分和足够的证据；法律只要求他们心平气和、精神集中、凭自己的诚实和良心，依靠自己的理智，根据有罪证据和辩护理由，形成印象，作出判断。法律只向他们提出一个问题：你们是否形成内心确信？这是他们的全部职责所在"[1]。这意味着司法的判断机理不再附庸外在力量勾勒的"共同信念"，而是以人的"良心和理性"作为司法的主要标准和内在需要。从生物学上来看，人的感觉常常是嵌套混合的，视觉里包含着听觉、触觉、嗅觉和味觉，未感觉到的刺激往往被隐藏在感觉到的刺激里，进而形成无意识感觉或下意识感觉。因此，现代司法要求法官应当"亲身经历案件审理的全过程，直接接触和审查各种证据，特别是直接听取诉讼双方的主张、理由、依据和质辩，直接听取其他诉讼参与人的言词陈述"，因为认识案件事实不同于认识一般事物，它需要对争端中的是非曲直作出判断，"只有法官以临渊履薄的心境和态度直接感知和审查每一个证据"时，才能全面地认识案件事实，完成从量变到质变的心证。[2] 现代性总意味着对自我的理解由群体主义向个人主义的重大转变，它不再把社会或共同体看成首要的东西，不再认为"个人"只是社会的产品，仅仅拥有有限的自主性，而是把社会理解为为达到某种目的而自愿地结合到一起的独立的个

---

[1]《重罪法典》第343条。施鹏鹏：《刑事裁判中的自由心证——论中国刑事证明体系的变革》，载《政法论坛》2018年第4期。
[2] 朱孝清：《司法的亲历性》，载《中外法学》2015年第4期。

人的聚合体。[1] 自由裁量与自由心证是法官在法律内依据自身的认知能力所做出的自由评断，塑造着现代司法的判断机理。

（二）兑现理性主义的司法推理

在科学精神与理性精神的渗透下，现代司法范式的内涵还包括逻辑化、理性化的司法推理。在商业贸易的蓬勃发展中，以资本主义企业为代表的"自由劳动之理性的资本主义组织方式"越来越多地成为市场经济的基础力量。相比于传统的家庭劳作或亲族集团，这种组织方式的突出特征是经济理性化，即通过精确的可计算性实现利益最大化。[2] 个人主义与资本主义的交织，一方面突出了个人自愿结合构成市民社会的自由权利，另一方面则要求个人在经济市场中的利益追求必须获得稳定性的预期和保障。[3] 在这种背景下，"神启"或"王的意志"已经不能合理地提供裁判结果的正当性。现代法哲学家提出，逻辑是法律稳定的主要保障。以演绎方法为路径的司法形式推理即立足于这种认识，在法律规范所确定的事实要件的大前提下，寻找具体的事实要件这个小前提，最后依三段论得出判决结论。这种以明确的法律为前提的逻辑推理将法律设想为一个连贯的整体，追求使用不证自明的或先验的原则将法律规则公式化，为争端提供合乎理性的稳定期待。另外一种司法推理，则是依据立法者制定该项法律规范的价值理由，结合利益衡量、公共政策等其他相关因素的内容推理。这种推理需要就法律规范（大前提）和案件事实（小前提）本身的实质内容进行法律评价，做出相应的价值判断，所以称为实质司法推理。当然，在更为晚近的时期出现了法律论证理论。阿列克西（Robert Alexy）主张"在敞开的体系中论证"，法律适用的整个过程开始普遍被区分为法律发现的脉络与确证的脉络。无论判决是如何作出的，为了使判决能够被人接受，法官必须对其中的法律解释做出充分阐述，以此来确证其裁判的正当性。[4] 尽管形式推理、实质推理抑或法律论证的目的有所不同——有的关

---

[1] 参见［美］大卫·雷·格里芬：《导言：后现代精神和社会》，载［美］大卫·雷·格里芬编：《后现代精神》，王成兵译，中央编译出版社1997年版，第5页。
[2] 参见［德］马克斯·韦伯：《新教伦理与资本主义精神》，于晓、陈维纲等译，生活·读书·新知三联书店1987年版，第11—14页。
[3] 参见韩德明：《司法现代性及其超越》，人民出版社2011年版，第8页。
[4] 焦宝乾：《当代法律方法论的转型——从司法三段论到法律论证》，载《法制与社会发展》2004年第1期。

涉发现并作出判决的过程，有的涉及对判决及其评价标准的确证，但是它们都致力于为司法判决的过程和结果提供一种逻辑化、理性化的思辨，并且都具有相对稳定的推理结构，即大前提是可适用的法律规范，小前提是经法官认定的法律事实，结论是具有法律效力的针对个案的裁决裁定。在剔除了宗教神学和自然准则的知识基础之后，司法推理获得了理性主义的支撑，这种转变不仅体现在司法推理的前提上，而且贯穿司法推理的过程，并体现在逻辑结构的司法判决之中。

1. 推理前提的规范性

司法推理的理性化首先表现在推理前提的规范性。首先，是推理前提的范围的规范性。在传统社会，很多司法判决的依据来自习惯、政治、宗教，甚至是不可名状的理由。意大利思想家布鲁诺（Giordano Bruno）就是因宣传日心说和宇宙观，被宗教裁判判为"异端"烧死在罗马鲜花广场。宋代爱国将领岳飞更是以"莫须有"的罪名入狱，后被宋高宗赐死。在资本主义经济理性及天赋人权的理论引导下，现代社会的个人权利要求和纷争利益不再可能从权威建制中寻得依据，而是需要一种脱离政治权威的稳定的法律规范作为司法裁判的前提。因此，现代司法推理总是依据法律规范做出的，或者说，司法推理须以既定的法律规范作为前提。有些国家的"法律规范"表现为成文法，主要为法律规则和法律原则；对于有些国家而言，它们的"法律规范"则表现为判例中的原则。[1] 法律规则是指以一定的结构形式具体规定人们的法律权利、法律义务以及相应的法律后果的行为规范，它着眼于主体行为，以及各种条件和情况的共性，具有明确具体的规范内容；法律原则是指法律体系中基本或本原的、综合的、稳定的原理和准则，作为法律规则的指导思想，它的内容比较笼统、模糊，只对行为或裁判设定一些概括性的要求或标准；遵循先例的原则要求只要案件的基本事实相同或相似，就必须以判例所定规则处理。尽管三者的来源、内容、适用范围不尽相同，但与传统社会的裁判依据相比，这些法律规范都设定了相对明确的内容和形式，框定了相对具体的适用条件和范围，从而规范了司法推理的前提条件。现代法律规范体系强调建立合理的

---

〔1〕　参见周毅：《司法裁决推理研究》，西南大学 2014 年博士学位论文。

法治理论基础，制定科学严谨的规范性法律文件，构建上下有序、内外协调、价值融贯、调控严密的法律体系，这充分体现出司法推理所依赖的前提的理性化和规范化。

其次，是推理前提的认定的规范性。法律事实是司法推理中的小前提。不同于单纯的客观事实，"它是在同与之相关的法律规范反复对照的基础上经过法律意义的评价后产生"的"事实"[1] 也就是说，某一行为或其达成的后果是否能够作为法律推理的小前提，为法律规范所调整，需要法官依据法律做出认定。而这种认定在本质上就是用法律规范衡量生活事实的一种结果，需要通过当事人积极的举证、证明以及法官一系列的法律识别和法律判断才能实现。所以，法律事实这一概念在一定程度上体现了推理前提之认定的规范性。

2. 推理过程的逻辑性

司法推理的理性化还表现在推理过程的逻辑性。首先，现代司法推理是以理性思维为主导的推理过程。传统社会的司法裁判很大程度上依赖对案件的感性认识。清代《刑案汇览》记载的"受人临终寄托辄复奸占其妻"[2] 案，罪犯李二受已故好友张幅之托，照应其妻张邢氏，后与其通奸。这种情况是符合清代"无夫和奸"律的，但法官却比照"抢夺良家妇女奸占律"，作出"拟以满流"的判决，且未做详尽解释。我们只能从简短的判词中推断法官对此案进行法律适用的情境：他认为李二与已故朋友之妻通奸，背信弃义，是"情殊可恶"的不道德行为，应当受到严惩，因而对其适用了本不符合的"强夺良家妇女奸占律"处以满流。传统社会的司法裁判几乎没有推理过程，且很多情况下是以主观感受作为法律适用标准的。与之相比，现代司法极为重视逻辑在推理过程中的作用。现代司法推理要求法官按照"获得案件事实→择取法律规范→解释法律规范→对法

---

〔1〕 周毅：《司法裁决推理研究》，西南大学 2014 年博士学位论文。

〔2〕 李二因与张邢氏故夫张幅素好，张幅临死时嘱其照应家务，该犯遂与其妻张邢氏通奸，复捏称张邢氏系坐产招夫，与张邢氏俨成夫妇，情殊可恶。将李二比照强夺良家妇女奸占律量减一等，拟以满流。[清] 祝庆祺等编：《刑案汇览三编》（第 1 编），北京古籍出版社 2004 年版，第 275 页。管伟教授对此案的法律适用情况进行了分析。参见管伟：《试论清代司法实践中比附适用的类比方法——以〈刑案汇览三编〉为例》，载《法律方法》2009 年第 2 期。

律规范与案件事实的价值和逻辑关系进行内心确信→形成判决"[1] 的过程
进行推理，并运用专业知识对法律问题进行观察、思考、分析、判断。这
是一个严谨有序、环环相扣的逻辑思维过程。尽管司法实践中法官难免基
于直觉、基于他所在地区的标准、基于多年司法经验的熏陶等因素形成一
种经验思维，但是理性思维的推理过程具有"范式"作用，即逻辑思维决
定了法官司法推理的着眼点，为司法裁判提供了坐标或罗盘，从而使司法
推理在形式上兑现理性主义成为可能。[2]

其次，在推理的具体方法上，表现为以形式逻辑为主的综合推理和论
证过程。司法推理的总体模式是一种演绎论证模式，因为在具体案件的法
律适用中，"法律家通过角色活动体现出来的最基本的思维方式，迄今为
止仍然是逻辑演绎"[3]。演绎规则对法官来说，既是一种理性方法的指引，
也是一种法规范方面的约束。法官借助演绎规则，通过完成法律规范对案
件事实的逻辑涵摄来得到"必然性"的结论，从而保证司法裁决的形式合
理性，保障法定原则和法治理念的实现。[4] 当然，司法实践中除了运用这
种三段论式的形式逻辑推理，还需要辩证逻辑推理的综合运用。构成法律推
理的前提，既包括法律规范的大前提，也包括具体的事实要件的小前提，但
是其中每一个前提的获得都包含着若干步骤的逻辑推演。在复杂的逻辑推演
中，仅运用形式逻辑推理出令人信服的结果几乎是不可能的，因此就需要辩
证逻辑弥补形式逻辑的不足。[5] 博登海默（Edgar Bodenheimer）指出，有
必要使用辩证推理来解决争议的情况主要有三种：其一，法律未曾规定简
洁的判决原则的新情况；其二，一个问题的解决可以适用两种或两种以上
相互抵触的前提，但必须在这些前提之间做出真正选择的情形；其三，尽
管存在涉及当前案件的规则或判例，但法院在行使授予它的权力之时发现

---

〔1〕 汪习根主编：《司法权论——当代中国司法权运行的目标模式、方法与技巧》，武汉大学出
　　　版社 2006 年版，第 49 页。
〔2〕 参见汪习根主编：《司法权论——当代中国司法权运行的目标模式、方法与技巧》，武汉大
　　　学出版社 2006 年版，第 438、439 页。
〔3〕 季卫东：《"应然"与"实然"的制度性结合（代译序）》，载［英］麦考密克、［澳］魏因
　　　贝格尔：《制度法论》，周叶谦译，中国政法大学出版社 1994 年版，第 2 页。
〔4〕 周毅：《司法裁决推理研究》，西南大学 2014 年博士学位论文。
〔5〕 参见缪四平：《论法律推理的含义与特征》，载《华东政法大学学报》1999 年第 2 期。

该规则或判例在此争议背景下仍然缺乏充分根据而拒绝使用的情形。[1] 可见，只有在这些形式逻辑推理不力的场合下，才能诉诸辩证逻辑推理，但二者并不相互排斥，往往在同一判决中混合使用。因此，现代司法推理是以形式逻辑为主的综合推理论证过程，在方法上体现出现代社会的理性化趋向。

3. 司法判决的说理性

以法律语言作为载体，司法判决说理性的逻辑结构展现了现代司法的理性主义思维视角。司法判决以案件当事人为直接和主要对象，它需要对当事人提起的争点和论点作出裁判；因此，判决的一个重要功能就是向败诉方表明判决是合法的，是法院对诉诸司法的公民的一种合理回答，而不单纯是一种具有国家权威的行为。[2] 传统社会的司法判决往往不具备说理的结构和功能。美国学者曾对清代《刑案汇览》中的比附适用案件进行梳理，该书共收集 190 个案例，其中 60 个案例都出现过类推适用，而在这 60 个案例中，"有时并不清楚为什么刑部会选择适用某一律或例而没有选择其他条，更不用说为什么它会感到有必要适用类推来判断了，因为有时候刑部并不解释它做出其选择的理由"。[3] 出现这种现象的一部分原因在于，古代司法人员在从业前并没有接受专业的法律训练，而是受到传统伦理道德的长期熏陶，他们认为天理人情无须解释，理所当然地作出裁判。与此不同，现代司法运行的方法是以法律思维为主导的逻辑推理，司法判决提供了关于什么是判决结果及其证明理由的观念。从司法推理的角度看，司法判决蕴含着命题推理的逻辑结构。以中国的司法判决为例，它们在整体上首先通过证据的采信认证确定法律事实，即小前提；而后根据确认的事实确定其符合哪些法律条文的规定，即大前提；最后得到案件裁判的结论。在判决每一部分的具体说理中，也包含着逻辑结构。比如，采信证据包含的"三段论"推理方法：大前提——证据必须具备关联性、真实性、合法性；小前

[1] 参见［美］E. 博登海默：《法理学：法律哲学与法律方法》，邓正来译，中国政法大学出版社 1999 年版，第 498 页。
[2] 张志铭：《司法判决的结构和风格——对域外实践的比较研究》，载《法学》1998 年第 10 期。
[3] ［美］D. 布迪、C. 莫里斯：《中华帝国的法律》，朱勇译，江苏人民出版社 1995 年版，第 172 页。

提——某证据具备关联性、真实性、合法性；结论——某证据应予以采信。在德国等大陆法系国家，法院则提供一种更详尽的证明。判决仍然是从一定前提逻辑演绎的结果，但是它"通过不断追问每一前提中概念的含义，以构成'次级前提'，直至将某一对象或事实归入能导致法律结果的构成要件"[1]。在美国等普通法系国家，法官会选择对话、选择性证明的方式安排判决的结构：通过陈述和讨论涉及每个争议点的相互冲突的观点，对可能的选择方案进行辨别，从而做出选择并陈述理由。此时，"判决不是作为一定前提的逻辑结果出现，而是作为按照解释论点和优先规则所做的司法选择的结果"[2]。这些判决中的结构凝固了司法逻辑推理的思维过程。法官用"语言"去表述对"世界"和自己的"意识"的理解，增强了司法判决的说理性，展现出司法推理的形式结构和具体方式。

（三）面向内在价值的司法程序

司法程序是指司法活动必须遵循的法定方式、顺序、步骤等的总称，它包括起诉程序、立案审查程序、庭审程序等不同的内容。具有独立于司法结果之正义价值的司法程序是现代司法范式的重要内涵之一。

起初，程序规则仅让司法裁判具有权威的色彩，但是程序的运用受到政治权宜性的限制。12世纪末的欧洲宗教法庭通过审判来实施惩罚。在纠问（inquisitio）程序中，法官集控告者、起诉人、法官和陪审团的职责于一体。只要法官本人怀疑，无论这种怀疑是否有根据以及为何种根据，他都可以监禁嫌疑人并对其实施纠问。[3] 在这里，程序规则本身并没有独立的存在目的，只是实现实体目标的"附带性规范"。如1431年对圣女贞德的政治迫害，就是通过审判的方式来完成的。尽管在此案中，具体审判程序存在明显缺陷，但是对圣女贞德的审判仍然具备诉讼的基本外观，给人以公正审判的印象，以期获得民众的认同。随着现代社会自由主义与理性主义的交织重叠，尊重和保障人权、限制权威、公平公正等现代法治价值深入人心，现代司法对程序的理解和追求已然超越了"附带性规范"的"工具性"存在，将程序上升为一种法律正义的价值范畴——内在价值。

---

[1] 张志铭：《司法判决的结构和风格——对域外实践的比较研究》，载《法学》1998年第10期。
[2] 张志铭：《司法判决的结构和风格——对域外实践的比较研究》，载《法学》1998年第10期。
[3] 参见邓继好：《程序正义理论在西方的历史演进》，华东政法大学2010年博士学位论文。

贝卡里亚较早从刑事法学的角度揭示了诉讼程序本身具有的内在价值。针对无罪推定原则和反对刑讯逼供，贝卡里亚提出了一系列涉及审判公开、法官回避、审判及时、法官的中立性的基本程序规则[1]。同时，就诉讼程序本身的意义提出了自己的看法，他认为良好的法律程序可以约束公权、弘扬理性，对于审判是必需的，"因为它们可以使司法者无从随意行事"，同时"昭示人民审判不是纷乱和徇私的，而是稳定和规则的"；也正因如此，诉讼程序可以在一定程度上赋予审判结果权威性和正当性，因为"真相有时过于简单，有时又过于复杂，所以需要某些外在的形式，使无知的人民能够接受它"[2]。美国学者约翰·罗尔斯（John Rawls）从社会正义的角度出发，将程序正义作为一个独立于实质正义、形式正义的范畴进行讨论，提出程序本位主义的价值理论。按照罗尔斯的观点，程序的正义与实质的正义的区分，不妨可以看作是一种程序的正义与该程序之结果的正义的区分。二者分别是某些价值的例证化，同时在某种意义上又是相互融合的，即"一种程序的正义总是依赖于其可能性结果的正义（除赌博这种特殊情况之外），或依赖于实质性正义。因此，程序正义与实质正义是相互联系而非相互分离的。这使公平的程序仍然具有其内在的价值——比如说，一种具有公道价值的程序可以给所有的人一种表现他们的机会"[3]。以此为基础，美国学者杰瑞·马肖（Jerry L. Mashaw）认为个人尊严是程序所具有的一个独立价值，即无论实体问题最终如何决定，当事人是否充分参与决定过程都具有实际意义；英国学者达夫（R. A. Duff）则更明确地指出刑事审判程序的真正价值在于，它能够给予被告人获得公正审判的机会，提供一种确保被告人与裁判者通过协商、对话和争辩而共同制作裁判的场合，使被告人通过积极有效地参与裁判的制作过程而保持一种道德主体地位[4]。从"附带性规范"到"程序正义"，司法程序在现代司法中获得了独立于司法结果之正义的内在价值，并在司法实践中表现为限制专制权力、保障诉权平等、提供普遍性的表达机会。

---

[1] 参见［意］切萨雷·贝卡里亚：《论犯罪与刑罚》，黄风译，中国法制出版社2005年版，第23—29、45—47页。

[2] ［意］切萨雷·贝卡里亚：《论犯罪与刑罚》，黄风译，中国法制出版社2005年版，第27页。

[3] ［美］约翰·罗尔斯：《政治自由主义》，万俊人译，译林出版社2000年版，第449页。

[4] 参见邓继好：《程序正义理论在西方的历史演进》，华东政法大学2010年博士学位论文。

1. 限制专制权力

司法程序作为一项重要的法律正义价值目标的真正确立，从根本上来说是一个现代性问题，因为它是启蒙运动的产物，其根本要旨是对专制权力的一种限制方式和配置方法。[1] 1215 年，英王约翰在与贵族的博弈中落入下风，无奈签署了具有历史意义的《大宪章》，其中第 39 条规定："凡自由民，如未经其同级贵族之依法裁判，或经国法判决，皆不得被逮捕、监禁、没收财产、剥夺法律保护权、流放或加以任何其他损害。"[2] 这个条款成为现代意义上程序正义的规范来源。1628 年，经过议会与王权的斗争，英王查理一世被迫签署《权利请愿书》，其中规定，"未经正当的法律程序，不得逮捕、监禁任何人；不得以军事法规审判和处罚平民；任何人不得中止和干预案件的审判过程"[3]。1679 年的《人身保护法》从程序方面确立了对羁押的司法审查和司法救济，从而能有效地遏制非法逮捕和拘禁："除叛国罪及遇战争或其他紧急情况外，没有法院签发的写明理由的逮捕证，任何人均不受逮捕和羁押；任何被逮捕者及其代理人，均有权向大法官或王座法院、高等民事法院或理财法院申请'人身保护令'，要求拘禁机关在 20 天内将在押人移送法院；法院在审查逮捕理由后，立即作出释放、交保释放或从速审判的决定；对被释放者，不得再以同一罪名加以拘捕；任何人都不得被送至海外领地或英格兰以外的外地进行监禁。"[4] 可见，司法程序逐渐从刑事诉讼领域发展至司法审查领域，通过程序的正当性限制专制权力的滥用，保障公民的人身和财产权益不受非法剥夺。

按照诺内特和塞尔兹尼克的观点，程序在法律中地位的提升，其根源在于对规则统治的信奉。"对压制的控制开始于信奉规则统治这种观念的发展；程序则成为公正适用规则的显而易见的主要保障。"[5] "正当程序"逐渐成为约束压制性权威的有力武器，而作为正当程序的专门保护者，司

[1] 参见韩德明：《司法现代性及其超越》，人民出版社 2011 年版，第 69 页。
[2] 孙祥生：《论自然正义原则在当代的发展趋势》，载《西南政法大学学报》2006 年第 2 期。
[3] 孙祥生：《论自然正义原则在当代的发展趋势》，载《西南政法大学学报》2006 年第 2 期。
[4] 邓继好：《程序正义理论在西方的历史演进》，华东政法大学 2010 年博士学位论文。
[5] ［美］诺内特、塞尔兹尼克：《转变中的法律与社会：迈向回应型法》，张志铭译，中国政法大学出版社 1994 年版，第 73 页。

法在现代国家中获得了新的角色和地位。从而，司法程序从"一种机构需要的东西"上升为"一种提高自身的美德"，在政治权力与司法权力的分离中获得了限制专制权力、维护个人权利与自由的独立价值。

2. 塑造司法权威

现代司法程序意味着尽力排除一些可能产生偏见或不平等的情景和条件，依照一定的步骤和方法展开调查、过滤事实、作出决定。"在解决公民之间的纠纷和评估各种有利或不利于国家的要求时，法律体系所提供的最显著、最别具一格的产品就是程序公平。"[1] 尽管司法推理在一定程度上证明了司法裁判结论的必然性，但是程序为裁判结果提供了更强有力的正当性证明，"正当程序和公平是法院的自信和信用的主要渊源"[2]。因此，司法程序在现代社会的另一个内在价值是塑造司法权威。

古希腊时期，亚里士多德（Aristotle）等思想家的论述就已经涉及程序正义的观念，形成了两个自然正义的基本原则：其一为"一个人不得做自己案件的法官"，其二为"听取当事人的陈述"。第一条原则"一个人不得做自己案件的法官"，其基本含义是法官不得审理与自己有利害关系的当事人的案件。在1371年的里伯案中，两名法官中的一人是案件一方当事人所任命的，该名法官因此回避。[3] 到了近代，该原则不仅禁止法官与案件当事人存在利害关系的情形，而且不允许法官审理自己在其中存有利益的案件。这一含义的新发展在1852年的迪姆斯诉大詹克森运河公司案中得以确认。该案因上诉法官考特翰姆（Cottonham）持有大詹克森运河公司的股份，与其审理的案件存在利害关系，而被英国上议院裁决原判决无效，予以撤销。[4] 实际上，这条原则在产生之初是为了防止法官偏私，保持司法的中立性。但是当法律已经取代道德、宗教成为社会调控的主要手段，

---

〔1〕 ［美］诺内特、塞尔兹尼克：《转变中的法律与社会：迈向回应型法》，张志铭译，中国政法大学出版社1994年版，第73页。

〔2〕 ［美］诺内特、塞尔兹尼克：《转变中的法律与社会：迈向回应型法》，张志铭译，中国政法大学出版社1994年版，第73、74页。

〔3〕 参见邓继好：《程序正义理论在西方的历史演进》，华东政法大学2010年博士学位论文。

〔4〕 English Reports Full Reprint Vol. 10 –House of Lords. Dimes v. Grand Junction Caral Co. 3 H. L. C. 759. 参见邓继好：《程序正义理论在西方的历史演进》，华东政法大学2010年博士学位论文。

司法程序的意义就会在司法与当事人的信任关系中凸显出来。通过努力排除一切可能引起对法庭怀疑和不信任的因素，司法程序促进当事人对司法活动的信任，从而塑造司法的正统性地位。第二条原则"听取当事人的陈述"，其基本含义是在对案件作出裁判前，必须赋予当事人陈述意见的机会。大约在 13 世纪，该原则主要被用以对抗审判之前的刑讯。到了现代，公平听证的真正意义不仅在于确保辩论双方的意见都被平等听取，而且在某些案件中，它可以进一步质疑结果的正当性。如在 1723 年的国王诉剑桥大学案中，因剑桥大学对本特利进行不利指控并剥夺其神学博士学位时，没有听取他的申辩，王座法院以颁发强制令的方式，为本特利恢复了学位。[1] 这一原则意味着，司法保障人们可以通过一种能够理解的方式对选择过程和结果怀有合理期待。通过理性的过程而使人们获得确信和承认，这正是司法程序能够塑造司法权威的原因。

3. 包容价值多元

理性主义所营造的普遍价值观在个人主义的促就下，反而导致了"诸完备学说"难以达成共识的局面。原本作为实现实体目标的司法程序，不得不承担起整合异质而合理的价值诉求的历史任务，从而获得了包容价值多元的内在价值。

现代性在价值领域"根本上代表着一种对总体主义、普遍主义价值秩序的追求"[2]。在理性主义普遍道德观的信念之下，启蒙哲学家试图为社会确立"一种关于历史的演进、社会的发展前景和人类的终极目标的总体性的、同一的、系统化的、理论化的、纲领化的文化精神或社会价值"[3]。但是，这种始于一致的普遍信念却以价值多元、冲突的现实告终。理想化所带来的个人主体性赋予每一种价值终极性。宗教学说、哲学学说和道德学说，诸多合乎理性却不相容的理论并存。然而这些学说中的任何一种都不能得到公民的普遍认同。这一现象在法律上体现为自由、正义、秩序等

---

[1] English Reports Full Reprint Vol. 92 – King's Bench. R. v. Cambridge University 2 Ld. Raym. 1334. 参见邓继好：《程序正义理论在西方的历史演进》，华东政法大学 2010 年博士学位论文。

[2] 贺来：《边界意识和人的解放》，上海人民出版社 2007 年版，第 11 页。

[3] 衣俊卿：《现代性的维度及其当代命运》，载《中国社会科学》2004 年第 4 期。

价值的冲突。那些无法比较、无法衡量、无法排序的价值为司法裁判在实质正义上的达成带来了困境，呈现出韦伯所说的"诸神之争"："你将侍奉这个神，如果你决定赞成这一立场，你必得罪所有其他的神。"[1] 因此，司法需要一种本身既无价值根据，又能包容多元价值，还能被多元价值所认可的形式来达成正义，而这样的形式在性质上必然是程序性的。也正是基于这一原因，美国学者迈克尔·贝勒斯（Michael D. Bayles）将"程序价值"的基础定位于"解决争端"，提出了七项原则：和平解决争端；受裁判影响的人富有意义地参与裁判的制作过程；程序保持公平或对双方平等对待；程序具有可理解性；程序及时地提供裁判结论；程序对争端提供终结性的解决；加强人们对法律程序的信任或体现表面上的正义。[2] 司法程序通过运行的无价值性扩大了其在价值层面的承载，为司法正义的追求拓宽了尺度，并在这个过程中获得了包容多元价值的内在价值。

第二节　司法范式的形态演变

如前所述，司法范式与现代法治的转型和发展密切相关。可以说，现代社会中的法治范式决定了司法范式的特征和形态，而法治范式的现代转型和发展，也必然推进司法范式的转变。

一、自由主义范式的形式司法

现代法治最初是以形式理性为主导而建立起来的"自由主义"法治形态，在其建构起来的私法社会中，法律主体可以自由、理性地追求其人生目标，通过个体的理性化活动实现社会正义。[3] 经济活动的理性化无疑是现代社会的本质特征之一。韦伯对理性的经济行为进行了深刻分析，认为

---

〔1〕　[德] 马克斯·韦伯：《学术与政治》，冯克利译，生活·读书·新知三联书店 2016 年版，第 44 页。
〔2〕　参见陈瑞华：《走向综合性程序价值理论——贝勒斯程序正义理论述评》，载《中国社会科学》1999 年第 6 期。
〔3〕　参见马长山：《法治的平衡取向与渐进主义法治道路》，载《法学研究》2008 年第 4 期。

现代市场经济条件下的主要市场参与者是资本主义企业,这种"自由劳动之理性的资本主义组织方式"形成于经营活动与家庭的分离,特别重视对于长期利润的精细而系统的计算。因此,经济理性化的突出特征是可计算性,这与缺乏长远计划的、短期的、撞大运式的传统经济有着明显的区别。"近代的理性资本主义不仅需要生产的技术手段,而且需要一个可靠的法律制度和按照形式和规章办事的行政机关。没有它,可以有冒险性的和投机性的资本主义以及各种受政治制约的资本主义,但是,绝不可能有个人创办的、具有固定资本和确定核算的理性企业"[1]。因此,在自由主义法治中,规则的形式性被强调,它要求有关法律必须是合理的、可以被理解的、普遍的、可以计算的。韦伯把这种致力于规则的普遍性和形式性,而非个别案件的实质结果,并且强调从形式上可以预测结果的法律制度,称为形式理性的法。另一方面,资本主义的理性经济活动促成了介于"国家"和"个人"之间的相对独立存在的各种组织和团体——市民社会。因而自由主义法治体现为由政治立法者制定的普遍的、自洽的规则系统,这种规则系统被用以保护公民的人身、财产等民事权利以及思想、言论、结社、选举等政治权利。诺内特和塞尔兹尼克将这种控制压制的法称为"自治型法",其特征为:法律与政治分离,立法职能与司法职能之间划出严格的界限;法律秩序采纳"规则模型",用以衡量官员所负责任的尺度,同时,既限制法律机构的创造性,也减少了它们侵入政治领域的危险;程序成为法律的中心,法律秩序的首要目的是规则性和公平,而非实质正义;"忠于法律"被理解为严格服从实在法的规则。[2]

可以看出,自由主义范式以形式理性为基础,通过理性经济人的假定和规则至上的信念来构架其制度体系,反映了自由资本主义时期社会的法权要求。而形式理性的法律的普遍适用,则依赖于独立的司法权力机构通过严格的法律推理来解决具体冲突。自由主义法治中的司法受到形式法的一般化和体系化的深刻影响。法律的一般化将个人权利义务化约为一定的原则和统一性规范,这意味着司法需要在普遍性的法律原则或法律规则中

---

[1] 参见[德]马克斯·韦伯:《新教伦理与资本主义精神》,于晓、陈维纲等译,生活·读书·新知三联书店1987年版,第14页。

[2] 参见[美]诺内特、塞尔兹尼克:《转变中的法律与社会:迈向回应型法》,张志铭译,中国政法大学出版社1994年版,第60页。

寻找"决定性意义的原因";法律的体系化追求法律规范系统内部的一贯性、逻辑性、完备性,这促使司法机构以严密而精准的逻辑方法进行司法判断。总体上,自由主义范式中的司法被严格框定为服从实在法的规则,因此呈现出形式司法的特点。

(一) 以职能分离为特征的机构自治

自由主义范式要求公共职能部门的权力严格限制在既定的范围中,其中的一个明显特征是司法职能与行政职能、立法职能之间存在严格界限。17世纪中叶,普鲁士的等级国家中已经开始了这种分离。1787年,美国成为第一个将三权分立原则写入宪法的国家。如哈贝马斯所言,"在自由主义的模式中,对司法与行政的严格的法律限制导致了经典的分权格局,其目的是从法治国角度来规训绝对主义国家权力的任性意志。政治各权力部门的分立可以沿着集体决策的时间轴心来加以说明:法官判决实践可以理解为一种取向于过去的行动,它把注意集中于已经固定为现行法律的政治立法者的过去的决定;而立法者做出取向于未来的对未来行动有约束力的决定,行政部门处理现在的现实问题"[1]。

基于职能的区分,现代意义上的司法获得了免于外部干扰且具有独立思考秉性的权威性力量,达成了权力分立意义上的机构自治。首先,独立自主的判断权在一定程度上导引政治服从法律的现代法治思维。在自由主义范式中,有组织的政治共同体的行动并非自动合法化,行动与合法性之间总是存在某种潜在的紧张关系。形式法表示了对这种紧张关系的关切,而司法则基于判断职能使法律约束权力行使的制度化成为可能。其次,司法谦抑确保了判决的一致性。与立法的严格区分使司法将自身限制在运用公认的法律适用案件的范围中,这不仅使裁判结果趋于稳定一致,而且意味着它们拥有了独具特色的——法律的而非政治的功能,"如果能使世人和自己相信,裁判并未受到各种有损于原则的社会联系的腐蚀,权威源于某种独有的权能,那么司法的正统化问题就得以缓和"[2]。进一步地,为了坚持和维护这种权能,机构自治成为一种必然。最后,司法权与立法

---

〔1〕 [德] 哈贝马斯:《在事实与规范之间:关于法律与民主法治国的商谈理论》,童世骏译,生活·读书·新知三联书店2003年版,第304页。

〔2〕 参见 [美] 诺内特、塞尔兹尼克:《转变中的法律与社会:迈向回应型法》,张志铭译,中国政法大学出版社1994年版,第63页。

权、行政权的分离也在一定程度上获得了一种自我保护，其通过谨慎的自我限制保证了对现行政治秩序以及形式法的遵从，减少了进入政治领域后可能遭遇的危险。

（二）以形式逻辑为特征的司法推理

自由主义范式中，法律适用的根本方法论基础是三段论的演绎推理。自由主义范式的形式法表现为一种"规则模型"，实在法规则被假定为具有确定的范围和适用对象的规范，司法被理解为将一些抽象的、有意制定成章程的规则应用于具体的个案的活动。在形式逻辑规则的基础上，形成了一套以演绎推理为特征的，包括司法三段论、类比推理（类型思维）、文义解释、内部证成、历史解释、语法解释、语义解释、体系解释等方法在内的"形式"方法论。这种法律适用的方法主张一元的法源论，尊重制定法或判例法的权威；奉行一般优于个别的思维倾向，主张涵摄论思维，积极在已有的法律中探寻法律的意义。[1] 其现实基础主要在于：（1）说明裁判的正当性。笛卡尔认为理性就是"根据明确的前提所做的逻辑演绎"，他"拒绝把任何不能以逻辑的方式从'清晰而独特的'明确前提中推导出来的从而也不可能加以怀疑的东西视为真实的东西"[2]。自由主义范式期待公民和官员对法律的绝对忠诚，任何对充分尊重的背离行为都被理解为对整个法律秩序的一种威胁。演绎推理以明确的法律规则为前提，使用逻辑规则对形式法的概念、规范和原则进行理解与运用，这就为司法裁判找到了以法律为根据的正当理由。（2）说明裁判的合理性。如果判决中的司法推理过程是由逻辑过程推导出来的，而不仅是法官的直觉或感觉，那么在表面上法官裁判的结果就更具有说服力。个人主义带来了表达"自我意识"的司法判断，当司法不再依靠法律以外的权威作为裁判的标准，它就需要通过一种理性化的进路寻找合理性。科学主义和实证主义主张，专注于探知事实（而不是价值）的现代自然科学方法是探知真理的唯一方法。换言之，神学、形而上学、伦理学、美学都不能提供具有真假属

---

[1] 参见陈金钊：《魅力法治所衍生的苦恋——对形式法治和实质法治思维方向的反思》，载《河南大学学报》（社会科学版）2012 年第 5 期。

[2] ［英］哈耶克：《法律、立法与自由》（第一卷），邓正来等译，中国大百科全书出版社 2000年版，第 4、5 页。

性的认知断言。[1] 通过中立的逻辑推理展开合法性论证是司法领域对"人为理性"的探索和实践。(3) 法律的复杂性促使人们寻求一种具有可操作性的法律适用方法。自由主义范式向往一种完备的法律规则体系,骤然增多的法律规则促使司法领域发展出更为精细且可操作的法律适用方法。三段论推理援引公认的和有权威的规则,并且遵循形式化的推理过程,在一定程度上解决了法律的复杂性所引起的法律适用的困难。(4) 严密控制自由裁量。在自由主义社会发展中,司法和行政官僚逐渐开始履行更加差异化的权力,法官主要来自资产阶级,而高级行政人员则日益与贵族合流。在 19 世纪的德国,严格的三段论推理一方面满足了中产阶级对法律适用的确定性和可靠性的要求;另一方面,它向行政人员保证,法官将会严格遵守高级行政官员主导制定的法律和命令。[2]

以三段论为特征的演绎推理是自由主义法治观在司法领域的反映。它采取了一种建立在形式逻辑规则运用基础上的、"根据法律思考"的思维模式,通过明确的规则和形式化的推理过程,在法律规则和案件事实之间建立起一种必然的、有说服力的推理关系,尽量消减推理者任意的空间,从而在形式上维护了法律本身的安定性和稳定性。[3] 同时三段论坚持,"凡必然性推理,只要前提内容真实,形式正确,结论必定蕴含在前提之中;相反,前提中根本没有的东西,就不会出现在结论中"[4],因而,以三段论推理为特征的演绎推理走向法律的严格适用,"不允许在裁判中渗入自己的价值观,奉行法律解释的独断性"[5]。这样,以三段论为代表的"形式"方法论就难免产生一定的法典崇拜和机械司法的意味,其也因此饱受质疑。

(三) 以形式正义为特征的司法程序

自由主义范式中的司法程序呈现出形式正义的特征。形式正义指的是

---

〔1〕 [美] 大卫·雷·格里芬:《导言: 后现代精神和社会》,载 [美] 大卫·雷·格里芬编:《后现代精神》,王成兵译,中央编译出版社1997年版,第8、9页。

〔2〕 参见 [美] 昂格尔:《现代社会中的法律》,吴玉章、周汉华译,译林出版社2001年版,第181页。

〔3〕 参见韩登池:《司法三段论——形式理性与价值理性的统一》,载《法学评论》2010年第3期。

〔4〕 韩登池:《司法三段论——形式理性与价值理性的统一》,载《法学评论》2010年第3期。

〔5〕 陈金钊:《魅力法治所衍生的苦态——对形式法治和实质法治思维方向的反思》,载《河南大学学报》(社会科学版) 2012年第5期。

对体系的服从，也就是对规则和制度不偏不倚且一致的执行，而不管是否符合其实质性原则。在这里，司法程序是一种规范的公共体系，是司法是否获得合法性，以及判决是否有效的前提。首先，司法从程序中获得正统性渊源。形式理性是自由主义范式得以构成的根基，"一个逻辑上符合形式理性的法律秩序看起来是规范性指导的中立而自主的源泉，恰恰是这种法律的中立性和自主性为资本主义社会中关于政治制度的主张，提供了合法化权威论证的基础"[1]。而司法程序的中立性和形式性则成为限制公共权力的有效手段。法院成为正当程序的专门保护者，并在保护程序的完整性中获得了其权力的正统性渊源。因而在自由主义范式中，司法程序开始从"一种机构需要的东西"转变为"一种提高自身价值的美德"，成为司法裁判合法性的前提。其次，作为司法权自我约束的方式，司法程序促成形式法体系的完整性。法律程序的本质就是形式主义的，这与以抽象性法律规范为特征的形式法相契合，而且，各种关于司法程序的规则和学说"就像是一套起防护作用的甲胄，它们限制诉讼资格，捍卫那些狭窄的'可交法院裁判'的观念，维持司法的超然态度，强调诉讼当事人的主动性和责任，实施严格的法律相关性准则，限定法官权威于手头案件，以及证明服从政治意志和行政判断为正当"[2]。这些策略都加强了司法权的谦抑性质，减少了司法权涉入政治领域的风险，从而使自由主义的法律体系获得了一种完整性。最后，司法程序构成了裁判是否有效的前提。自由主义范式中的现代司法是一种沟通和整合一般法律规则与具体行为事实两种差异性范畴的制度装置，司法程序被认为是二者得以沟通的桥梁。程序的普遍性和一致性提供了形式正当合理，这使它成为裁判可接受性的一个判断标准。因此，在自由主义范式中，司法程序获得了独立于裁判结果的过程价值：判决结果正当与否不是依靠是否符合某种预设的标准来确定，而是依靠程序过程自身是否正当来确定。

司法程序的独特价值强化了形式主义在自由主义法治中的存在，同时在实践中使法律成为一种冷漠的、代价高昂的、不确定和不透明的东西。

---

[1] [德] 图依布纳：《现代法中的实质要素和反思要素》，矫波译，强世功校，载《北大法律评论》1999年第2卷，第2辑。

[2] [美] 诺内特、塞尔兹尼克：《转变中的法律与社会：迈向回应型法》，张志铭译，中国政法大学出版社1994年版，第75页。

"程序规则，无论是由国家预先制定的还是由诉讼当事人临时约定的，都要求具备自身的完整性和相对于实体法的独立性。……司法过程不可能完全分离于关于对与错的实体性观念，也不可能完全等同于一场游戏或辩论赛"[1]。因此，对于司法程序的价值定位，实质法治有了不同的表达。

从上述司法特征中可以看出，自由主义法治希望通过司法机构的自治化、司法方法的逻辑化以及司法程序的价值化来保证司法权力的非人格化，从而达成普遍意义上的平等和自由。这些运作在现代社会早期有助于限制专制权力、消除法官的恣意裁判，从而保障资产阶级的私有财产和私有利益。然而，形式司法在追求对制定法的绝对服从的同时，可能反而会有损于法治。从法律适用的角度来说，绝对的规则至上反而会造成实质上的不平等，不利于实现社会正义。从权力制约的角度来说，这种理想下的司法形态需要一个关键的假设，即权力能够受到规则的有效制约，无论这些规则是作为限制行政机关的工具，还是作为审判中的实质选择而发挥作用。昂格尔对此深表疑虑，"如果我们承认有些术语缺乏不言而喻的意义，规则的意义必须最终由立法目的和具体环境所决定，以及从前立法者的目的总是多多少少不完全的，我们就有理由怀疑，在自由主义社会中，有没有流行过一种真正中立的司法方法。更何况，社会共识的变化无常及不合法性使得法官很难发现一种稳定的、权威的共同认识及价值观的体系，以便在此基础上建立他的法律解释"[2]。因此，司法权力运行的实际情况可能是，法官不得不在每一个案例中都暗自掂量关涉的价值和信念，而这一过程反而没有任何的引导和监督。从这个角度来讲，审判并没有解决而是加剧了不合理的权力问题。事实上，自由资本主义后期遭遇了频繁的经济危机、贫富分化、环境污染、犯罪激增等大量的社会问题导致国家正统性的削弱，自由主义法治的形式司法面临严峻挑战。在形式理性危机的背景下，福利国家法治的实质司法应运而生。

---

〔1〕　［美］米尔伊安·R.达玛什卡：《司法和国家权力的多种面孔：比较视野中的法律程序》，郑戈译，中国政法大学出版社2004年版，第151、152页。
〔2〕　参见［美］昂格尔：《现代社会中的法律》，吴玉章、周汉华译，译林出版社2001年版，第174页。

二、福利国家范式的实质司法

随着垄断资本主义的到来,具有实质理性(目的理性)特征的福利国家法治范式逐渐取代了自由主义法治范式,它以实质的正义价值修正、改进过于形式理性化的自由主义法治形态,以期实现真正的社会平等与自由。[1]自由主义法治的构想是建立在普遍的自由原则和平等权利相互渗透的基础上的,但是随着自由竞争背景下生产和资本的集中化,经济权力、物质财产和社会状况的不平等与日俱增。19世纪后期的资产阶级日益分化为两个具有不同侧重点的集团,靠工薪过活、基本没有政治权力的中产阶级,以及与军界和官僚结盟的大资本家。[2]这使得平等自由的普遍权利无法仅依靠法律主体的消极地位得到保证,相反,"法律自由的原则必须通过对私法的实质化、通过创造新型的权利而得到实施"[3]。相应地,社会中开始出现一种新的实质理性导向,并在第二次世界大战以后的福利国家中得到充分展开。法律领域的变化主要表现为其关注点从自治转向规制。在整个19世纪,私法都具有一个独立自足的法律领域所具有的那种系统封闭性,但是这种国家与社会的分离并没有在实质层面达成人们所希望的平等。自由放任的市场经济政策带来的经济危机使人们意识到,通过对经济、社会活动进行集体性的规制来弥补市场调节的不足是十分重要且必要的。因而法律也逐渐突破了以往的为自主性私人行动划定边界的规制方式,开始通过明确的实质性规定直接规制社会行为。与此同时,国家开始日益卷入公开的重新分配、规定及计划的任务中,刻意通过立法与司法的手段来控制社会经济的不平等。美国罗斯福政府于1935年通过《社会保障法案》,实行老年保险和失业保险,并对无生活能力者提供救助。英国从1945年开始建立包括医疗保健制度、社会保险制度、抑制食品价格上涨的补贴制度以及工伤救济制度等多项目、范围广泛的福利制度体系。[4] 在

〔1〕 参见马长山:《全球社团革命与当代法治秩序变革》,载《法学研究》2003年第4期。
〔2〕 参见［美］昂格尔:《现代社会中的法律》,吴玉章、周汉华译,译林出版社2001年版,第182页。
〔3〕 ［德］哈贝马斯:《在事实与规范之间:关于法律与民主法治国的商谈理论》,童世骏译,生活·读书·新知三联书店2003年版,第498页。
〔4〕 参见杨玉生:《社会主义市场经济理论史》,山东人民出版社1999年版,第273—275页。

这个基础上，人们不再把私人自主与公共自主看作是对立关系，而是相互依赖；私人组织日益被赋予此前专属于政府的权力，社会与政府组成了合作国家。

可见，自由主义法治所带来的国家与社会、政治与法律的分离正在以另一种方式走向整合。福利国家的实质法逐渐导向了社会角色和社会地位，并在司法领域表现为法律判断和道德判断的整合。这种观念不仅促使法律方法从形式主义转向目的性或政策导向的法律推理，扩大了司法部门的自由裁量空间，而且进一步使司法越来越多地介入政府政策的形成过程中，从而对公共政策的塑造产生影响。同时，司法判决越来越多地从关注形式公正转向关心实质公正，如法院开始通过扩张适用无固定内容的标准和一般性的条款，保障经济交易活动中的实质弱势者：管理显失公平的合同以避免巧取豪夺，控制经济的集中化进程以便维持竞争性的市场，或确认一个政府机构的行为是否符合公共利益。[1] 可以说，福利国家法治的司法运行受到实质理性的支配，因此呈现为实质司法的特点。

（一）以权利保障为特征的司法能动

福利国家法治的一个重要方面是对公民基本权利的平等保护，在司法上体现为以有效保障公民权利为特征的司法能动。二战后，形式主义所带来的强权和专制导致了人们对"规则至上"的法治观念的反思，"权利与有效的权利保障"成为福利国家法治的一个基本要求。司法基于其所享有的专业性、弱政治性等声誉被公众期望在实现和保障人权方面发挥突出作用。在这一背景下，法院开始不断介入政治与社会的改革中，出现了以权利保障为指向的司法能动浪潮。主要表现为：（1）通过宪法解释转向实质的平等权利保护。尽管现代法治早已确立平等法律保护的理念，但是在形式主义的影响下，人们对于"平等权利"内涵的认识还只是停留在平等享有宪法权利的"机会"这样的层面。福利国家法治中，法治观念发生了从形式的平等权利保护向实质的平等权利保护的转变。在1954年的"布朗诉教育委员会案"中，美国联邦法院明确指出，平等权利外在的表现形式并不一定就代表了平等的真正实现，人们对平等权利的重视应当从表象转

---

[1] 参见［美］昂格尔：《现代社会中的法律》，吴玉章、周汉华译，译林出版社2001年版，第187页。

向现实。[1] 因此法院判决，种族隔离的法律由于剥夺了黑人学童的入学权利而违反了美国宪法第 14 条修正案中所保障的同等保护权，任何学童不应当基于种族原因被拒绝入学。在本案中，法院通过对宪法条文的解释终止了美国社会中存在已久的公立学校种族隔离现象，推翻了隔离但平等的法律原则，实现了由形式平等权利保护向实质平等权利保护的转向。（2）通过"司法决策"（judicial policy-making）影响公共政策。随着对公民权利与人权的关注日益高涨以及立法的急剧增多，法院开始不断地介入国家政治争端解决以及社会治理决策之中。20 世纪 50 年代，美国联邦法院开始处理涉及民权等社会问题的案件，通过个案裁判推进废除种族隔离政策、改善监狱居住条件等公共政策；德国宪法法院也通过其司法决策对德国的社会和政治生活形成了巨大影响，在一项 1983 年对德国宪法法官的调查中，有 60% 以上的法官认为，制定政策、发展法律是他们的主要工作目标。[2] 随着法院在涉及公民权利的裁判中越来越多地超越具体的争端，司法权力对公共政策的塑造和影响也愈加明显。这在一定程度上意味着，法院通过确立的某项政策或规则取代了其政府部门对相同问题的处理，从而构成了另一种形态的司法能动主义。[3]（3）司法审查制度的广泛确立。在形式主义的"规则模型"受到怀疑之后，法院成了宪法与人权的守护者。二战之后，受到美国的影响，日本新宪法直接写入了司法审查制度；德国和意大利虽未直接采纳美国的普通法法院司法审查模式，但是采取了凯尔森的宪法法院模式；法国也开始确立宪法委员会的实质权力和权利法案的重要性。[4] 可以说，司法审查制度的广泛确立体现出福利国家法治对于基本人权的日益重视和对于权利保护机制的强调。

上述变化颠覆了自由主义法治以来有关宪法的司法适用的传统观念。人们已经开始意识到，"法官在司法审查案件中忠实于宪法制定者的原意

〔1〕 参见白雪峰：《美国沃伦法院述评》，载《南京大学学报》（哲学·人文科学·社会科学版）2005 年第 4 期。
〔2〕 参见徐阳：《"舆情再审"：司法决策的困境与出路》，载《中国法学》2012 年第 2 期。
〔3〕 参见徐霄飞：《"司法能动主义"的兴起与扩散——以"司法能动主义"内涵的探寻与厘清为核心》，载《政治与法律》2013 年第 4 期。
〔4〕 刘晗：《宪法的全球化：历史起源、当代潮流与理论反思》，载《中国法学》2015 年第 2 期。

之主张在理论上讲是不可行的，有时也是不可欲的"[1]。在福利国家法治中，更大程度的自由平等已是人心所向，这不仅要求法律在形式上保障人们的自由不受他人（包括政府）的侵犯，而且要求法律为公民实现这些权利和自由提供实质的保障。此时，法律规范的有效性不再只依赖于它们被制定的方式，更依赖于法律文本的内容与宪法精神、社会观念、时代需求的契合程度；而权能的扩充与角色的转变，也使得法院具有更为充分的利益关切和权力空间去展开司法能动行为[2]。通过对诉讼案件的审理，司法为少数群体的利益诉求提供实质的权利保障，体现了其社会价值的走向。

（二）以目的导向为特征的司法推理

强调目的论导向的司法推理是福利国家法治的一个明显特征。与仅从规则推导的形式主义推理不同，目的性推理的过程注重推理的目的，即"如何适用规则的决定依赖于如何才能最有效地促进规则所要达到的目的"[3]。因而目的性推理的前提就不再局限于意义明确、范围确定的普遍性规则，而是向道德、政治和社会等因素开放。这意味着严格刻板的规范性结构开始转变为"结构开放"的标准和"结果导向"的规则，内含价值正当性的原则和政策成为调整社会关系的真正规范。如罗纳德·德沃金（Ronald Dworkin）所言，"当法学家们理解或者争论关于法律上的权利和义务问题的时候，特别是在疑难案件中，当我们与这些概念有关的问题看起来极其尖锐时，他们使用的不是作为规则发挥作用的标准，而是作为原则、政策和其他各种准则而发挥作用的标准"[4]。这种建立在非形式逻辑之上的实质方法论包括价值衡量、利益衡量、目的解释、社会学解释、外部证成等法律方法，奉行的是多元法源论，强调情景、语境对法律意义的影响[5]。目的性推理兴起的现实基础主要在于：（1）对自由主义法治严

---

[1]　李桂林：《司法能动主义及其实行条件——基于美国司法能动主义的考察》，载《华东政法大学学报》2010 年第 1 期。

[2]　参见李桂林：《司法能动主义及其实行条件——基于美国司法能动主义的考察》，载《华东政法大学学报》2010 年第 1 期。

[3]　参见［美］昂格尔：《现代社会中的法律》，吴玉章、周汉华译，译林出版社 2001 年版，第 188 页。

[4]　［美］罗纳德·德沃金：《认真对待权利》，信春鹰、吴玉章译，中国大百科全书出版社 1998 年版，第 40 页。

[5]　参见陈金钊：《魅力法治所衍生的苦恋——对形式法治和实质法治思维方向的反思》，载《河南大学学报》（社会科学版）2012 年第 5 期。

格形式逻辑推理的补充。自由主义法治中的三段论推理要求严格的服从规则,最大限度减少对条文的恣意解释。但是由于法律本身的未完成性,越是限制对规则的解释,反而越是迫使法官求助于目的。特别是在福利国家中,法律的形式性、平等性、共同性和公正性诸因素之间形成了一种新型关系,政府承担了更多从前被认为是国家行为适当领域之外的责任,判决所涉及的有关因素大大超过了既有的普遍规则的内容,而只能诉诸模糊标准。而对这些模糊标准具体化和个体化的过程就形成了对严格形式逻辑的补充。(2)实质法内在结构的变化。福利国家中政府干预行为的增多,促使形式法中占支配地位的规则导向由一种逐渐增强的有目的的导向来补充。实质法通过有目的的规划、制定标准和原则来为政府规制提供正当理由。这种内在结构的变化导致了司法推理的目的论导向,对规则的解释不仅满足了政策的需要,而且是"一种决疑的艺术和一种模棱两可的法律家美德"[1]。(3)实质理性下裁判的正当性。由于自由主义法治所产生的种种不平等,人们不再相信现存等级权力及等级分配的合理性,政府行为的合法性及司法行为转而依赖于结果的合理性。在一个正义命令仍被认为是未知数的社会环境中,只有目的导向的推理才能为裁判结果提供更有价值的证明。

随着目的论代替形式主义在司法推理中占据上风,法律判断的逻辑与道德判断、社会效果判断的逻辑变得紧密起来。法律结构的开放意味着其渊源的丰富性和认知性的提高,要在具体案件中决定法律的是与非,就必须考虑多种目的,考虑各种情势约束和实际选择[2]。同时,打开了形式法治的封闭性的目的论推理也意味着法律决定失去了其独特性,法律规范的地位开始下降。事实上,法律从来都不是仅由一些界定明确、条件充分的规则所构成的,而是包含了一些政治性的政策,并且在法律运用中依赖原则加以论证。"用实证主义的分权命题来衡量,法律的实质化导致了一种'重新道德化',它通过将道德原则的论据和政治性政策的论据纳入法律论辩之中,而松动了政治立法者对司法的直接约束。此时渗透进法律秩序的

---

〔1〕 〔美〕诺内特、塞尔兹尼克:《转变中的法律与社会:迈向回应型法》,张志铭译,中国政法大学出版社 1994 年版,第 89 页。

〔2〕 参见〔美〕诺内特、塞尔兹尼克:《转变中的法律与社会:迈向回应型法》,张志铭译,中国政法大学出版社 1994 年版,第 99 页。

基本规范化原则要求对单个案子做一种保持对语境之敏感的、同整个法律体系相联系的建构性诠释。"[1]

（三）以实质正义为特征的司法程序

福利国家法治的司法程序表现为从关注形式正义向关心实质正义的转变。形式正义的司法程序把普遍的规则、一致的适用看作正义的基石，认为确认有效性是独立于相互冲突的价值观的选择原则。面向实质正义的司法程序则注重分配性决定或程序运行的实际结果。在实质理性的福利国家法治中，传统的、死板的程序设计被认为是阻碍公众接近司法，获得平等的司法救济权利的门槛。伴随着人际交往的频繁、维权意识的提高和诉讼费用的上升，福利国家出现了"获得司法正义的权利"运动，旨在解决贫困和边缘化的民众（包括弱势群体）在面对法律问题时所经常遇到的困难和障碍。根据约翰·罗尔斯（John Rawls）的观点，一种程序的正义总是依赖于其可能性结果的正义，然而审判不同于分蛋糕，因为任何看似公平的司法程序都无法保证实质意义上的司法正义，由于一些难以避免的错误，罪犯有可能逍遥法外，无辜的被告也有可能被宣判有罪。[2] 所以，对于司法程序而言，福利国家只能寻求在保证自由的情况下实现最大限度平等的可能性，从而接近结果上的平等。

也正因如此，福利国家法治中的司法程序体现为一种可以经常灵活变通的行事方式。主要表现为：（1）面向实质平等的法律援助。经过形式正义的司法程序之后，人们认识到完全划归一致的规则和制度并不能实现真正的平等，因为贫困者会遭遇更多的法律、权力以及滥用权力的问题，而这些问题是那些有能力负担诉讼费用的当事人通常遭遇不到的。因此，20世纪60年代兴起的"接近正义运动"要求针对穷困者提供法律咨询和法庭上的代理，使他们有效地接近法律，并且"运用各种可能的政策手段"——"包括实体法、程序、教育、信息和法律服务的改革"，以确认

---

〔1〕 ［德］哈贝马斯：《在事实与规范之间：关于法律与民主法治国的商谈理论》，童世骏译，生活·读书·新知三联书店2003年版，第304、305页。
〔2〕 参见［美］约翰·罗尔斯：《政治自由主义》，万俊人译，译林出版社2000年版，第448—450页。

和回应贫困者的法律需求。[1] 对法律援助的关注表现出福利国家法治范式对实质平等的追求，也体现了司法程序从形式正义向实质正义的转向。（2）体现便利性的简易程序。在"接近正义运动"中，法院通过建立灵活的、非正式的小额诉讼法庭为当事人提供更多的法律服务。棚濑孝雄有言："无论审判能够怎样完美地实现正义，如果付出的代价过于高昂，则人们往往只能放弃通过审判来实现正义的希望。"[2] 简易程序通过简化起诉、限制上诉等方式，可以使法官及当事人的诉讼行为压缩到最低限度，从而加快诉讼进程，降低诉讼成本。这样，按照案件本身的特性设置与之相适应的不同类型的审判程序，不仅优化了司法资源的配置，而且有利于当事人接近裁判、获得司法救济。（3）降低成本的集团诉讼。福利国家法治中司法程序的改革推动了代表诉讼、公益诉讼等集团诉讼制度。集团诉讼旨在为"分散的利益团体"——消费者、环境侵权案件的被侵权人等提供代理，通过一个案件的诉讼程序来解决数量较多的权利诉求。这一司法程序的变革不仅惠及贫困者，而且符合中产阶级的利益。集团诉讼可以一并审理大量的关联诉讼，并在总体上减少关联诉讼当事人的经济成本，从而进一步实现实质法治中的平等和自由。

　　尽管面向实质正义的司法程序从整体上呈现出简化司法程序的特征，但是福利国家法治范式并非将程序排除在司法活动之外，而是对程序在司法活动中的价值进行了重新定位。"司法程序不再被理解为一种按照司法抑制主义所要求下的法官兼听过程"，而是"按照一种分配正义的诉讼哲学重新架构，其目的在于避免因为过分强调当事人主义所带来的诉讼成本增加、诉讼迟延、控辩失衡、富人游戏等后果"。[3] 这些程序方面的转向都体现出目的导向下对于司法正义的实质性评价。但是，实质正义对正义内容本身的预设是基于事物的因果关系和道德，而这种预设大多只是理论化和理想化的存在，这就使得实质正义往往无法达到最终的社会正义。

　　从上述司法特征可以看出，福利国家法治试图通过实质的正义价值和

---

[1]　［加］艾琳·斯金奈德：《国家提供法律援助的责任》，载宫晓冰主编：《各国法律援助理论研究》，中国方正出版社1999年版，第293页。

[2]　［日］棚濑孝雄：《纠纷的解决与审判制度》，王亚新译，中国政法大学出版社1994年版，第266页。

[3]　韩德明：《司法现代性及其超越》，人民出版社2011年版，第93页。

目的导向来纠正形式理性引发的法治危机。但这并没有解决自由与平等之间的矛盾关系，甚至产生了机构运作的"合法化危机"。自由主义法治范式的司法合法性主要奠基于权力部门之间的功能分化，司法能动主义的兴起则导致了奠基于"自我约束"之上的司法克制特征的逐渐丧失。司法部门发展法律的趋势逐渐扩展成一种隐性立法，其结果既危害了司法部门的合法化基础，也危害了司法活动的合理性。[1] 在这样的背景下，关注主体间性的协商司法开始流行起来。

三、程序法范式的协商司法

面对自由主义法治范式和福利国家法治范式的窘境，一些西方学者开始探寻"回应反思"和程序主义的法治范式，希望以反思理性为基础构建后福利国家时代的法治理想。哈贝马斯提出了法律商谈理论以回应福利国家危机：社会主体既是法律的服从者，也是法律的制定者。从这个角度来看，法律是社会整合的一种手段，或者说是维持一个团结共同体的自我理解的媒介，其正当性就在于协调各种循环决定的社会合作形式。"将自然人之间的相互承认关系扩展为法权人之间的相互承认的抽象的法律关系，是由一种反思的交往形式提供机制的。这种反思的交往形式，就是要求每个参与者采纳每个其他人之视角的论辩实践。"[2] 因而，反思型法倾向于"通过支持自主的社会子系统内的整合机制，为某种分散化的社会整合（a decentralized integration of society）创造结构性的前提"[3]。对于子系统的整合机制而言，程序导向为其提供了内部支撑，即法律制度仅决定未来行动的组织前提和程序前提，至于论辩过程中人们选择哪些规则，以及这些规则具有哪些价值，都是不确定的。也正是在这个基础上，程序主义法治的制度设计努力关照各种复杂情况，既非只关注普遍性规则和严格服从的形式主义，也非只注重结果公平而进行立法和司法干预的实质主义，而

---

[1] 参见［德］哈贝马斯：《在事实与规范之间：关于法律与民主法治国的商谈理论》，童世骏译，生活·读书·新知三联书店 2003 年版，第 534 页。

[2] ［德］哈贝马斯：《在事实与规范之间：关于法律与民主法治国的商谈理论》，童世骏译，生活·读书·新知三联书店 2003 年版，第 274 页。

[3] ［德］图依布纳：《现代法中的实质要素和反思要素》，矫波译，强世功校，载《北大法律评论》1999 年第 2 卷，第 2 辑。

是促进各主体在平等公正、弹性自主、协调均衡的机会性、程序性、间接性的制度框架中达成协议，以解决冲突和实现社会秩序。

程序主义法治的理想要求"扎根于一个'宪法诠释者所组成的开放社会'的政治理想之中，而不是扎根在一个因为其德性和专业知识而与众不同的法官的理想人格之中"[1]。在这里，法律的普遍性不仅可以理解为其规则形式的普遍性，而且可以理解为其论证基础的普遍性，即获得一个特定法律规范或规范系统所要支配其行动的那些人们的普遍同意。[2]因此，程序主义法治的司法运行表现为通过建立平等自由的对话空间以促进司法主体间协商沟通，进而达成共识的协商司法。在司法审判中，法律事实的确认并不是法官根据自由心证以及证据规则所做出的独白式确认，而是法律共同体在商谈式沟通过程中通过相互博弈、相互合作，对控辩双方重新建构的案件事实加以权衡以达成"共识"的活动；法律解释的过程也不再是形式司法或实质司法中法官的"一言堂"，而是司法商谈主体通过沟通式商谈选择的价值取向。[3]程序主义法治借助人们语言交往的有效性和达成特定规范共识的可能性，在司法主体的论辩中寻求共识，因此呈现出协商司法的特征。

（一）以沟通保障为特征的司法程序

协商司法中的司法程序是用以保证司法主体间沟通交涉的建制化存在。在程序主义法治中，"法律必须再一次以组织性规范的形式而运用于自身，不仅仅是为了创造一般的司法权能，而且是为了建立作为法庭程序之组成部分的法律商谈"[4]。因而，程序主义法治中的司法程序是法律"再形式化"的一种表现，其目的是保障司法主体间自由协商的顺利展开，并达成能够进入司法裁决的共识。在形式司法中，司法程序体现为一种对规则和体系的服从；在实质司法中，司法程序则体现为对分配正义的追求。二者在本质上都是以一种总体性的价值观来进行规制，但是在程序主

---

〔1〕［德］哈贝马斯：《在事实与规范之间：关于法律与民主法治国的商谈理论》，童世骏译，生活·读书·新知三联书店 2003 年版，第 274 页。

〔2〕参见程德文：《走向程序主义的法律范式——哈贝马斯法律范式转变理论述论》，载《南京师大学报》（社会科学版）2012 年第 6 期。

〔3〕参见马靖云：《律师商谈沟通与司法商谈机制的构建》，华东政法大学 2016 年博士学位论文。

〔4〕［德］哈贝马斯：《在事实与规范之间：关于法律与民主法治国的商谈理论》，童世骏译，生活·读书·新知三联书店 2003 年版，第 287 页。

义法治中，司法程序被赋予了保障多元价值实现的任务，即通过沟通程序形成一个司法参与者的自主的网络，以主体性、谈判、合意等要素赋予其多元价值空间。

具体而言，协商司法中的司法程序旨在提供一个关注自由、平等、开放的司法空间，让所有的司法参与主体（当事人、律师、检察官、法官、社会公众等）都能够就司法裁决行为的考量因素、论证过程、商谈结果等问题进行充分的交流和沟通，以避免司法的恣意与武断，增强司法参与主体之间的信任感和相互尊重的程度，从而保障司法裁决结果的正当性和合理的可接受性[1]因此，程序主义法治中司法程序通过多重制度设计保证商谈主体充分有效的沟通。（1）以诉辩交易推动当事人之间的横向交涉。当事人之间的横向交涉是协商司法中达成合意的基础。在 1970 年美国最高法院承认明示答辩谈判中辩护律师的重要性后，诉辩交易获得了合法性的地位，大大推进了当事人之间，特别是控辩双方的沟通交涉[2]诉辩交易是指"在刑事被告人就较轻的罪名或者数项指控中的一项或几项作出有罪答辩以换取检察官的某种让步"[3]在法律规制的基本框架下，它允许控辩双方对话、沟通，达成交涉性的合意。一方面，这促使控辩双方通过沟通交涉把"普遍化的原则"转化为"论证规则"，体现了社会子系统内部的社会整合；另一方面，根据主体性、社会性、伦理性等多维参照标准，控辩双方通过平等的理性对话与信息交流回应案件的特定性，实现了追求实质结果的反思性。（2）以法官职权促进审辩之间的纵向交涉。在大陆法系国家，职权主义是主要的诉讼模式，因而商谈程序也表现为法官依职权进行的司法沟通。庭审开始前，法官要就案件的争议点涉及的法律问题及事实问题向当事人做出阐述，并听取当事人及其律师的反映；庭审过程中，法官有权引导当事人就全部事件的重要事实做出充分而适当的陈述；庭审结束后，法官要就证据做出简要的概括和总结，如果法官认为证据不

---

[1]　参见马靖云：《律师商谈沟通与司法商谈机制的构建》，华东政法大学 2016 年博士学位论文。

[2]　参见于柏华、马金若、潘丹丹：《市民社会理论视域下的中国法治秩序建构》，黑龙江人民出版社 2006 年版，第 169 页。

[3]　种松志：《中国刑事审前程序制度构建》，中国人民公安大学出版社 2009 年版，第 340 页。

足够，可以要求当事人继续提供证据。[1] 这种当事人与法官之间的纵向交涉有助于司法主体充分地表达自己的诉求，从而通过理性的交换认识获得共识，也为居于核心地位的当事人横向交涉的顺利展开提供了适宜的外部环境。（3）以法定权利义务限制恣意。由于协商司法中，判决及其论证都可以被认为是一种由特殊程序支配的论辩游戏的结果，因而私法程序的消极条件是设置法律商谈的法庭程序不得干预内在于这些商谈的论辩逻辑。[2] 因此反思理性的司法程序也表现为依法定程序规则限制恣意，如法官可以命令藐视法庭者离开，以保证审判秩序。当然，从司法商谈的角度来看，这种限制主要是为了保障审判过程中能够就横向和纵向两个方向进行充分交涉，以此促进司法审判在平等自主的理性交往中达成共识。

"法律的合法性最终就依赖于一种交往的安排：作为合理商谈的参与者，法律同伴必须有可能考察一有争议的规范是否得到、或有无可能得到所有可能相关者的同意。"[3] 也就是说，法律的合法性依赖于程序的合理性，即是否能够通过交往活动达成主体间的共识。因而司法程序对于程序主义法治而言具有基础性意义。对于协商司法来说，其理想语境是通过司法参与主体平等地表达机会达成共识，从而彰显其内在的程序价值。如同福利国家带有实质正义指向的程序因其理性化的预设而无法整合社会秩序，协商司法的理想语境也因普遍性的交往条件与法律实践之间的张力，最终表现为在可能的制度框架内充分保障各司法参与主体的沟通权利。

（二）以论辩对话为特征的司法论证

论辩对话的司法论证是程序主义协商司法的重要特征。司法论证是目的性法律解释转向之后，在实践理性、商谈理论等知识基础上拓展出来的一种法律方法，旨在通过论辩对话为司法裁判中法律解释的规则，即区别好/不好的理由、适当/不适当的论据提供一种确证的标准。季卫东教授曾

---

〔1〕　汪习根主编：《司法权论——当代中国司法权运行的目标模式、方法与技巧》，武汉大学出版社 2006 年版，第 68 页。
〔2〕　参见［德］哈贝马斯：《在事实与规范之间：关于法律与民主法治国的商谈理论》，童世骏译，生活·读书·新知三联书店 2003 年版，第 287 页。
〔3〕　［德］哈贝马斯：《在事实与规范之间：关于法律与民主法治国的商谈理论》，童世骏译，生活·读书·新知三联书店 2003 年版，第 127 页。

概括法律论证的特点：一是法律可以左右司法判决但不能完全决定之；二是法律论证不仅是演绎性的推论，还要根据命题进行合情合理的讨论；三是法律论证除了符合法律之外还要符合正义；四是法律论证中正当程序和理由论证具有重要的意义；五是承认制度与实践之间存在互动关系。[1]

对于司法论证来说，它要求某个判决结论的做出同时要做到程序的合理性、论证过程的对话性以及论证结论的合意性。（1）合理的程序。合理的程序是保证交往行为顺利展开最重要的条件。阿列克西认为，只有当规范性判断是按照议论规则制定的程序的结果时，该判断才是正确的。双方的论辩沟通原则上可以解决论证中出现的问题，但是，在论辩中用以区别好/不好的理由、适当/不适当的论据的合理性是由程序性规则来保障的，这包括语言沟通的合理化条件、议论参加者的资格、发言者出示根据的义务、议论的责任、议论的形式等内容。[2] 而这也是司法论证与司法三段论、目的性司法推理的重要区别。（2）论证过程的对话性。哈贝马斯认为，"作为交往行动的反思形式，论辩实践在所谓社会本体论上的特征就在于参与者视角的完全的可逆转性，它使商谈性集体的高层次主体间性成为可能"[3]。因而协商司法中的司法论证，是以司法主体的对话式沟通论辩为特征的。由于当事人之间的对话关系，以及司法论证中的对话结构，许多司法裁决的理由也有了对话结构，表明对当事方提出的论点的考虑。[4] 无论是"当事人之间横向论辩"还是"当事人与法院纵向沟通"，论证过程要求具有语言能力和行为能力的一切主体都可以参加讨论。因为在司法论证中，裁决的客观、公正与否，很大程度上取决于对话是否完全、畅通。（3）通过论证达成共识。通过司法论证达成共识是协商司法的真正目的，而经过论证的共识才能当作真理的标准进入裁判。哈贝马斯认为，"规范和价值能否得到所有相关者的合理地推动的共识，只有从第一

---

〔1〕 季卫东：《法律解释的真谛（上）——探索实用法学的第三道路》，载《中外法学》1998 年第 6 期。

〔2〕 参见季卫东：《法律解释的真谛（上）——探索实用法学的第三道路》，载《中外法学》1998 年第 6 期。

〔3〕 ［德］哈贝马斯：《在事实与规范之间：关于法律与民主法治国的商谈理论》，童世骏译，生活・读书・新知三联书店 2003 年版，第 280 页。

〔4〕 Marius J. Duker, Giovanni Sartor & Karl Branting (eds), *Judicial Applications of Artificial Intelligence*, 14 International Review of Law, Computers & Technology 411 (2000).

人称复数这个主体间扩大了的视角出发，才能加以判断。这个视角将每个参与者的世界观和自我理解的种种视角以一种既不强制也不扭曲的方式整合起来"[1]。因此，协商司法追求的是在更加充分的理由和论据中达成理性的合意，从而避免虚伪的合意或者集体的错误。

可以看到，论辩沟通的司法论证就是在程序性规则的合法、合理配置的前提下，各方司法参与主体以平等的交流、对话、论辩形式进行沟通，从而将更多的理性因素赋予对案件的认识，并在彼此交换认识的过程中对案件事实问题及法律问题给予的"商谈式澄清"。在这里，法律、现实、伦理、道德等众多因素被考量，最终通过商谈并达成共识的方式置入司法裁决之中。[2] 但与实质司法不同的是，开放的前提并不会损害司法的正统性，因为通过商谈的社会整合促进了主体间的自我理解，从而解决了司法裁决的合法性以及可接受性问题。

（三）以多元化机制为特征的纠纷解决

程序主义法治下的协商司法追求纠纷双方的共识达成，不迷信机构的权威，因而纠纷解决表现为多元化的促进主体间交往互动的替代性解纷机制。按照程序主义者的观点，司法就是在组织化规范的框架中通过司法主体间的论辩、交涉从而达成共识。也就是说，协商司法的真正目标是双方的共识。既然共识成为一种目标，那么实现这个目标的解纷程序也相应地呈现为一种多元化机制景象。因此，程序主义法治的纠纷解决向多元化的替代性纠纷解决机制方向发展。首先，解纷方式的多元化。美国 1998 年《替代性纠纷解决法》把替代性纠纷解决定义为：替代性纠纷解决方法，包括任何主审法官宣判以外的程序和方法。它不仅包括传统意义上的非诉讼纠纷解决方式，如谈判、仲裁、法院外调解等，还包括法院附设的替代性纠纷解决方式，如审前会议、诉讼和解、诉讼调解、模拟仲裁、早期中立评估、小型审理、简易陪审团审理等。[3] 这里的纠纷解决资源不再为法院垄断，灵活多样的解纷方式为诉讼双方达成共识提供了更多的机会和更

---

〔1〕 ［德］哈贝马斯：《在事实与规范之间：关于法律与民主法治国的商谈理论》，童世骏译，生活·读书·新知三联书店 2003 年版，第 280 页。

〔2〕 参见马靖云：《律师商谈沟通与司法商谈机制的构建》，华东政法大学 2016 年博士学位论文。

〔3〕 参见李全文：《民事诉讼调解一般理论研究》，吉林大学 2007 年博士学位论文。

大的可能性。其次，纠纷解决基准的多元化。协商司法的"共识"并非那种认识完全相同或利益分割意见完全一致的"共识"，而是包含着和解、妥协、让步、设身处地、道德感上的可接受性以及经济学上的有利可图的"共识"[1]。因而替代性纠纷解决无须严格适用实体法，只要不违反法律禁止性规定，不损害国家、第三人的利益，当事人可自由行使实体处分权。这既体现了司法主体的交往理性，也实现了个案中的"需求正义"。最后，纠纷解决主体的多元化。参与到纠纷解决中的中立第三人，既可以是职业法官、仲裁员、律师，也可以是行业专家、社区工作人员；除小额诉讼、诉讼调解等特殊情况外，替代性纠纷解决的主体，一般由非法律职业人士担任[2]。这使得参与商谈的司法主体可以在更为平等、自由的空间中进行沟通和交涉，当事人拥有更大的对于商谈规则选择的权利。

程序主义法治关注商谈各方的主体需求，希望在社会整合中回应各方的利益，实现自由和平等。多元化的替代性纠纷解决机制为当事人提供了不同的程序选择，允许各方主体参与纠纷解决过程，并将重心放在当事人的感知和需求上，而不是按照法律规定判定他们的权利和义务。"这种程序不仅以更富有创造力的方式达成了令当事人更满意的结果，而且还维护了他们之间的社会关系。"[3] 随着替代性纠纷解决的成熟，法院不再被视为获得正义的唯一途径或主要场所，许多领域也产生了寓意更为广泛的正义理念，"多门法院"以及不同纠纷应当对应不同程序的理论开始流行。这种对正义的新认识将个人利益和需求放在权利保护和标准制定之上，也是程序主义法治寻求社会子系统内部共识的结果。

程序主义法治希望通过多重制度设计创建一种"所有论辩参与者机会均等、言论自由、没有特权、真诚、不受强迫"的形式化"对话情境"，以社会子系统的内部整合重构分散化的社会整合，但是这种理想性条件预设的实践命运无疑会在时间向度、社会向度和实质性向度中打些折扣[4]。豪克·勃伦克霍尔斯特（Hauke Brunkhorst）认为，作为程序主义法治基础

---

〔1〕 参见韩德明：《司法现代性及其超越》，人民出版社2011年版，第98页。
〔2〕 参见李全文：《民事诉讼调解一般理论研究》，吉林大学2007年博士学位论文。
〔3〕 ［美］伊森·凯什、［以色列］奥娜·拉比诺维奇·艾尼：《数字正义——当纠纷解决遇见互联网科技》，赵蕾、赵精武、曹建峰译，法律出版社2019年版，第61页。
〔4〕 参见韩德明：《司法现代性及其超越》，人民出版社2011年版，第97页。

的绝对的交往理性和话语伦理，在人类社会的过去、现在和将来都不可能实现，仅仅是一个善良愿望[1] 让-弗朗索瓦·利奥塔尔（Jean-Francois Lyotard）直接抨击哈贝马斯仍然在标识现代性特征的默示假设框架内运行，为我们提供的只是另一种"元叙事"。[2]

第三节　司法范式的演变逻辑及其局限

从上述司法范式的形态可以看出，"司法范式"是法官默认的司法逻辑和价值取向，其演变与法治泡式的变革密切相关。法治范式体现了人们对法律系统所处的社会所持有的一般看法，这种看法构成了人们的立法实践和司法实践的背景性理解；而法治范式首先是从法院的典型案例中被发现的，也就是说它反映的是法官默认的社会图景，这种理解又指引着法律的创制和适用。[3] 因此，司法范式的演变体现着社会形态与社会组织原则的变化，展现着司法对社会需求的反思与回应。

一、司法范式演变的逻辑线索

从上文对现代司法范式演变的梳理中，我们可以看到，司法范式的演变显然并非完全依赖于法律系统内部的自我跃迁，而是与外部的社会条件变化有所关联。图依布纳通过"法律结构的自我指涉"这一概念为我们展现了一个法律与社会共变的演化路径。在这里，法律变迁和社会变迁是相关但又迥异的进程：法律系统既没有忽视外在变化，也不是按照"刺激—反应公式"直接反映外在变化，而是只有外在变化被过滤并形塑为"社会

---

〔1〕　参见王明文：《程序主义法律范式：哈贝马斯解决法律合法性问题的一个尝试》，载《法制与社会发展》2005 年第 6 期。
〔2〕　[美] 理查德·J. 伯恩斯坦：《哈贝马斯与现代性》导言，孙国东译，载《中国社会科学辑刊》2010 年秋季卷。
〔3〕　参见程德文：《走向程序主义的法律范式——哈贝马斯法律范式转变理论述论》，载《南京师大学报》（社会科学版）2012 年第 6 期；[德] 哈贝马斯：《在事实与规范之间：关于法律与民主法治国的商谈理论》，童世骏译，生活·读书·新知三联书店 2003 年版，第 488、489 页。

实在的法律结构"时，社会变迁才会影响法律变迁[1]。按照这种理论，法律系统同时呈现为一个"封闭的"系统和一个"开放的"系统，这意味着我们不能把法律变迁简单地理解为基于内部力量独立作用的结果，或者理解为完全是外在事件引发的改变。

对于司法范式而言，其演化动力也来自社会外部变化与法治实践的协同共振。一方面，新的社会结构和组织原则通过社会的制度化吸收到基本的法律结构中，进而影响司法的价值取向，比如19世纪后期垄断资产阶级促成的政策导向型实质司法。另一方面，社会外在变化被有选择地过滤到法律结构中，通过法治范式的变革影响和反映司法实践的内部反思。司法系统在纠纷解决中不断探索如何通过方法的运用、制度的设计，更好地促进司法正义的实现，比如机械的规则服从未能有效地保障权利之后，从关注形式公正转向关注实质正义。司法范式演变发展的逻辑与动力可以通过下述解释体现出来：[2]

（1）初始状态：既定的司法范式能够应对社会矛盾纠纷，反映社会的正义诉求。比如形式司法在自由资本主义初期能够解决工业生产和产品交易的纠纷矛盾，保护市场机制，达成资产阶级的正义需求。

（2）社会变化的挑战：社会结构和组织原则的变迁超越了法律系统社会整合的能力，既有司法范式解决社会纠纷遭遇挑战。比如农业社会的司法理念和司法方法难以适应快速变化的工业社会的要求。

（3）内在反思：依据司法内在逻辑对司法实践进行反思，尝试新的逻辑推理、价值导向等运用于司法实践。比如目的导向的实质理性涌现并被提炼出来。

（4）稳定化：新的司法范式通过法律系统制度化，并通过司法裁判对社会外部环境产生反作用。

当然，司法范式的生成和演进并非完全的线性演进，在许多历史时期，不同的司法范式是共时存在的，但可以确定的是，每个时代都需要符

---

〔1〕　参见［德］图依布纳：《现代法中的实质要素和反思要素》，矫波译，强世功校，载《北大法律评论》1999年第2卷，第2辑。

〔2〕　司法范式演化逻辑的论述参考了哈贝马斯的社会演化理论，以及图依布纳对哈贝马斯"社会组织原则"的分析。参见［德］尤尔根·哈贝马斯：《合法化危机》，刘北成、曹卫东译，上海世纪出版集团2009年版，第20—27页；［德］图依布纳：《现代法中的实质要素和反思要素》，矫波译，强世功校，载《北大法律评论》1999年第2卷，第2辑。

合当时时空条件的司法范式。

二、工商业时代的司法变迁及其局限

从自由主义范式的形式司法、福利国家范式的实质司法再到资本主义晚期的程序司法，现代司法不断在范式转型中探索实现司法正义的有效路径，但是作为特定条件的社会结构和法治实践的反映，其自身也存在着难以逾越的局限性。

以蒸汽机、内燃机为代表的工业革命使人类社会从自然的地域性关联中"脱域"出来，并形成了一种新的"人为的"理性化社会。不同于传统社会，这个社会中的每个人属于许多重要的集团。[1] 由于重要集团的数量日益增多，群体之间的交往愈来愈纠缠在一起，普遍的尊重和形式上的平等逐步取代了传统社会中陌生人之间的怀疑和恐惧，普遍性的雇佣劳动与资本成为新型社会组织原则。这种外在的社会变化在法律结构中就表现为通过体系化和一般化的规则实现普遍化的利益，在司法上突出表现为严格的规则服从。从形式法的角度来说，由于排除了法律中宗教、道德以及政治等实质性价值要求，法律演变成一个完全封闭的系统。对法律的一般性、普遍性的强调，虽然旨在对所有人提供平等的法律保护，但却不可避免地导致了另一种不平等——社会上的弱势群体屡屡遭受不利境遇，引发形式理性危机。[2] 加之形式司法主张严格的规则服从，这就使得自由主义法治的司法沦为一个失去灵魂的躯壳，在某些司法裁判中表现为非人格化的冷酷理性，反而偏离了司法正义的期待。

事实上，市场机制并没有依照自由主义法治所设想的那样运作，经济社会也并没有依照自由主义法治所设想的那样是一个摆脱权力的领域。随着自由市场经济带来的经济危机，国家开始对市场进行干预。与此同时，商品市场、资本市场以及劳动力市场的组织化使得超大规模公司、跨国公司兴起，社会组织发生了垄断资本主义的转向。这种外在的社会变化在法律结构中表现为福利国家法治，此时，法律系统就需要完成垄断资本主义

---

〔1〕 参见［美］昂格尔：《现代社会中的法律》，吴玉章、周汉华译，译林出版社2001年版，第140页。
〔2〕 参见王明文：《程序主义法律范式：哈贝马斯解决法律合法性问题的一个尝试》，载《法制与社会发展》2005年第6期。

社会结构的社会整合。鉴于严格的规则服从引发的形式理性危机，福利国家法治的司法范式导向追求实质正义。但是在追求实质理性的过程中，福利国家的实质司法也呈现出自身不可克服的缺陷。在缺乏完善的民主程序保障的情况下，目的导向的法律推理容易导致司法的恣意和专断。目的性推理意味着司法裁判的前提的开放性以及自由裁量权的扩大，以便法官可以保持灵活适用和自我纠正错误的状态。在责任限定不严格的情况下，存在一种由于寻求灵活性而放松约束的危险。为了符合目的，司法不得不求助于法律之外的道德原则，而在价值多元的西方现代社会，试图论证道德原则的终极性，必然面临重重困难。此外，伴随着私法的实质化，虽然司法为个人享有符合人类尊严的生活提供了面向实质平等的权利保障，但却在一定程度上形成了压制特殊"承认"主张的霸权原则，反而侵害个人自主性的实现。也正因如此，哈耶克（F. A. Hayek）提出，倡导"社会正义"和走向"福利国家"都是"通往奴役之路"。

在晚期资本主义社会，寡头垄断市场结构增大。这一方面指的是经济的集中化，以及商品市场、资本市场、劳动市场的组织化；另一方面则是国家开始对市场进行干预。为了防止市场调节的失灵，政府在经济领域采取了更强有力的措施。如 20 世纪 60 年代的美国政府提出"新边疆"政策和"伟大社会"政策，以扩大政府开支、通货膨胀的方式刺激总需求，并通过一系列社会保障法案、民生工程、价格管制以及财政赤字等立法和行政措施调解各利益集团的关系。然而，国家干预的经济安排过于密集，社会进程过快且充满潜在的矛盾，以至于法律结构和科层结构均无法有效地应对由此带来的经济管理危机及挑战。与此同时，国家的过度干预使其不得不对市场替代和市场补偿承担政治责任。当以赤字财政为代价的经济增长停滞以后，民众必然产生对现有政治体制的质疑。就实质法本身而言，通过颠倒法律秩序对处于不利环境的群体补偿现存的不平等，必然会与已经确立的普遍性观念相冲突，"一旦覆盖着法律形式外套的政策的制定过程不再服从以民主方式产生法律的条件，我们也就失去了用来对这些政策进行规范性判断的标准"[1]。在这一背景下，法律转向通过组织规范和程

---

[1]　[德]哈贝马斯：《在事实与规范之间：关于法律与民主法治国的商谈理论》，童世骏译，生活·读书·新知三联书店 2003 年版，第 531 页。

序规范对实质法重新加以"形式化",旨在把社会进程的集中干预控制在一定范围内,且回避对实质性后果承担完全的责任。在程序主义法治看来,价值多元的各方需求都应当被充分尊重和保护,因而法律的合法性不在于由谁制定或按照谁的意愿制定,而在于能够促成共识达成的程序。对于司法来说,采用什么样的推理方法得到"唯一正确的答案"已然不是追求的方向,商谈主体经过论证的合意才是司法解释的依据。然而,合意的达成又岂非难事,价值多元的同时也意味着价值虚无,程序规则至上也会带来实质正义的迷失,论证前提的开放性则可能带来共识达成的不能。事实上,奠基于反思理性之上的程序主义法治为我们提供的是一种批判基础上的乌托邦方案,是自由主义法治与福利国家法治衰落后的一种替代性选择,而这也意味着理想沟通语境不可避免地呈现出某种空想色彩。

尽管前述司法范式对于正义价值的侧重有所不同,但是总体来说都是在追求一种理想化的制度意义上的正义。形式司法严格服从实在法的规则,将司法案件或当事人粗线条地视为"制度上的个体",追求的是规则意义上的公平。实质司法关注特定案件或特定个人的正义诉求,引入目的导向的法律推理,但是其对正义内容本身的预设是基于事物的因果关系和道德,而这种预设注定也只是理想化的,往往无法达到最终的社会正义。协商司法借助人们语言交往的有效性在司法主体的论辩中寻求共识,似乎跳出了理想预设的怪圈,但无疑更具有空想性,纠纷矛盾中的共识又岂是制度安排和程序设计可以简单促成的。无疑,这样粗粒化的制度性正义供给很难满足公众多元的利益诉求,司法系统不得不通过扩大法院规模、增加业务部门、设定司法程序来提升纠纷解决的能力。这样,法院之"面目"变得更为神秘和模糊,繁复的文书和程序也使得司法周期更加漫长、诉讼成本更加高昂,以至于公众越来越难"接近正义"。

三、数字时代司法范式的转型升级

随着数字时代的到来,互联网、大数据、人工智能等新兴科技融合发展,促成了虚实同构、智慧互动、数字生态的社会"新样态"。这不仅使人们的生产方式、生活方式发生颠覆性变革,而且对司法领域产生重大影响。

一方面,虚拟/现实、线上/线下、远程/现场的跨境融合,使得司法行为突破物理空间的限制成为可能，为扩大接近正义的途径提供了新的机会。通过平台化的司法运行，法院与当事人、相关机构甚至全社会形成不同程度的数据分享和在线互动，使得司法过程更加透明。比如智慧法庭数据平台可以对案件全程留痕，并以此为基础促进全方位、多层次、互动式、智能化的司法公开，防止"暗箱操作"。[1] 而场景化的司法运作可以使司法空间在虚拟世界与现实世界中无限延展，这就打破了物理时间、空间对司法参与的限制，公众可以通过在线程序随时随地跨入"法律之门"。

另一方面，通过全要素的数据分析，算法决策在司法裁判中的影响日益加强。在 18 世纪，现代精神从以神为中心的世界观走向以人为中心，我们认为上帝只是人为构建的产物，人的内心感受是神圣的。[2] 因此我们相信自己对于世界的感知，相信来自同一社会团体的社会习俗、意识形态及法律体系建立起来的价值观可以指引法官建构事实和选用规则，完成司法裁判中的价值判断。在移动互联网、云计算和智能穿戴日渐普及的大数据环境下，"一切皆可测量"成为一种时代思维，这种量化主义可能意味着从"以人为中心"向"以数据为中心"的转变。在生命科学产生对于生化算法的认识，以及信息科学创造出愈加复杂的电子算法之后，我们开始习惯将特定案件与具有"可知性"特点的大型数据集进行对比，寻找二者的相关性。在全程留痕、数据共享的基础上，每一个司法案件都被高度解析，每一个裁判结果都被自动监督，这就在一定意义上突破了以往制度层面的正义供给，形成精细化表达的数字正义。

因此，数字时代的司法范式转型不同于工商业时代的司法变迁。在很大程度上，它不再通过制度改革来调整关系和分配权力，而是通过代码化的规制、数据分析和预测等技术手段，实现司法形态的跃迁。需要注意的是，由于这一进程中网络、数据、算法的核心地位，虚拟化、数字化、智能化将成为新型司法范式的支配性逻辑。这显然与工商业时代的司法形态迥然不同。这就促使我们必须对数字时代司法范式的转型动因和趋向进行深入讨论，从而更好地追求智慧社会的司法正义。

---

〔1〕 参见马长山：《司法人工智能的重塑效应及其限度》，载《法学研究》2020 年第 4 期。

〔2〕 ［以色列］尤瓦尔·赫拉利：《未来简史》，林俊宏译，中信出版集团 2017 年版，第 333、334 页。

第二章

司法范式面临的数字化挑战

随着以计算机、网络通信为代表的信息技术的发展，后现代的知识状态发生了重大变革，呈现出电子化、商品化、分众化的特征。这些知识的"新样态"对启蒙时代以来的现代"知识—权力"架构产生了巨大冲击，现代司法范式作为建构理性的产物遭遇信息时代的正当性挑战。

第一节　司法范式转型的信息化背景

一、信息时代的知识状态

随着以计算机技术为代表的现代信息技术的发展，人类社会迎来继农业革命、工业革命之后的"第三次浪潮"，信息主导替代资本操控，成为推动社会发展的首要生产力。在这一过程中，知识的获取、整理、支配、利用等方式也发生了巨大的变化，新兴技术不断对知识的研究及传递产生重大影响，催生新型的科学研究范式、知识生产模式以及知识流通方式。

（一）基于大数据的知识发现

知识发现是从各种信息中，根据不同的需求获得知识的过程。在现代科学革命中，笛卡尔率先提出了经验直观、数学推理与自然世界之间的普遍必然关系，由此，经验观测、实验操作、理论设计等方法成为近代科学知识获取和知识发现的主要方法。后现代社会中，信息技术的发展使得科学研究与人类活动生产的数据呈指数级增长，大数据——作为新的透镜——日益成为我们认识世界、认识自我的一种方式。随着计算与网络通信技术、观测与传感仪器以及数字存储的发展，数据以及对其获取、共享、整合、分析、构建预测模型的能力，逐渐成为生物学、物理学、认知科学、工程技术乃至社会科学领域的新发现的驱动力。其中，起关键作用的现代数据分析技术将精细的概率模型、统计推理、数据挖掘与机器学习相结合，形成了从人类获取与产生的各种数据中提取知识的有力途径[1]。正是基于计算机高效的数据分析与处理能力，医疗领域开始利用 DNA 解码洞察生命的信息，以开展疾病的预测和治疗；金融领域则通过监测银行的交易数据找出可疑行为，阻止洗钱或金融诈骗活动；在城市安全方面，警察通过收集犯罪地点信息获取"热点地图"，以完善城市的警力部署[2]。

可以看到，计算机与大数据的结合正在改变传统的知识发现的方法。一方面，计算机技术的发展与互联网的广泛应用推动了一种新的科学研究范式的产生。由于物理空间的分散性，在过去收集海量数据是非常困难的，因此实验记录、抽样调查成为获取数据进而发现知识的重要方式。而计算机存储能力的提升以及网络技术的普遍应用，则为后现代社会大数据的采集提供了技术支持。近年，人工神经网络的规模在以每 2.4 年扩大一倍的速度剧增，越来越多的发生在计算机上的活动被记录整理，更大的网络容许计算机在数量巨大、变化迅速、形式复杂的数据中实现更高的精度[3]。研究者们开始使用计算机程序来处理和分析在各类终端设备中获取的密集型数据，从而找到高度精准和有价值的信息模式与知识。这种科学方法上的革命带来了研究范式的革新，发展出超脱于传统研究范式（实验科学、理论推演、计算机仿真）的"第四范式"——数据密集型科学研究范式[4]。

另一方面，对大数据的分析带来了思维和研究的计算转向（computational turn）[5]。自牛顿发现了物理的奥秘，我们对于自然世界的理解总是建立在公理、公式之上。通过理性的假设、推理来认识事物的路径同样构成了社会科学的基础。而如今，大数据的分析技术为我们提供了一个新的角度和机

---

[1]　段伟文：《大数据知识发现的本体论追问》，载《哲学研究》2015 年第 11 期。

[2]　参见［美］卢克·多梅尔：《算法时代》，胡小锐、钟毅译，中信出版集团 2016 年版，第 13、104 页。

[3]　参见［美］伊恩·古德费洛、［加］约书亚·本吉奥、［加］亚伦·库维尔：《深度学习》，赵申剑等译，人民邮电出版社 2017 年版，第 12—14 页。

[4]　Tony Hey, Stewart Tansley, Kristin Tolle: *The Fourth Paradigm: Data-Intensive Scientific Discovery*, Microsoft Research, October 2009, p. XI.

[5]　Danah Boyd, Kate Crawford, *Critical Questions for Big Data*, 15（5）Information, Communication & Society 662（2012）

会，促使我们从定量分析的角度把握社会生活的规律。在广告业中，人们不再采用"广告对象假设"（human hypothesis of advertising）的方法对某个产品理想受众的特点及定位方法进行推断，而是从大数据中分析信息接收者的喜好和特点，从而进行定向推广。[1] 美国的投资公司也在通过大数据识别用户的风险偏好，以提供更有效的资产配置解决方案和建议。与此同时，我们也在通过大数据技术重新认识自我。人们将个人的特点与具有"可知性"特点的大型数据集进行对比，寻找二者的相关性或差异性。比如通过智能手机或智能手表的传感器，了解自己的运动强度、睡眠状况，甚至通过手机 App 来测评自己的情绪状态，以考察目前从事的工作是否能够使自己身心愉悦。[2] 在信息时代，大数据作为数据化表象，成为一种介于真实的世界现象与基于数据的知识发现之间的媒介性的存在，这样，大数据集就被赋予"全体事实"的内涵，基于大数据的知识发现则成为"世间的全部知识"。[3]

（二）基于互联网的知识生产

知识生产是指人们发明、发现、创造各种为物质运动的转化提供条件与能量来源的思想、观点、方法、技巧等的过程。17 世纪以后，以牛顿学说为基础、以大学为轴心机构的"一种理念、方法、价值以及规范的综合体"成为代表性的知识生产模式。[4] 这种知识生产模式旨在解释总体的自然世界，采取了相对独立乃至封闭的科学体系，以抽象理论的形式生成具有普遍必然性、客观合理性的知识产物。随着互联网技术的发展，人们开始通过各类移动终端以及多媒体科技实现生活交流、经济生产和科技创新，这深刻影响甚至重塑了人们解释世界和改变世界的方式，推动了知识生产模式的革新。

首先，是知识生产载体的超链接化。借由网络载体的超链接性和超时空性，知识生产可以穿越多层的知识谱系，不再为地域边界、部门边界、学科边界、语言边界所限制，呈现为"去辖域化"的特征。许多领域正在

---

〔1〕 ［美］卢克·多梅尔：《算法时代》，胡小锐、钟毅译，中信出版集团 2016 年版，第 13 页。
〔2〕 ［美］卢克·多梅尔：《算法时代》，胡小锐、钟毅译，中信出版集团 2016 年版，第 10 页。
〔3〕 参见段伟文：《大数据知识发现的本体论追问》，载《哲学研究》2015 年第 11 期。
〔4〕 参见［英］迈克尔·吉本斯等：《知识生产的新模式——当代社会科学与研究的动力学》，北京大学出版社 2011 年版，第 3 页。

利用在线协作的方式构建庞大的数据库，以绘出宇宙、全球气候、人类语言甚至所有物种基因的结构，进而绘制出"整个世界"的图谱[1]。如星系动物园（Galaxy Zoo）项目就在网站上招募了超过40万志愿者对星系图像进行识别和分类，专业研究员以及天文爱好者将他们的工作集成起来，共同完成对星系结构的识别任务[2]。互联网载体为知识生产提供了超越时空障碍的媒介，这促使知识生产向网络化、全民化、社会化的方向转变。

其次，是知识生产主体的多元化。在社会信息化、网络化、智能化的背景下，知识生产的主体有了更为丰富的内涵，使得知识生产呈现出"自组织性"的特征。基于Web2.0时代由网页模式向互联网应用模式的转变，智能手机显示出从单纯的"读取信息"到"主动创造"，从单向"网页"展示到"发表/记录信息"的交互式通信趋势，芸芸网民成为知识生产的主体。人们通过微信、腾讯QQ、脸书（Facebook）、微博等社交平台表达观点、记录思想、联络情感、了解世界，每一个网络用户不仅是互联网的读者，也成为互联网的作者，不仅是冲浪者，也成为"浪花制造者"。与此同时，人工智能体的出现成为知识生产的另类能动者。在机器学习的基础上，人工智能在各个单一领域展现出逼近甚至超越人类的知识生产能力。微软"小冰"可以写诗，腾讯的DreamWriter在奥运会期间写了800篇新闻报道，AlphaGo打败人类顶尖棋手，甚至有公司将人工智能作为董事之一，希望其为公司提供"人类未能实时理解"[3]的市场趋势。这些变化意味着知识生产不再高度依赖于特定的制度化组织，譬如高校、科研机构、专业协会等，而是在网络世界无限庞大的规模效应中实现知识生产的自发合作。

最后，是知识生产方式的动态化。依托互联网通信技术，知识生产的过程和结果呈现出系统开放性的特征。在知识生产的过程中，人们通过网络平台获取资讯、发表自己的认识，并在相互评论、相互参考中不断更新观点。同时，这一过程所产生的个人数据也在被进行"二次生产"。剑桥

---

〔1〕　参见段伟文：《大数据知识发现的本体论追问》，载《哲学研究》2015年第11期。

〔2〕　See Michael Jordan Raddick, Edward E. Prather & Colin S. Wallace, *Galaxy Zoo: Science Content Knowledge of Citizen Scientists*, 28 Public Understanding of Science 636 (2019).

〔3〕　《香港一企业请人工智能产品当公司董事会"成员"》，载环球网2014年5月20日，http://tech.huanqiu.com/it/2014-05/5000024.html?agt=15438。

大学开展的一项研究表明，利用一个包含 58000 个美国脸谱网用户信息的数据集建立的算法，可以准确预测这些用户包括种族、年龄、智商、性偏好、性格、财富使用与政治观点在内的各种品质与特点。[1] 与之相伴的是，知识生产的结果也始终处于对话状态。论文、专著、评论、观点被展示于网络世界，知识内容处于网络超链接的对话、阐述、争辩的境域中。网络平台将这些个人数据所产生的预测结果应用于消息推送和广告投放，并在用户对于推送内容的反馈数据中得出新的分析结果，随时做出调整。可见，基于网络的知识生产模式突破了现代生产方式中总体的、单一的、外在于他物的观察视角，转而关注内在关系的实在性，从群体的社会行为中取得本质的、构成性的知识。

（三）数字化的知识流通

知识流通主要是指科学和技术知识以其物化或非物化的形式在特定的社区之中，或在特定社区与社区之间的循环与再循环。[2] 得益于计算机和互联网的飞速发展，后现代社会知识生产的原材料更多从感官直觉转换为电子数据，知识储存的方式则从纸质媒介转向电子空间。相应地，知识流通的方式也发生了巨大的变化，呈现出电子化、即时化的趋势。正如利奥塔尔在《后现代状态：关于知识的报告》中的预言，在知识构成体系内部，一切研究结果都必将转化成信息量，任何不能转化输送的事物，都将被淘汰。[3]

首先，知识成果的数字网络传播。在过去，知识成果的载体受到较大的限制，比如文字、图像需要纸质媒介，音乐需要磁带或唱片等。随着数字技术的发展，各种知识成果都可以转换为电子数据，这就使作品的复制变得容易而且损耗更小。在互联网技术的加持下，知识成果的电子数据能够轻而易举地在世界各地传播和储存，形成了以数字网络传播为特征的知识流通方式。苹果公司于 2003 年创立了 iTunes 在线音乐商店，创造了将播放器和正版音乐"捆绑"销售的数字音乐销售模式，截至 2013 年 2 月，

---

〔1〕　参见［美］卢克·多梅尔：《算法时代》，胡小锐、钟毅译，中信出版集团 2016 年版，第 29 页。

〔2〕　李汉林：《论知识流通的社会功能》，载《社会科学研究》1989 年第 3 期。

〔3〕　参见［法］让-弗朗索瓦·利奥塔尔：《后现代状态：关于知识的报告》，车槿山译，南京大学出版社 2011 年版，第 13 页。

iTunes Store 共计售出超过 250 亿首歌曲，活跃用户数量已经超过了 4. 35 亿。[1] 在文献资源方面，各类中外文数据库成为高校文献信息资源建设的必选之项，以福州大学为例，其 2017 年配置了 37 个中文数据库、25 个外文数据库和 11 个特色数据库。[2] 可见，数字网络传播已经成为当今知识成果流通的重要方式。

其次，网络服务的数据交易。随着云服务器替代本地服务器成为互联网运营的技术基础，大量高速动态的数据得以采集。经过清洗、建模、分析后，这些底层数据可以生成按一致的方式整理和排序的数据集合——信息，而这些信息及其相关上下文的集合就可以作为知识，为制定决策并采取行动提供依据。因此，后现代社会的知识流通在一定程度上表现为对这些信息的交易。从 2010 年起，中国市场陆续出现了九次方大数据、数据堂、聚合数据等专业化数据服务提供商。2015 年 4 月，贵阳大数据交易所挂牌运营，成为全球首家大数据交易所，并在数据确权、数据定价、数据指数、数据交易、安全保障、数据资产管理等方面提供综合配套服务。截至 2018 年 3 月，贵阳大数据交易所会员数量突破 2000 家，接入 225 家优质数据源，交易额累计突破 1. 2 亿元，交易框架协议近 3 亿元，可交易数据产品近 4000 个。[3] 可以看到，信息时代的知识流通正呈现出电子化、数据化的趋势。

最后，网络平台的数据传输。随着知识生产的网络化，用户在网络平台中所产生的数据信息越来越代表着个人的知识储备和知识创造。人们希望拥有少数几个账户就可以使用绝大部分重要的日常服务，以免去反复登录输入密码的麻烦。因而平台之间的数据传输成为知识流通的一种需求。2018 年，四大科技巨头——脸书、谷歌、微软以及推特（Twitter）——联合推出了名为数据传输项目（DTP）的源代码倡议，旨在帮助用户在平台（参与 DTP 的服务供应商）之间自由传输数据。该项目的现有代码在 GitHub 上是开源的，大部分代码库可以将专有应用程序编程接口（API）转换为可互操作的传输，使照片墙（Instagram）数据可用于雅虎网络相册

---

〔1〕 参见《iTunes 光荣十年：仍占全球音乐 63% 下载量》，载腾讯网 2013 年 4 月 16 日，https://tech. qq. com/a/20130416/000110. htm。

〔2〕 詹黎锋、游丽华：《地方高校图书馆数据库资源区域整合研究——以福州大学城高校为例》，载《图书馆学刊》2017 年第 7 期。

〔3〕 曾帅：《贵阳大数据交易所会员突破 2000 家》，载《贵州日报》2018 年 3 月 17 日，第 4 版。

(Flickr)，反之亦然。[1] 由此，个人于不同网络平台所产生的数据信息可以在这个框架内进行转移，实现数据访问的知识流通。通过网络传播、数据交易以及数据传输，知识成果正在以数字化的方式完成流通循环，这就突破了通过学校、学会、出版社、报刊等建制化组织传播的固有渠道，由此形成的网络化、信息化的知识状态在社会层面引发了法治秩序的变革。

二、元叙事的消散：信息时代的法治秩序变革

上述信息时代的知识状态展现出后现代文明的发展路径，也预示着以建构理性为代表的现代知识体系的衰落。在理性主义社会，知识发现与知识生产是以理性和科学为基础的，体现在社会领域中的是理性化、契约化的制度安排和经济运行机制。因而现代社会的法治秩序也体现为理性建构下的操作规划，"按照一种包含元素可通约性和整体确定性的逻辑来管理这些社会性云团"[2]。而今的信息时代毋宁说是"数字化时代"，人们生活在数字之中，社会交往由数字（数据）所构成，因而知识的获取、生成、传播都依赖于数字网络，并呈现出"去中心化""去地域化""去结构化"的特征。在这里，人们相互之间的关系被重构，传统的权力与权利都在发生改变，维持建构理性的合法化制度也在逐渐崩塌。这种知识状态的变革不仅触动了传统权力结构的解构，而且导引了现代知识及现代司法的合法性基础——"元叙事"的消散，并在社会领域体现为法治秩序的变革。

（一）社会结构：从社会化建制到信息化部落

近代法治秩序奠基于政治国家/市民社会的二元论，互联网时代的"再部落化"，使得传统的社会化建制被后现代的信息化部落取代。[3] 在启蒙理性取代共同体信念获得合法化的知识地位后，人类的文明与社会制约便转向有关"思辨"和"解放"的叙事。[4] 前者倾向于哲学性，是关

---

[1] See Russell Brandom, *Google, Facebook, Microsoft, and Twitter Partner for Ambitious New Data Project*, The Verge（Jul. 20, 2018），https：//www. theverge. com/2018/7/20/17589246/data-transfer- project-google-facebook-microsoft-twitter.

[2] ［法］让-弗朗索瓦·利奥塔尔：《后现代状态：关于知识的报告》，车槿山译，南京大学出版社 2011 年版，第 5 页。

[3] 参见余盛峰：《全球信息化秩序下的法律革命》，载《环球法律评论》2013 年第 5 期。

[4] 参见［法］让-弗朗索瓦·利奥塔尔：《后现代状态：关于知识的报告》，车槿山译，南京大学出版社 2011 年版，第 115—128 页。

于精神目的论和绝对理念的神话，后者倾向于政治性，是启蒙理性和关于人类解放的神话。因而科学理性掌握了话语权，国家与社会的关系成为现代法治秩序的逻辑起点和终极指向。无论是基于形式理性的自由主义法治，还是目的导向的福利国家法治，抑或是推崇交往理性的程序主义法治，都是以稳定社会的规范性预期为己任，依赖于空间建制化的合理性文化的深度整合。信息时代的到来促成了新的知识生产模式，在史无前例的信息爆炸中，传统的"表达性文化"趋于没落，"知识的思辨等级制被一种内在的、几乎可以说是'平面'的研究网络所代替"，社会主体也"在这种语言游戏的扩散中瓦解"，随之而来的是人们发现自我并非孤立存在，而是处于复杂的关系网络中，每个人"都始终在交流线路中的某个'节点'上"。[1] 借助互联网强大的知识生产和通信能力，人们在一种跨时空、跨等级、跨文化的赛博空间中自发组建起交往的秩序，形成一种基于信息流量的"部落化"结构。

首先，是社会交往的自由组合。尽管在现代社会中，人们也拥有宪法保障的活动自由和表达自由，但是这种自由在一定程度上受到自然地域和国家区域的建制化限制。信息时代的社会交往体现为线上/线下"零距离"的自由组合。以互联网境域下的自由通信为例，通过微博、推特等具有影响力的社交平台，人们可以与任何一个未曾谋面的网络用户进行私信交谈，这个人可以是国家元首、明星大腕，也可以是寻常百姓、邻国友人。互联网"具有强大的力量推动社会的平等、人性化、可持续性和创造力"[2]，当公民化身网络用户时，他便通过互联网与这个世界自由联通。无须精确的地址或电话号码，不受身份、性别、物质条件的制约，通信对象的范围在一个更加开放、民主、自由、平等的通信世界中有了无限拓展的可能。尽管这种自由交往产生了一定的安全隐患，如垃圾邮件和群聊诈骗，[3] 但民众的喜爱和选择使得智能通信依然发挥着巨大的功能，从各个

---

〔1〕［法］让-弗朗索瓦·利奥塔尔：《后现代状态：关于知识的报告》，车槿山译，南京大学出版社 2011 年版，第 61、139、141 页。

〔2〕［美］罗伯特·W. 麦克切斯尼：《传播革命》，高金萍译，上海译文出版社 2009 年版，第2 页。

〔3〕参见反垃圾信息工作委员会：《2016 年下半年中国反垃圾邮件状况调查报告》，https：//12321. cn/Uploads/pdf/1490948638. pdf；参见《微信群聊引诈骗 被处刑罚悔不该》，载今日头条 2017 年 6 月 28 日，http：//www. toutiao. com/a6435042751012733185/。

面向加速信息交流和信息共享，促进"熟人社交"向"陌生人对话"的辐散。可见，信息时代的社会交往突破了物理空间和身份地位的区隔，在整体上表现为"数据人"的自由交涉。

其次，是流量不均的网络节点。尽管网络通信给我们的社会交往带来了极大的自由，但是信息化交往并非想象中的均等分布，而是在网络节点的连接数量中呈现出等级差别。与大多数的普通节点相比，极少数的节点能够与其他节点发生数量庞大的联系，进而发挥较大程度的影响作用。因此，在信息化部落中会出现所谓的"流量小花""带货主播"；而在更为广阔的领域，亚马逊、京东、阿里巴巴几大电商平台拥有数量庞大的网络销售商和消费群体，其交易规则的制定和实施甚至影响了法律的更新修订。社会学中的"优先连接"可以解释这一现象，即在一个大型的网络中，新的节点优先连接那些已经有很多连接的节点。[1] 也就是说，连接度较高的节点比起连接度较低的节点具有更快的连接能力，因而会出现"富者愈富，贫者愈贫"的马太效应。可以看出，在信息时代的社会结构中，节点的重要程度取决于其连接的数量，而社会关系则表现为节点之间的联系与包含。这种变化打破了近代以来二元基础的社会结构，其不再是"静态"的、"等待被推演"的存在，而是在信息快速流变的空间中呈现出自发自生的"去中心化"及"再中心化"，这不仅显示出社会领域的元叙事的消散，而且意味着传统法律运作机制正在改变。

（二）法律关系：从地域化塑造到非线性流变

在工业时代，法律必须介入特定的生产与生活空间，法律关系表现为物理空间相对固定的权利义务；而在信息时代，基于"部落化"的动态社会结构以及智能技术的深度发展，大数据分析和算法逐渐塑造了大平台与微时代、集中化与碎片化、虚拟化与现实化之间复杂交织的新型社会关系，进而法律关系呈现为拓扑学式（topological）的非线性法律秩序。[2] 在现代法治思想中，立法主权叙事为法律文化的整合提供了可能，"国家

---

〔1〕 参见曾玉梅：《公民社会与网络社会两种理论路径下网络社会交往的结构分析》，武汉大学2010年博士学位论文。
〔2〕 参见余盛峰：《全球信息化秩序下的法律革命》，载《环球法律评论》2013年第5期。

的合法性不是来自国家本身，而是来自人民"[1] 成为法治秩序变革的内在吸引力。在社会契约论的旗帜下，国家在现代法治中的合法性地位得以确立，法律系统自身也开始确认和保护公民基于契约形成的平等法律关系。因而现代法治中的法律关系主要体现为国家区域建制化中相对稳定的权利义务机制。信息时代，网络系统的连接能力打破了自然地域及行政区划，各类智能终端更是塑造了穿梭于物理世界—数字世界、现实生活—虚拟生活、物理空间—电子空间的复杂社会关系，双层空间的社会交往使得法律关系的内容和形式更具有流变性，呈现出一种非线性的拓扑学式的关系构造。这一方面解构了近代社会以来依靠地理区隔进行塑造和管辖的权利义务机制，另一方面也显示出"系统—主体的设想是一个失败"，知识元话语权威下的综合原则是不能普遍适用的，"合法化只可能来自他们自己的语言实践和交流互动"[2]

首先，信息时代法律主体与客体的更新升级极大地拓展了法律关系的形态。基于"部落化"的动态社会结构，互联网平台、数据公司等新兴商业组织成为网络结构中的"高级"节点。它们不仅塑造着全新的经济业态、商业模式和交易规则，而且掌握着信息时代的"财富"——大量的交易数据和个人数据，成为日益重要的新型法律关系主体。一方面，平台之间的数据竞争形塑了信息时代不正当竞争的行为界限，如 2008 年的大众点评诉爱帮网系列案件、2013 年百度诉 360 违反 robots 协议案、2015 年新浪诉脉脉非法抓取微博用户数据案等；另一方面，交易纠纷的激增使得网络平台具有了此前法律关系主体所不可想象的"准立法权""准行政权"和"准司法权"[3] 2012 年，淘宝网发布《淘宝争议处理规范》，成为淘宝争议处理的主要标准，同年，淘宝网共处理侵权商品信息 8700 万条，处罚会员 95 万余人次。[4] 除此之外，人工智能作为法律关系主体也将促成更多法律关系的产生，自动驾驶的责任分配、智能系统创作作品的权利归属已

---

[1] ［法］让-弗朗索瓦·利奥塔尔：《后现代状态：关于知识的报告》，车槿山译，南京大学出版社 2011 年版，第 116 页。

[2] ［法］让-弗朗索瓦·利奥塔尔：《后现代状态：关于知识的报告》，车槿山译，南京大学出版社 2011 年版，第 142、143 页。

[3] 参见马长山：《智能互联网时代的法律变革》，载《法学研究》2018 年第 4 期。

[4] 《淘宝网去年处理侵权信息达 8700 万条》，载人民网 2013 年 3 月 13 日，http://media. people. com. cn/n/2013/0313/c40733 -20774344. html。

经是一个现实问题。对于法律客体而言，信息技术本身就在创造着其在法律关系中的更多可能性。以民法中的数据属性为例，数据本不是传统民法涵盖的法律客体。但随着互联网尤其移动互联网的日益普及，用户附着在数据上的经济价值（包括网店、邮箱、游戏装备、虚拟货币、个人信息数据、电子账号等）日益凸显。[1]因而数据成为法律关系客体的一种新形态，并在其财产化的过程中越来越多地与民事关系发生纠缠。在人格权或个人信息保护方面，大数据则塑造了公共部门、数据平台与个人之间的新型权利义务关系。可见，信息时代法律关系主体或客体的变化引发了法律关系的多维拓展。

其次，数字化、智能化要素引发了现有权利义务关系的变化。当智能软件、系统算法嵌入社会关系和社会生活之中，传统权利义务属性在很大程度上发生了改变，并表现为数字环境下法律关系的"新样态"，比如网约车 App 创新了车主与乘客之间的搭乘关系，电商平台改变了买卖合同的订立方式和交付方式。另一方面，基于互联网的知识生产和产业经济推动对传统行业和制度的"创造性破坏"，由此所形成的利益诉求和社会关系，不断地解构和重构传统的权利义务设定和分配格局。[2]比如，信息时代的知识流通改变了知识商品化过程中的收益获取和分配模式。在以往的媒体圈中，出版商、报社、唱片公司把握着知识流通的核心资源，而现在，纸媒已经在时代的洪流中渐行渐远，数字图书馆、数字音乐平台掌握了绝大部分的数字版权。这不仅拓展了传统知识产权中权利主体及客体的内涵和外延，而且重塑了作品创作者、版权拥有者、信息传播者以及社会公众的权利义务关系。在 Napster 案中，法院认为 Napster 公司应为其用户通过 Napster 系统免费下载 Mp3 文件的行为承担间接侵权责任，要求该公司终止其免费互联网服务；而在 Google 数字图书馆案中，法院认为谷歌对涉案图书的扫描行为以及电子索引中以"片段浏览"方式呈现图书内容的服务构成合理使用，不构成侵权。[3]可见，版权与公共利益的紧张关系正在信

---

〔1〕　参见梅夏英：《数据的法律属性及其民法定位》，载《中国社会科学》2016 年第 9 期。

〔2〕　参见马长山：《智能互联网时代的法律变革》，载《法学研究》2018 年第 4 期。

〔3〕　参见梅臻：《美国 Napster 案评析——兼论我国著作权法中的合理使用制度》，载《法学》2001 年第 5 期；李国庆：《谷歌图书馆案 The Authors Guild，Inc. v Google，Inc. 判决述评——以合理使用制度为视角》，载《中国版权》2016 年第 4 期。

息科技的升级中嫁接翻新，内容复杂、形式流变的非线性法律关系正在冲击自然地域基础上的权利义务架构，进而展现为数字环境中权利与权力的复杂博弈。

（三）权利与权力：从分割抗衡到技术赋权

在近代法治中，横向的三权分立和纵向的权利—权力抗衡，是法治得以确立和运行的结构性要素和根本性支撑；伴随传统空间范畴的终结，后现代知识呈现为最富生命力的形态，权利与权力的博弈转而在网络技术、信息技术、智能技术所带来的空前的自由"飞地"之中展开。在二分原理的社会基础中，法治运行的立足点和逻辑线索是个人权利与国家权力互竞对立，这一方面完善了启蒙理性关于解放和自由的叙事，另一方面促使这些斗争成为法律系统的调节器。因而权利保障与权力制约被反复提上日程，公权力与私权利逐渐形成分割抗衡的局面。信息时代的互联网信息技术打造了前所未有的物理空间/电子空间、现实生活/虚拟生活的交融同构生态，带来了国家传统控制领域之外的广阔空间，这不仅动摇了传统的社会结构，社会关系与法律关系发生重大变革，而且国家与社会在互联网公共领域的互动博弈使得权利与权力的界限变得模糊，技术成为权利/权力扩张的主要动力。在后现代社会，"我们必须意识到由互联网与数字媒体所推动的新的社会关系的革命性潜力，同时，我们也必须现实地意识到那些影响和限制任何变化的政治、法律、经济和文化力量"[1]，"知识的问题比过去任何时候都更是统治的问题"[2]。

首先，私权利的技术"新样态"。伴随"信息革命"与互联网时代的到来，中国已经拥有全球第一的网络规模和网络用户群体，庞大的互联网经济催生多元化的社会主体和社会利益，而新生利益诉求也使得公民基本权利呈现出前所未有的"新样态"。公民的通信自由权就是其中典型的一例。传统意义上的"通信自由"指的是"通过信件、电报、电话等形式表

---

〔1〕 ［美］弥尔顿·L. 穆勒：《网络与国家——互联网治理的全球政治学》，周程等译，上海交通大学出版社 2015 年版，第 7 页。

〔2〕 ［法］让-弗朗索瓦·利奥塔尔：《后现代状态：关于知识的报告》，车槿山译，南京大学出版社 2011 年版，第 31 页。

达自己意愿的自由"。[1] 在网络通信时代,以微信、QQ 等即时通信工具为代表的电子通信方式,已经取代书信成为人们最主要的信息传递渠道。网络通信不仅拓宽了通信权利的内涵和外延,也代表着公民基本权利在新兴领域的行使和表达。互联网改变了人们政治参与的方式、结果和目的,打破了信息传递的壁垒,使得私权利不再是只能通过国家与社会在政治和法律层面的宏观调整才能得到确认,而是在技术的更新应用中使权利获得更多的可能。

其次,公权力的技术性扩张。在私权利通过网络交互得到无限拓展的同时,技术的革新也同样改变了公共权力渗入的方式,国家可以通过网络服务器等电子设备以更加隐蔽的方式限制公民权利,获取个人信息。美国"棱镜门"事件已经展示出"允许情报机构在没有搜查证的情况下对可疑对象进行监听"所带来的国家监控问题;英国"视神经"项目也被曝出暗中侵入美国"雅虎通",截取全球数百万网民的视频通话图像;我国 2016年发布的《关于办理刑事案件收集提取和审查判断电子数据若干问题的规定》同样没有对执法部门通过网络在线提取电子数据的行为设定明确的审查原则。[2] 互联网技术带来了"跨国界的范围、无边界的规模、分散的控制、新型机构、集体行动能力的急剧变化",这些变化也在改变"通信与信息政策领域的国家控制与主权"。[3]

最后,私权力的双重赋权。信息时代的互联网经济催生了多元主体,社交平台、电商平台、网约车平台、短租平台、视频平台、P2P 金融借贷等各类应用网站构成了社会生活和交往的中心节点。"网络需要大量的关键性的参与者来产生利益,当行动者们为了实现一个更大网络的利益而会聚到同一个网络时,他们倾向于证明'赢者通吃'的竞争方式。这种会聚

────────────

〔1〕 全国人大常委会办公厅研究室政治组编:《中国宪法精释》,中国民主法制出版社 1996 年版,第 166、167 页。

〔2〕 邵国松:《损益比较原则下的国家安全和公民自由权——基于棱镜门事件的考察》,载《南京社会科学》2014 年第 2 期;参见《英国"视神经"项目被曝虎通 180 万用户遭监控》,载人民网 2014 年 3 月 3 日,http://sz.people.com.cn/n/2014/0303/c235380–20683225.html;龙宗智:《寻求有效取证与保证权利的平衡——评"两高一部"电子数据证据规定》,载《法学》2016 年第 11 期。

〔3〕 [美] 弥尔顿·L. 穆勒:《网络与国家——互联网治理的全球政治学》,周程等译,上海交通大学出版社 2015 年版,第 6 页。

一旦开始，惯性或锁定效应就会介入，从而赋予现已创建的网络以相当大的权力。"[1]因而在淘宝、滴滴出行、微博、微信等平台运行中，不仅出现了平台自制的关于电子交易、信息管理的规定，还形成了"规则众议院""大众评审"等面向平台用户的规则制定和解纷机制。由于这些平台拥有数量庞大的用户，承载了人们生活中的众多方面，其规则的制定与争议的处理无形中获得了一种规范行为、分配利益的权力力量。另一方面，在交互式互联网发展的今天，人人都是"冲浪者"，人人也都是"波浪制造者"，浩如烟海的网络用户和网络信息无疑为政府的网络管控带来压力，这就促使国家转而通过赋予网络运营商一定的公法审查权力进而加强对网络社会的监督和管理。如 2016 年颁布的《中华人民共和国网络安全法》（以下简称《网络安全法》）第 47 条中，国家将监控网络用户的责任赋予网络运营者：网络运营者应当加强对其用户发布的信息的管理，发现法律、行政法规禁止发布或者传输的信息的，应当立即停止传输该信息，采取消除等处置措施，防止信息扩散，保存有关记录，并向有关主管部门报告。国家希望通过控制网络运营者来实现网络空间的治理，但这也使平台拥有了"自身运营的管理权和政府转加的公法审查权，形成了日益庞大的、具有某种公权特征的私权力"[2]。

英国社会学家齐格蒙特·鲍曼（Zygmunt Bauman）曾指出，"现代性正在从'固体'阶段向'流动'阶段过渡"。[3]后现代社会的技术发展带来了从建构理性到社会信息化的知识变革，在基于互联网、大数据的知识生产和知识流通中，人们对世界的认识发生了根本性变化，理性思辨的研究方法受到怀疑，自由解放的历史叙事失去了吸引力。而在社会运行的基础领域，互联网所带来的流动性使得原有的社会结构和权力分配格局被动摇，信息化、网络化、智能化交替冲刷着近代以来理性构建的法治秩序基础。在这里，新兴的社会关系催生多元化的社会主体和社会利益，而新生利益诉求则使得权力与权利呈现出前所未有的"新样态"，私权利迫使国

---

〔1〕 ［美］弥尔顿·L. 穆勒：《网络与国家——互联网治理的全球政治学》，周程等译，上海交通大学出版社 2015 年版，第 58 页。
〔2〕 参见马长山：《智能互联网时代的法律变革》，载《法学研究》2018 年第 4 期。
〔3〕 ［英］齐格蒙特·鲍曼：《流动的时代：生活于充满不确定性的年代》，谷蕾、武媛媛译，江苏人民出版社 2012 年版，第 1 页。

家冲破"城堡政治"的藩篱，公权力与私权力共谋治理，"一种形式的权力或许被摧毁了，但另一种正在取代它"[1]。理性建构的法治秩序被"理性的集大成者"——计算机科学与信息科学所击败，元叙事的非合法化迫使人们回到"现实主义的严酷和朴实"[2] 中。

三、司法范式转型的困境与机遇

在现代科学的元叙事的消散中，法治秩序面临着知识话语更替过程中的变革重构，司法范式则面临作为建构理性的产物与社会信息化之间的碰撞，表现为数据洪流中的困境与机遇。

（一）法律变革中的司法范式转型

法律变革中尚不明晰的法律制度和法律规范给司法审判带来了极大困难，但同时也使司法拥有了能动的空间。

信息时代互联网技术与智能技术的深度融合形成了双层空间、人机共处、算法主导的时代特征，引发了法律价值、法律关系、法律行为等方面的深度变革。[3] 然而，法律的制定总是落后于社会发展。面对信息化部落以及快速流变的网络环境所产生的社会变化，先前在工业文明中演化形成的、主要是回应工业社会问题的现代法律体系显得力不从心。例如，现代民法体系难以对数据属性做出清晰界定，因为"数据没有特定性、独立性，亦不属于无形物，不能归入表彰民事权利的客体；数据无独立的经济价值，其交易性受制于信息的内容，且其价值实现依赖于数据安全和自我控制保护，因此也不宜将其独立视作财产"，但是，数据作为信息时代的基础媒介和重要资源，愈发具有现实价值和法律价值，因而在"网店的分割、个人邮箱的继承、网络游戏装备的失窃和交易、企业大数据的交易"等方面，有关数据的民商事纠纷日益增多。[4] 再如，数据权利引发的个人信息保护问题在立法上回应迟缓。我国的《个人信息

---

[1]　[美] 劳伦斯·莱斯格：《代码 2.0：网络空间中的法律》，李旭等译，清华大学出版社 2009 年版，第 89 页。

[2]　[法] 让-弗朗索瓦·利奥塔尔：《后现代状态：关于知识的报告》，车槿山译，南京大学出版社 2011 年版，第 144 页。

[3]　参见马长山：《智能互联网时代的法律变革》，载《法学研究》2018 年第 4 期。

[4]　梅夏英：《数据的法律属性及其民法定位》，载《中国社会科学》2016 年第 9 期。

保护法（草案）》于 2020 年 10 月 22 日公布，距离 2003 年国务院委托
中国社会科学院专家草拟专家建议稿已有 10 余年。[1] 面对互联网和大
数据的应用所带来的争议，立法或许可以稍做等待，但司法却无从回避，
尚不明晰的法律制度和法律规范给司法适用及司法审判带来了极大困难。
就个人信息的处理而言，大数据时代的网站和平台往往通过算法抓取公民
在网络活动中产生的个人信息，尤其是使用搜索引擎留下的偏好及需求。
网站可以据此在广告页面进行个性化推荐，甚至针对每名新客户整饬网页
界面，实现广告从"对象假定"到"受众定位"的模式转变。Quantcast
数据分析公司宣称，"我们不仅知道客户的兴趣所在，还清楚他们将采取
什么行动，因此，我们可以对这个过程产生实质性影响"[2]。这其中就包
含收集网络消费者个人信息、侵犯其隐私权的可能，此时，如何在具体案
件中认定和判决就成为难题。

　　从另一方面来看，这种法律变革中的困难同时也承载着司法范式转型
的机遇。在社会急剧变革的背景下，原有的社会秩序及其法律规范受到了
新兴社会问题的强烈冲击，此时就需要司法积极发挥能动作用，承担法律
"真空"下的责任。法官的工作并非草率和机械，"会有需要填补的空白，
也会有需要澄清的疑问和含混，还会有需要淡化……的难点和错误"[3]。
卡多佐（Benjamin N. Cardozo）在 20 世纪初的美国遇到的问题和采取的策
略同样适用于今天的信息时代，困难与机遇推动法律变革中的司法范式
转型。

（二）法院信息化建设中的司法范式转型

　　法院信息化建设有望纾解信息时代司法供给与司法需求之间的矛盾，
但是也面临智能化技术在司法实践中应用的难题。

　　随着经济生活、社会生活的日趋多元以及公民法律意识的提高，我国
法院受理案件的数量每年增长约 10%，仅 2017 年上半年受理案件数已达

---

〔1〕　张吉豫：《大数据时代中国司法面临的主要挑战与机遇——兼论大数据时代司法对法学研究
　　　　及人才培养的需求》，载《法治与社会发展》2016 年第 6 期。
〔2〕　参见［美］卢克·多梅尔：《算法时代》，胡小锐、钟毅译，中信出版集团 2016 年版，第 14 页。
〔3〕　［美］本杰明·卡多佐：《司法过程的性质》，苏力译，商务印书馆 1998 年版，第 4 页。

1400 万件。[1] 面对人民群众对于司法公正的期待以及"案多人少"的现实国情，我国司法部门在 2015 年提出了建设"智慧法院"的设想，希望充分利用先进信息化系统，支持全业务网上办理、全流程依法公开、全方位智能服务，实现公正司法、司法为民的组织、建设和运行形态。目前，我国已设立杭州、北京、广州三家互联网法院。事实上，面对信息时代的破碎化、扁平化、多极化态势，世界各国的司法部门都在寻求司法科技的创新，以应对后信息化时代的社会变革。英国于 2016 年 7 月公布了《民事法院结构改革最终报告》，其中的"在线法院"成为司法改革的热点；[2] 加拿大不列颠哥伦比亚省民事审裁处正在运用在线纠纷解决程序为小额民事纠纷提供公共司法服务；美国刑事司法系统的参与者使用算法来决定谁应当被逮捕，谁可以假释，以及被告应该被判处多长时间的监禁。[3] 互联网、大数据与智能技术深度融合的法院信息化建设，成为推动司法积极应对社会变革的重要力量。

从 20 世纪 70 年代开始，美国学者就在讨论建模法律研究和推理的可能性；到了 90 年代，研究人员开始专注于用规范来解决推理的模型或者建立一种基于话语的法律论证模式；近年来，大数据技术的发展为我们提供了一个关于在法律领域使用智能信息检索和提取的窗口，研究人员正在努力将信息抽取技术应用于法院所有文书，以便找出案件之间的联系。[4] 然而，大数据的思维方式和研究方法也在司法应用中遇到了困难。一方面，大数据基础上的智能司法面临概率预测的不准确性。经过多年发展，人工智能在计算机视觉、语音识别、自然语言处理等方面取得了突出进步，但目前还不能完全达到类人化的按照逻辑思维严密推理的程度，因而目前的司法人工智能主要通过对数据库中的既有案例进行要素分割生成假设，再与新的案件进行比较，进而得出结果。由于法律案件的复杂性和多样性，

---

[1]《2017 年上半年全国法院审判执行工作态势新闻发布会》，载中华人民共和国最高人民法院网 2017 年 7 月 31 日，http://www.court.gov.cn/fabu-xiangqing-54752.html。

[2] 参见［英］布里格斯勋爵：《生产正义方式以及实现正义途径之变革——英国在线法院的设计理念、受理范围以及基本程序》，赵蕾编译，载《中国应用法学》2017 年第 2 期。

[3] See Ryan Calo, *Artificial Intelligence Policy: A Primer and Roadmap*, 51 University of California Davis Law Review 399 (2017), p. 413.

[4] See Edwina L. Rissland, Kevin D. Ashley & R. P. Loui, *AI and Law: A Fruitful Synergy*, International Association for AI and Law, http://www.iaail.org/?q=page/ai-law.

每一个案件中变量因素的组合极为庞杂。如同世界上没有两片完全相同的树叶，对于法官来说，世界上也没有任何两个案件的情节是完全相同的，因此对于案件事实的认定、情节的区别以及法律的适用，待决案件永远与案件要素库中的过往案件有所差别。为了被归类或者联系到一个典型的情形时，个别情况就必须被视为"类似"（案件）并对应于某一种类型。[1]因此，根据过往案件所建立的预测模型只是近似待决案件的一种类型化模型，而非待决案件本身，这种情况下所得到的审查意见和量刑参考只能是概率性的预测判断，这就为智能司法的最终裁判结果带来了不准确的风险。自然科学的类型逻辑思维擅长通过理解典型问题的规律进而推广解决个体问题，社会科学的总体逻辑思维则倾向于通过独立个案的变异寻求规律，而在司法实践中，大数据技术量化分析的特点决定了它"无法挖掘出普适规律来描述和解释所有个体行为"[2]。另一方面，司法数据本身的客观真实性也被质疑。司法活动并非自然现象，法律语言是"一种有别于自然语言的'技术语言'"[3]。这就意味着被记录的司法活动充满异质性和不确定性，数据之间的断裂性特点可能为其带来规律的丧失或失真，导致在司法领域的适用中没有达到预想的效果，反而使司法运行受到困扰。因此，在信息时代，司法范式面临着坚守原有话语模式与迎接司法信息化的两难境地。

可以看出，信息时代的到来不仅消解了现代以来的理性思辨在知识生产和权力架构中的话语地位，而且对宣称维护自由与真理的现代法治秩序带来冲击。在这个过程中，司法作为法治体系的有机组成部分以及"微观社会矛盾纠纷的灵敏显示器和社会治理状态的预警机"[4]，首先感受到社会信息化与建构理性碰撞摩擦的冲击力。这就使得司法范式面临信息时代双重空间、平台治理以及司法自身的智能化所带来的冲击和挑战。

〔1〕 吴习彧：《司法裁判人工智能化的可能性及问题》，载《浙江社会科学》2017年第4期。

〔2〕 孟小峰、李勇、祝建华：《社会计算：大数据时代的机遇与挑战》，载《计算机研究与发展》2013年第12期。

〔3〕 潘庆云：《法律语言优化与司法公正的实现》，载《上海政法学院学报（法治论丛）》2007年第5期。

〔4〕 杨建军：《通过司法的社会治理》，载《法学论坛》2014年第2期。

第二节 双重空间对司法场域的冲击

近代法治中,司法活动主要是基于物理空间的"长宽高+时间"结构要素来进行构架和践行的。在信息时代知识状态的变革中,互联网、大数据、人工智能、区块链等新兴技术深度融合并广泛应用,形成了物理空间与电子空间并存交融的双重空间格局,它在一定意义上颠覆了以往物理空间的构造要素和运行节奏。[1] 通过诸多智能终端,人们的阅读学习、消费娱乐、商务沟通在现实和网络的双重空间之中穿梭完成。在这一背景下,司法案件中的利益诉求、证据形态就会突破单一物理空间环境下的既有经验和样式,对建构理性基础上的司法范式造成冲击。

一、涉网案件管辖制度失灵

在信息时代,穿梭于双重空间的生产生活使很多纠纷争议带了强烈的网络属性。互联网的无边界性和信息的快速传递性,对原有的基于物理空间所确定的法律管辖原则产生了巨大挑战。

(一)地域管辖中的定位困难

地域管辖一般是指同级人民法院之间,按照各自辖区对第一审刑事、民事、行政案件审理的分工。由于划分管辖权的关键在于空间定位规则,即案件事实发生地(或当事人住所地、标的物所在地)对应于特定的空间地理位置,因此其受到双重空间的冲击尤为突出。首先,就民商事案件的一般地域管辖而言,遵循以被告所在地法院管辖为原则。诉讼由设在被告当事人行政区域内的法院管辖。然而,由于网络空间的无边界性和虚拟性,其无法与物理空间中的行政区划产生直接关联,"更以三种不同的方式摧毁它:第一,网络行为发生于网络空间的任何地方;第二,互联网允许大量互不相识且不知道对方地理位置的主体同时进行交易;第三,纠纷

---

〔1〕 参见马长山:《智慧社会的基层网格治理法治化》,载《清华法学》2019 年第 3 期。

一旦发生，各方很难追踪"[1]。因而涉网案件中当事人的身份往往难以识别，且其所在地难以确认。尽管从技术上来说，IP 地址是唯一的，且可与行政区域发生一定的联系。但 IP 地址被篡改的难度并不大，有时也不一定能完全对应物理空间中的地理位置。因此以 IP 地址为基础的地理位置识别技术仍不能克服一般地域管辖规则面临的困境。

其次，就民商事案件的特殊地域管辖而言，管辖权连接点较难界定。比如，侵权之诉中侵权行为地可以作为管辖权连接点，但是在涉互联网著作权侵权纠纷中，"侵权行为地包括实施被诉侵权行为的网络服务器、计算机终端等设备所在地。但实务中确定网络服务器所在地点十分困难，尤其是一些大型网站，服务器遍布全国甚至整个世界，而且传输过程中的信息会经过很多网络服务器进行中转，最终在用户的电脑中显示，因此要想准确判断实施被诉侵权行为的网络服务器、计算机终端存在较大困难"[2]。又如在涉互联网合同案件中，对于"网上签订、网上履行"的交易行为，并不存在现实空间中的"合同签订地"和"合同履行地"，因为"履行数据可能会借由不同路径经过若干网络服务器，在网络空间中的出发地址、到达地址也会因当事人不经意的操作选择而千差万别"，至于网络游戏装备、数据等无形标的物，更是难以确定"标的物所在地"[3]。尽管我国司法部门通过司法解释明确了涉互联网合同、侵权等案件的管辖权连结点，但其本质仍然是将网络行为与原有法律框架中的地理空间位置套接起来，并未创造新的管辖权连结点[4]

此外，网络犯罪中对于犯罪行为发生地的确定同样面临困境。我国《刑事诉讼法》第 25 条规定，刑事案件由犯罪地的人民法院管辖。但由于网络犯罪的流动性，其犯罪预备地、实施地、结果发生地、销赃地很难像传统犯罪一样与某个现实地点产生稳定的联结，因而导致管辖权极度分散

---

[1] 肖建国、庄诗岳：《论互联网法院涉网案件地域管辖规则的构建》，载《法律适用》2018 年第 3 期。

[2] 杨艳、张培森：《关于北京互联网法院案件管辖与立案审查的思考》，载《经贸法律评论》2019 年第 3 期。

[3] 于海防：《涉网络合同案件地域管辖法院的确定——从传统理论与现实规范出发》，载《北京理工大学学报》（社会科学版）2011 年第 1 期。

[4] 《最高人民法院关于适用〈中华人民共和国民事诉讼法〉的解释》第 20 条："以信息网络方式订立的买卖合同，通过信息网络交付标的的，以买受人住所地为合同履行地；通过其他方式交付标的的，收货地为合同履行地。"第 25 条："信息网络侵权行为实施地包括实施被诉侵权行为的计算机等信息设备所在地，侵权结果发生地包括被侵权人住所地。"

及确认困难的局面。而《刑事诉讼法》第 26 条规定的最初受理人民法院的优先管辖权，在当今网络犯罪的集团化倾向中也变得难以适用。[1]

（二）协议管辖中的生效困难

由于电子商务中多以平台出具的格式条款作为交易规则，协议管辖也面临双重空间的考验。仅 2019 年上半年，我国网上零售额达 4.82 万亿元，其中实物商品网上零售额 3.82 万亿元。[2] 在巨大交易量的背后，"隐藏着的是类型多样、错综复杂、规模庞大的纠纷——在交易平台上的买家与卖家、卖家与卖家、买家与电子交易服务提供商、卖家与电子交易服务提供商以及非平台上的第三者与电子交易服务提供商和卖家之间的商事纠纷层出不穷"[3]。为了应对这些潜在纠纷，网络平台往往会以签订包含管辖条款的格式合同的方式与消费者事先确定管辖法院。但是由于网络平台格式条款的"强制"性，这种协议管辖往往不能发挥作用。在 2015 年北京市海淀区人民法院受理的"黄某诉天猫案"中，天猫公司认为依据其与消费者的管辖权协议，应由被告住所地的浙江省杭州市余杭区人民法院审理。但法院驳回了天猫的管辖权异议，认为天猫公司提供的"同意协议并注册"选项，直接默认原告对《淘宝服务协议》的内容予以认可，在点击该选项时，"协议管辖"内容未予明示，需另点击《淘宝服务协议》查阅，而《淘宝服务协议》内容繁多，"协议管辖"条款夹杂在大量烦琐资讯中。[4] 同年，在孙丁丁诉江苏苏宁易购电子商务有限公司网络购物合同纠纷管辖权异议案中，苏州市中级人民法院二审认为，在《苏宁易购网站会员章程》中存在大量其他加黑条款的情况下，苏宁公司对管辖权条款仅以字体加黑尚不足引起消费者的合理注意，应当认定经营者未尽到合理提请消费者注意的义务，该管辖权条款无效。[5] 尽管法院否定了类似"霸王条

---

〔1〕 参见郭烁：《应对"首要威胁"的起点：网络犯罪管辖研究》，载《求是学刊》2017 年第 5 期。

〔2〕 《2019 年上半年网络零售市场发展情况》，载中国产业经济信息网 2019 年 8 月 31 日，http：//www. cinic. org. cn/xw/tjsj/592570. html。

〔3〕 张欣：《中国电子商务纠纷在线治理研究》，载《北京航空航天大学学报》（社会科学版）2014 年第 1 期。

〔4〕 杜希萌：《天猫管辖协议被认定"霸王条款"消费者可在家门口起诉》，载央广网 2015 年 3 月 21 日，http：//china. cnr. cn/yaowen/20150321/t20150321_ 518074794. shtml。

〔5〕 《江苏法院公布 2015 年度典型案例》，载新浪网 2016 年 1 月 14 日，https：//finance. sina. com. cn/sf/news/2016 -01 -14/114917042. html。

款"在网络平台交易中的有效性,保护了消费者的利益,但是从协议管辖的有效性来讲,我们没有规定当事人主张管辖协议无效的期间,没有说清何为"合理方式"提请消费者注意,更没有说明在已合理提请注意的情况下如何判断协议本身是否显失公平。[1]

(三) 级别管辖中的审查困难

为了回应信息时代快速流变的社会生活,为民众提供更为高效和便捷的涉网纠纷在线解决渠道,我国自2017年起先后设立了三家专门法院——杭州、北京和广州互联网法院,以在线审理的方式处理基层法院级别的特定类型的互联网案件。对于互联网法院的管辖权,司法部门采用了"互联网 + 传统案由"的方式,树立了限定特定条件的法律关系的规则。但是由于信息时代社会生活的双重空间属性,有些矛盾纠纷交织于线上和线下,多种法律关系并存,这就为法院立案审查是否对该案具有管辖权带来了难度。以北京互联网法院为例,签订、履行行为均在互联网上完成的网络服务合同纠纷属于其管辖范围。[2] 但是,在网约车纠纷中,订单和付款一般通过线上完成,实际的运输服务却是在线下完成。"如果起诉人起诉平台承担承运人责任,双方构成运输合同纠纷,按照最高人民法院司法解释规定,运输合同纠纷不属于北京互联网法院管辖;如果起诉网约车平台信息中介服务行为,则构成网络服务合同纠纷,签订、履行均在线上,就属于北京互联网法院管辖。"[3] 由于互联网法院实行网上立案,通过一些起诉材料很难判断当事

---

[1] 参见郑旭江:《互联网法院建设对民事诉讼制度的挑战及应对》,载《法律适用》2018年第3期。

[2] 《北京市高级人民法院关于北京互联网法院案件管辖的规定》第1条:"北京互联网法院集中管辖北京市的辖区内应当由基层人民法院受理的下列第一审案件:(1)通过电子商务平台签订或者履行网络购物合同而产生的纠纷;(2)签订、履行行为均在互联网上完成的网络服务合同纠纷;(3)签订、履行行为均在互联网上完成的金融借款合同纠纷、小额借款合同纠纷;(4)在互联网上首次发表作品的著作权或者邻接权权属纠纷;(5)在互联网上侵害在线发表或者传播作品的著作权或者邻接权而产生的纠纷;(6)互联网域名权属、侵权及合同纠纷;(7)在互联网上侵害他人人身权、财产权等民事权益而产生的纠纷;(8)通过电子商务平台购买的产品,因存在产品缺陷,侵害他人人身、财产权益而产生的产品责任纠纷;(9)检察机关提起的互联网公益诉讼案件;(10)因行政机关作出互联网信息服务管理、互联网商品交易及有关服务管理等行政行为而产生的行政纠纷;(11)北京市高级人民法院指定管辖的其他互联网民事、行政案件。"

[3] 杨艳、张培森:《关于北京互联网法院案件管辖与立案审查的思考》,载《经贸法律评论》2019年第3期。

人是依据何种法律关系起诉，这就对互联网法院的立案审查造成了困扰。

可以看到，由于双重空间的不可通约性，依靠空间定位规则确定地域管辖、依靠格式条款确定协议管辖、依靠法律关系确定级别管辖往往在涉互联网案件中遭遇障碍。尽管司法部门也在努力适应信息时代的现实情况，但是依托传统建构理性知识基础的司法运行方式仍然面临困难。

二、电子证据采信标准缺位

随着信息技术以及互联网的广泛应用，社会正在向更加高效、便捷的无纸化信息交流时代迈进，电子证据出现在司法案件中的比重显著上升，形态也更加丰富多元。与传统证据不同，电子证据具有无固定载体和易修改的特性，这就为司法审判中对电子证据的认定和采信带来了困难。

（一）真实性难以判断

尽管我国三大诉讼法已将电子数据视为一种证据类型，《最高人民法院关于适用〈中华人民共和国民事诉讼法〉的解释》中也对电子数据做了进一步界定[1]，但由于电子数据载体多样且专业性较强，在司法实践中如何审查和认定电子证据的真实性仍然面临困难。不同于传统证据"耳听为虚，眼见为实"的认知方式，电子数据最基本的存在状态是人类无法直接感知的二进制代码"0"和"1"的排列组合，而且机器代码容易在介质环境改变的情况下被破坏，因而传统的以语言文字为主的认证规则对电子证据收效甚微。不仅如此，由于大数据与云计算的融合发展，越来越多的管理计算机资源不再是操作系统（OS），而是虚拟机器监控（Virtual Machine Moitor，VMM）。这意味着如果有恶意软件攻破了调度上层虚拟机的 VMM 或者在 VMM 中植入恶意程序，那么用户的数据可能通过 VMM 被攫取或篡改。[2] 这使得电子证据的真实性更加难以

---

[1] 我国 2012 年修改的《刑事诉讼法》《民事诉讼法》及 2014 年修改的《行政诉讼法》均将电子数据规定为证据类型之一。《最高人民法院关于适用〈中华人民共和国民事诉讼法〉的解释》第 116 条进一步规定："电子数据是指通过电子邮件、电子数据交换、网上聊天记录、博客、微博客、手机短信、电子签名、域名等形成或者存储在电子介质中的信息。"

[2] 参见高波：《从制度到思维：大数据对电子证据收集的影响与应对》，载《大连理工大学学报》（社会科学版）2014 年第 2 期。

判断。

　　事实上，在民事诉讼中，除非电子证据经过公证或鉴定，否则很难获得法院的采信[1]。如 2014 年的上海铳铧机电设备有限公司诉卓合国际贸易（上海）有限公司买卖合同纠纷案中，对于原告出示的电子邮件证据，法院认为"由于电子数据证据具有易伪造性、易修改性和修改后不易留下修改痕迹等特性"，且无法认定该电子邮件收发人的真实身份以及在转发过程中邮件内容是否被修改，所以无法确认其真实性[2]。又如在快版公司诉百度在线公司、百度网讯公司侵害作品信息网络传播权纠纷系列案中，原告出具的电子证据是一段经时间戳认证的屏幕录像，该录像中显示了百度公司网页上刊登侵权文章的内容。由于没有公证书等更为有效的证据予以证明，且时间戳认证无法直接指向屏幕录像的内容是否为真实的百度网页，法院对录像的证明力能否达到高度可能性存疑。最终，本案以调解结案，法院没有对该录像的真实性做出判断结论[3]。民事案件中对于电子证据的模糊态度显示出既有证据采信标准面临的来自双重空间技术发展的困境。而在刑事案件电子证据的审验中，行政部门、侦查部门、技术服务部门的取证、保全、审查、呈证方式也影响法院对电子证据真实性的判断。如 2016 年的"快播案"中，辩方对控方出具的"鉴黄报告"的真实性提出质疑，认为审验鉴定前有两台服务器是直接转码而非在复制件中转码，原始数据遭到了破坏，且公安机关先后出具的三份淫秽物品审查鉴定书中淫秽视频的数量前后矛盾，存在视频文件造假的疑点[4]。尽管最终通过司法鉴定的方式推定了检材的真实性，但是该案庭审中的拉锯战已经显露出传统证据采信标准对电子证据认定的乏力。

（二）合法性难以审查

　　随着电子技术、网络技术的迅猛发展，电子证据的形式层出不穷，

---

[1]　刘哲玮：《民事电子证据：从法条独立到实质独立》，载《证据科学》2015 年第 6 期。

[2]　参见上海铳铧机电设备有限公司诉卓合国际贸易（上海）有限公司买卖合同纠纷案，上海市浦东新区人民法院民事判决书（2014）浦民二（商）初字第 1290 号。

[3]　参见秦汉：《互联网法院纠纷处理机制研究——以网络著作权纠纷为例》，载《电子知识产权》2018 年第 10 期。

[4]　参见刘品新：《电子证据的鉴真问题：基于快播案的反思》，载《中外法学》2017 年第 1 期。

收集、取得电子证据的方式也呈现出远程化、即时化、隐蔽化的特点。在合法性方面，如何审查和认定电子证据的收集、取证，保护公民的合法利益，成为司法面临的一个问题。在美国"莱利诉加利福尼亚州案"以及"美国诉伍瑞案"中，警察均在无搜查证的情况下查看了犯罪嫌疑人智能手机中的短信、通话记录、录像和照片等信息，并根据其中信息指控犯罪嫌疑人涉嫌刑事犯罪。[1] 在过去，刑事案件中搜查取证行为所获得的信息是有限的，因而对于无证搜查所获证据的合法性审查集中在是否符合紧急情况。但在信息时代，24 小时不离身的智能手机已经不是传统意义上的通信工具，而是具有通话功能及强大存储功能的微型电脑，其中的信息不仅包括通讯簿、彩信、短信、通话记录，还包括照片、视频、网站浏览历史以及众多通信软件中的消息记录和存储数据。这意味着手机数据包含了更多"生活的隐私"，不但涉及可以在住宅内找到的信息，还可能包括在住宅中永远不可能找到的信息。因而司法部门需要重新探索对于手机数据合法性审查的界限。除了搜查取证行为，远程监控侦查也对传统证据理念中的合法性审查带来挑战。互联网信息技术在拓展人们自由空间的同时，也极大地推动了通信侦查技术的进步。通信技术侦查就是国家安全机关根据法律及国家的相关规定，以秘密的方式运用通信技术实施的主动性侦查措施。其中，电话监听和网络监视是通信技术侦查中应用最广泛的手段。电话监听是指通过外在硬件设备或者内在的软件对电话的一种监听行为。网络监视则通常利用专门的技术手段获取网络通信的记录，既包括公民存储在网络上的信息，如电子邮件的内容或云盘的数据，也包括文字、图像、语音、视频，如 MSN、ICQ 等软件的即时通信记录，以及公民在互联网上的活动痕迹。最高人民法院、最高人民检察院和公安部联合发布的《关于办理刑事案件收集提取和审查判断电子数据若干问题的规定》（以下简称《电子数据规定》）中对电子证据的定义做出了界定，并规定"初查过程中收集、提取的电子

---

〔1〕　参见熊静文译评：《智能手机时代对搜查的宪法控制——2014 年美国联邦最高法院对莱利案和伍瑞案的判决》，载《人权研究》第 14 卷，山东大学出版社 2015 年版，第 396 页。

数据，以及通过网络在线提取的电子数据，可以作为证据使用"。[1] 然而，该规定仅提及网络远程勘验应当依法经过严格的批准手续，对一般"通过网络在线提取电子数据"的行为没有明确审查原则，也没有对"网络远程勘验"的启动条件做出规制。这意味着刑事领域通过网络在线提取电子数据的行为还没有绝对意义上的非法证据排除制度，司法部门在电子证据的合法性审查中处于尴尬境地。

（三）关联性难以确认

作为证明虚拟空间活动的凭证，电子证据需要一定的介质得以展现，这就意味着电子证据的认定需要同时满足内容和载体两方面的关联性，对传统证据采信标准带来挑战。由于双重空间的不可通约性，电子证据内容与载体双重关联性成为不可或缺的条件，"内容关联性是电子证据的数据信息同案件事实之间的关联性，载体关联性是电子证据的信息载体同当事人或其他诉讼参与人之间的关联性。具体来说，前者影响案件事实存在或不存在之认定，后者确定电子证据所蕴含的信息同案件当事人等主体有无关联；前者属于一种经验上的关联性，后者属于一种法律上的关联性；前者等同于对传统证据提出的一致要求，后者体现出对电子证据关联性的特殊要求；前者主要涉及物理空间，即判断电子证据的内容是否对证明物理空间的案件事实产生了实质性影响，后者则主要涉及虚拟空间，即借助电子证据的形式确立虚拟空间的案件事实并搭建两个空间的对应关系"。[2]可以看出，电子证据关联性认定的困难主要来自双重空间的互动交织，即如何将虚拟空间的行为同物理空间的人对应起来，证明身份与行为的关联。正是基于这个原因，对于不能确定其所有人的公共平台的电子邮箱，法院难以认定从该邮箱发送邮件的行为系案件当事人所为。[3] 而在"快播

---

[1]《电子数据规定》第1条："电子数据包括但不限于下列信息、电子文件：（一）网页、博客、微博客、朋友圈、贴吧、网盘等网络平台发布的信息；（二）手机短信、电子邮件、即时通信、通讯群组等网络应用服务的通信信息；（三）用户注册信息、身份认证信息、电子交易记录、通信记录、登录日志等信息；（四）文档、图片、音视频、数字证书、计算机程序等电子文件。"《电子数据规定》第6条："初查过程中收集、提取的电子数据，以及通过网络在线提取的电子数据，可以作为证据使用。"

[2] 刘品新：《电子证据的关联性》，载《法学研究》2016年第6期。

[3] 参见上海某某网络科技发展有限公司诉江某侵犯经营秘密纠纷案，上海市浦东新区人民法院民事调解书（2010）浦民三（知）初字第262号。

案"中，尽管已经确认快播公司的 IP 地址曾多次访问涉案浏览器，但我们仍然质疑淫秽视频与快播公司的关联性。因为登录涉案服务器的 IP 地址一共有 8 个，是否可以认为"淫秽视频就与登录最多的 IP 地址的使用者相关，而一定与其他 IP 地址的使用者无关?"[1]

由于电子数据的流变性，传统的证据采信标准在面对电子证据时往往力不从心，法官面临证据认定层面的解纷障碍。"人们惯常审视电子证据的思维模式是寻求一种能够脱离开电子数据的虚拟世界而在现实生活中存在的替代物。这种思维的基础是不相信在网络中流动的数字化信息的真实性"[2]。或者，我们可以说这种思维的基础来自现代理性的知识塑造。

三、网络民意对司法逻辑的冲击

随着信息时代互联网技术的广泛应用，规模庞大的"即席演奏家"——网民群体，时刻从事着符号劳动，互联网场域为各种类型的资本行使力量提供了空间。信息时代基于互联网的知识生产模式使社会思潮更具有传递性，也为各类意见、思想等提供了角逐的场所。以建构理性为基础的司法逻辑遭遇了双重空间的舆论压力，使司法部门在汹涌的网络民意中显得彷徨而尴尬。

（一）专业性面临质疑

在智能互联网时代，人们获取信息的方式更多依赖于网络传播，网络空间对热点案件的持续"发酵"能力使得话题的参与度和影响力达到了空前水平。双重空间中，"线上"与"线下"双向合力推动的网络民意对司法专业思维产生巨大冲击，司法逻辑体系受到质疑。

在现代法治社会中，为保证高效率的规则治理，司法专业化为一种职业技能。法律规则不再融合于一般社会经验与常识之中，而形成了独立自治的知识体系[3]经过严格的专业培养，法律人形成了一种依据证据认定法律事实、运用法律方法进行推理进而做出司法判断的逻辑思维。这其中

---

〔1〕 刘品新：《电子证据的鉴真问题：基于快播案的反思》，载《中外法学》2017 年第 1 期。

〔2〕 高波：《从制度到思维：大数据对电子证据收集的影响与应对》，载《大连理工大学学报》（社会科学版）2014 年第 2 期。

〔3〕 徐阳：《"舆情再审"：司法决策的困境与出路》，载《中国法学》2012 年第 2 期。

还包含着保护公民权利、维护社会秩序等法律原则的权衡与取舍。因而在具体的司法案件中,法理与情理有时会出现摩擦。但是这种情况在信息时代的双重空间中被极度放大,一方面,基于互联网的知识生产模式使人们获取信息、分享信息更为快捷方便,在知识的碰撞中多种观点相互影响、相互吸收,逐渐形成了一股导向性的意识洪流;另一方面,司法专业逻辑的结果与人们的日常感受和心中的公平观念发生了严重碰撞,并在网民、学者、传媒、律师、银行、法官等广泛参与的讨论与回应中,注入了各自设身处地的境遇想象与阶层情感,从而把一个司法案件放大成一个社会隐喻[1]。无论是"官商"与"平民"对峙的"许霆案",还是"药神"与"医保"抗衡的"陆勇案",仅从法律适用的角度来看,二人均触犯了刑法法条的规定[2]。但是在这样特定的时代背景和特定的案情中,许霆和陆勇被演绎为社会激流中的"弱者"和"正义者",司法制度、医保制度,甚至是政治制度中潜藏的一些深层问题就爆发出来,引起公众对司法正义、公权责任及社会分配的质疑和反思。而"李昌奎案"也机缘巧合地与另一起舆情"公案"——"药家鑫案"同时出现在公众视野中。对两个案件的案情与量刑结果进行比较、评价,自然引起网络的众声喧哗。"在公众看来,李昌奎的犯罪手段和危害结果,不仅仅是堪比药家鑫,甚至可以说是'赛家鑫',为何药家鑫被判死刑,而李昌奎就得以保全性命?"[3]"李昌奎案"由一审的"死立执"改为二审的"死缓"本是死刑适用宽缓化下的一次试水,但是反而激起了民众对于司法权的专业性和公正性的质疑,"如此免死,让人无法接受!""警惕'慎杀'成裁量权无限扩张的挡箭牌""'赛家鑫'案的判决将折损社会基本法律意识"等社会声音充斥网络[4]。面对汹涌的舆情压力,云南省高级人民法院最终启动了再审程序,

---

[1]　参见马长山:《公共舆论的"道德叙事"及其对司法过程的影响》,载《浙江社会科学》
　　　2015 年第 4 期。
[2]　参见《许霆案一审判无期后引发各方关注》,载新浪网 2008 年 2 月 22 日,http://
　　　news. sina. com. cn/s/l/2008 -02 -22/024314991127. shtml;杨凤临:《患癌男子帮病友购
　　　国外低价药被诉　300 余病友联名求情》,载新浪网 2014 年 12 月 22 日,http://sc. sina.
　　　com. cn/news/s/2014 -12 -22/detail -icczmvun4036244. shtml。
[3]　徐阳:《"舆情再审":司法决策的困境与出路》,载《中国法学》2012 年第 2 期。
[4]　"李昌奎案"的相关事件梳理,载观点中国网,http://opinion. china. com. cn/event_
　　　529_ 1. html。

并将死刑缓期执行改判为死刑立即执行。事实上，诸如此类的改判结果并没有提高司法权在民众心中的地位，"出尔反尔"的司法裁判结果在更大的程度上消解了司法的权威性。从法治发展的深层逻辑看，民意与司法的冲突是现代法治必然衍生出的副产品，建构理性基础上的司法权赋予司法执业者特定的专业技能和职业生存环境，造就了迥异于大众化思维的司法专业逻辑，而这种专业逻辑在网络舆情风起云涌的今天遭遇了社会公众判断的空前挑战。

（二）自治性难以为继

在现代法治中，法律唯一的审判元规则排斥法律以外的任何权威作为审判的依据，基于这种专业的司法逻辑，它要求封闭的司法运作空间，注重司法程序的过程操作，要求建立专业隔离墙以阻隔行外人的干扰。[1] 互联网信息技术的发展不仅使得司法空间突破了传统的物理隔离，而且互联网空间的"场外"讨论在越来越大的程度上参与司法的过程。

在现代司法的发展中，司法空间运作逐渐从"广场"化转变为"剧场"化，这意味着司法活动被间隔在一定的规限空间中，明确划定了"表演者"与"旁听者"的角色和活动界限，从而强化了法官职业和法律本身的神圣性和权威性，使法官免受政治的、经济的、道德的或其他情绪性社会因素的影响，以便能够运用法律的手段、"以法律的立场和姿态"来处理和应对复杂的社会冲突和矛盾。[2] 然而，互联网时代的信息传播突破了"剧场"法庭的空间限制，司法活动被新闻媒体同步报道，庭审录播、直播更是使司法过程处于一种网络境域的开放状态。在这里，从司法程序到司法结果，司法权力的每一步运作，都通过网络媒介开放给社会公众。这一方面促进了公民司法参与、司法监督权利的行使，另一方面也在司法空间的层面上破坏了司法运作的自治性，进而对法律唯一的审判元规则产生影响。越来越多的当事人和律师选择利用网络平台披露案件的相关信息——尽管这一披露必然是带有选择性的；而信息接受者则以连续的、无规则的转帖使得生产者所发布的信息具有一种不可预测

---

〔1〕 参见周永坤：《民意审判与审判元规则》，载《法学》2009 年第 8 期；孙笑侠：《两种价值序列下的程序基本矛盾》，载《法学研究》2002 年第 6 期。
〔2〕 参见舒国滢：《从司法的广场化到司法的剧场化——一个符号学的视角》，载《政法论坛》1999 年第 3 期。

的扩散性。[1] 这些行为模糊了"剧场之内"与"剧场之外"的距离界限和区域界限,"司法表演"不再按照特定的程式进行,所有网民都成为"观众",司法空间运作的自治性难以为继。随着司法空间的开放,"旁听者"的感性思维开始挑战司法逻辑。当"李昌奎案"以动用再审程序的方式达成改判死刑缓期执行为死刑立即执行的目的的时候,当"于欢案"的二审法院认定于欢防卫过当,由无期徒刑改判为有期徒刑5年的时候,当"药家鑫案"在网民的"鞭炮声"中维持死刑立即执行的时候,尽管这样的裁判结果一度满足了网民的正义需求,但是在形式上,司法逻辑的自治性已经逐渐在双重空间的舆论助推下崩塌。

在信息时代,司法权力运作的空间结构发生了前所未有的变化。在社会生活、司法活动与互联网的深度融合中,剧场中的"表演者"连接着整个社会的"旁听者",整个社会的"旁听者"又影响着剧场中的"表演者",公共空间与私人空间的界限变得越发模糊。现代法治所信奉的理性逻辑在短暂而巨大的网络民意洪流中脆弱不堪,司法运作的专业性和自治性受到社会公众判断的强烈冲击。

第三节　平台治理对司法"中心化"的挑战

截至2020年3月,我国网络购物用户规模达7.10亿。[2] 2019年,全国电子商务交易额达34.81万亿元,其中网上零售额10.63万亿元,占社会消费品零售总额的比重为20.7%;电子商务从业人员达5125.65万人。[3] 巨大的市场和商业利益背后隐藏着潜在的争议。电子商务消费纠纷调解平台大数据显示,2018年全年受理的投诉案件数同比增长38.36%。国内网购投诉占全部投诉55.19%;商家和平台间纠纷占7.36%;跨境网购投诉占6.82%;网络订餐投诉占6.09%。退款问题、商品质量、发货问

---

〔1〕 参见刘振宇:《中国司法空间的 Wiki 结构》,载《民主法治评论》第三卷,中国社会科学出版社 2014 年版,第 65—70 页。
〔2〕 中国互联网络信息中心（CNNIC）:《第 45 次中国互联网络发展状况统计报告》。
〔3〕 商务部电子商务和信息化司:《中国电子商务报告（2019）》。

题、网络欺诈、霸王条款、虚假促销、售后服务、网络售假、退换货难等成为网络购物的突出问题。[1] 面对浩如烟海的争议，传统纠纷解决方式显得捉襟见肘。2020 年，深圳市南山区人民法院共受理各类案件超 9.6 万件，办结超 5.6 万件，法官人均结案 474 件。[2] 如此高强度的法律识别与反应输出并不是"法官精英化"或者"内部挖潜"可以解决的，单纯依靠法院的解纷机制很难满足仍在持续增长的司法需求。

其他国家的司法实践表明，在民商事纠纷解决中，法律和法院的解决力正在衰退。在 20 世纪 60 年代早期，美国联邦法院有 11.5% 的案件进入审判程序。到了 2002 年，这一比例下降到 1.8%。传统法院的能力是有限的，其中缘由不仅在于法院有限的预算，更在于传统法院的物理特征：需要面对面交流，需要律师和人类法官来处理和裁决案件。[3] 由于电子商务纠纷具有产生环节多、处理成本高、发生率高、责任判定难等特点，传统的线下交易解纷方法难以适用于日益增长的网络纠纷，因而在线纠纷解决机制应运而生。最初，该机制只是替代性纠纷解决机制的在线化。随着美国 eBay 网络平台将在线纠纷解决作为平台运作的一部分，建立了用户评级系统和在线社区，在线纠纷解决机制开始发展为一种新的纠纷解决模式；2011 年，eBay 每年处理的纠纷数量已经超过 6000 万件。[4] 在中国，以在线纠纷解决为特征的网络平台治理也成为电子商务、网络社交争议的主流解决方式。淘宝、京东、微博、微信等网络平台建立一系列内部纠纷解决规则，在获得网络交互主体各方事先同意的基础上，由网络平台担任纠纷解决者和裁决者，并及时将案件数据反馈给业务部门，用以改善业务模式、预防纠纷的发生。仅 2012 年，淘宝网共处理侵权商品信息 8700 万条，处罚会员 95 万余人次。这种网络平台的治理机制，一方面满足了信息时代日益增长的纠纷解决的需要，促成了纠纷解决的多元制度化供给，但同时

---

〔1〕 网经社电子商务研究中心：《2018 年度中国电子商务用户体验与投诉监测报告》。

〔2〕 《南山区人民法院收结案数创历史新高，法官年人均结案达 474 件》，载深圳市人民政府网 2021 年 1 月 27 日，http：//www. sz. gov. cn/cn/xxgk/zfxxgj/gqdt/content/post_ 85201 62. html。

〔3〕 参见 ［美］伊森·凯什、［以色列］奥娜·拉比诺维奇·艾尼：《数字正义——当纠纷解决遇见互联网科技》，赵蕾、赵精武、曹建峰译，法律出版社 2019 年版，第 20、21 页。

〔4〕 参见 ［美］伊森·凯什、［以色列］奥娜·拉比诺维奇·艾尼：《数字正义——当纠纷解决遇见互联网科技》，赵蕾、赵精武、曹建峰译，法律出版社 2019 年版，第 45—47 页。

也在客观上为网络平台创造了一种"准司法"的权力。尽管平台解纷机制并不妨碍当事人诉诸法院的权利，但是从法院的统计数据中可以看到，绝大多数的争议主体没有选择进入法院，而是选择由平台进行处理。[1] 这不仅意味着人们对在线纠纷解决模式的高度认同，也显示出对程序式的诉讼效率的不满和警惕，国家法律的中心主义和司法至尊的地位受到了前所未有的挑战。[2]

一、自治高效的争议处理

在平台治理中，最为突出的特征就是网络平台依据自治规则对纠纷争议的权益判定。为了保证纠纷解决的公平公正，一般会引入平台客服为第三方机构进行在线争议解决。基于全部的在线化操作以及平台本身的网络空间治理权力，这种解纷机制具有易发起、高效率、易执行的特点。

网络平台的争议处理程序在投诉发起方面为当事人提供了极为便捷的途径。基于现代司法的知识基础和机构配置，当事人越来越难以"走进"法院之门，这种困难不仅在于其森严的分工结构、复杂的法律知识，还在于司法运作高昂的诉讼成本（时间和金钱）。卡夫卡的小说《审判》中的"法律之门"与"看门人"在一定程度上反映了这种接近正义的障碍。[3] 随着网络纠纷的日益增多，网络交易和网络社交的组织者不得不考虑如何能够快速平息纠纷，保障正常网络活动的进行，因而逐渐发展出一套经济、简便、快捷，能够最大限度地保证公平、效率的在线争议处理模式。以淘宝平台为例，其争议处理主要依据 2019 年 5 月新修订的《淘宝平台争议处理规则》。通常流程如下：淘宝交易成功后，款项划转至支付宝平台，

---

〔1〕 2015 年 1 月 1 日至 2017 年 12 月 31 日，全国各级人民法院共新收网络购物合同纠纷民事一审案件 2.5 万件。阿里巴巴旗下公司（浙江天猫网络有限公司、浙江淘宝网络有限公司、浙江天猫技术有限公司）案件量约 4250 件。马云曾称淘宝 2010 年总共处理维权是 216 万起，这个数据远远大于法院相关案件的新收数量。参见《网络购物合同纠纷司法大数据解读》，载最高人民法院网 2018 年 3 月 29 日，http：//www. court. gov. cn/fabu-xiangqing-88812. html；胡晓霞：《我国在线纠纷解决机制发展的现实困境与未来出路》，载《法学论坛》2017 年第 3 期。
〔2〕 程春明：《司法权及其配置：理论语境、中英法式样及国际趋势》，中国法制出版社 2009 年版，第 282 页。
〔3〕 〔奥〕弗兰茨·卡夫卡：《审判》，文泽尔译，天津人民出版社 2019 年版，第 266—274 页。

一旦出现争议，任意一方都可在淘宝规定的时限内在线发起投诉。淘宝客服介入后，双方均可以在争议处理平台进行举证并发表意见。淘宝客服将根据双方提交的证据，基于普通大众的知识水平并结合日常经验法则、一般民间习俗约定、交易习惯等做出纠纷责任的归属认定及纠纷调处的结论，其结果可能是不予处理、支持打款、退货退款。其他网络平台也推出了与之类似的在线争议处理机制，并根据自身平台特点进行设置，如饿了么的"食品安全理赔"，微信平台的"违规行为投诉"。可以看到，网络平台争议处理的发起不需要漫长的立案程序，也不需要形式严格的诉讼材料。在每一件交易成功订单处设有维权入口，"一旦买家希望发起维权，即可选择'退货'或'退款'进入，分别选择相应退款原因及问题描述、上传证据，即完成维权的发起程序"[1]。这一方面使得当事人更为便捷地进入争议解决程序，另一方面也促成了更多的争议数据的反馈，进而使网络平台优化自身业务，促进和监督当事人履行达成的合意，从而降低之后再次产生纠纷的可能性。

网络平台"机器智能"的问题诊断提高了争议处理的效率。基于上述争议数据，网络平台可以归纳出相对趋同的纠纷原因和维权诉求，进而通过场景的结构化，帮助当事人进行问题诊断和处理选择。在这个过程中，自动化的纠纷解决机制逐渐开展起来，进一步提升了网络平台争议解决的效率。比如，淘宝通过对过往争议案例的数据分析，得到各类电子交易的维权原因：共性问题主要是描述不符、发票问题、虚假发货等；服装维权的原因主要是缩水、起球、褪色、材质不符、大小不符等；而数码、手机类商品维权的原因则包括配件问题、屏幕问题、性能故障等[2]。这些梳理出来的"退款原因"构成了维权结构化的基础，当用户选择"退货"或"退款"进入维权程序时，"机器智能"会在第一时间将纠纷类型化，引导用户进行针对性的问题理解和回顾，并在这个过程中快速掌握争议的基本信息，为争议的解决提供可预期的处理方向。事实上，这种类型化的问题诊断并不陌生，电话客服早已开始应用（以数字键反馈问题类型）。将自动化问题诊断引入在线纠纷解决机制意味着更多的争议将在投诉者的问题

---

〔1〕 申欣旺：《淘宝网的纠纷解决经验及其司法借鉴价值》，载《浙江审判》2015 年第 11 期。
〔2〕 申欣旺：《淘宝网的纠纷解决经验及其司法借鉴价值》，载《浙江审判》2015 年第 11 期。

选择和"机器智能"的问题分类中解决，仅在必要的情况下才会提供人力援助。马云曾称淘宝2010年总共处理的维权案件是216万起，同年，人民法院共审结一审民事案件579.7万件，淘宝处理的纠纷相当于人民法院审理的民事案件的1/3，其效率可见一斑。[1] 需要特别指出的是，淘宝平台的纠纷处理机制有利于推动争议双方自行达成和解。当买家要求淘宝介入并提交相关信息后，系统在处理期限内会提示卖家"同意退款或退货申请"，向卖家推送"在此期间，请根据'我该如何处理'的建议与卖家协商解决"的系统消息，并提示"如果核实买家反馈问题属实……交易会做退款处理，建议联系买家协商解决，避免对纠纷退款率和处罚产生不利影响"。[2] 通过处理结果可预期的制度激励，99%的纠纷由买家与卖家和解解决，无须客服代表干涉，最大程度提升了争议解决的效率。[3]

网络平台争议处理的执行方式保证了处理结果的有效性。按照《淘宝平台争议处理规则》，淘宝对争议做出处理后，有权按照处理结果通知支付宝公司将交易款项和（或）保证金的全部或部分支付给买家和（或）卖家，或协助卖家（或买家）按照处理结果将相关款项支付给买家（或卖家）。这意味着淘宝不必通过复杂、缓慢的银行系统执行处理结果，而是以对支付宝平台上交易款项的控制作为后盾，实现争议处理结果的快速执行。京东平台更是进一步设置了"先行赔付"的执行条款：《京东纠纷处理规则（买家版）》规定，对于通过系统即可判断消费者投诉成立（如发票管理）的问题类型，京东依据优先赔付标准予以处理。而在其他社交类网络平台，则通过删帖、禁言、封闭账号等技术操作执行争议处理结果，如新浪微博平台对于权益投诉的处置结果就包括删除、屏蔽涉嫌侵权的微博、评论或账号信息；若情节恶劣或后果严重，同时禁言，直至关闭账号。在技术操作的执行保证下，《新浪微博社区公约》（2012）上线运行的第一年，处理骚扰用户的垃圾广告1200多万次，处理淫秽色情危害信息100多万次，处理用户纠纷及不实信息200万次，超过20万人被扣除信用

〔1〕 胡晓霞：《我国在线纠纷解决机制发展的现实困境与未来出路》，载《法学论坛》2017年第3期。
〔2〕 申欣旺：《淘宝网的纠纷解决经验及其司法借鉴价值》，载《浙江审判》2015年第11期。
〔3〕 参见［美］伊森·凯什、［以色列］奥娜·拉比诺维奇·艾尼：《数字正义——当纠纷解决遇见互联网科技》，赵蕾、赵精武、曹建峰译，法律出版社2019年版，第96页。

积分。[1] 可以看到,通过在线化、数字化、智能化的投诉发起、问题诊断、权益判定和结果执行,网络平台产生了一种新型的、自洽的纠纷治理体系。这种纠纷治理旨在维持在线交往活动的存在并持续从该项活动中获益,但也显示出其在争议解决之效率方面的强大优越性,以及网络平台作为一种新兴的私权力对司法中心化的冲击与回应。

二、群策共治的大众评审

在平台客服主导的争议处理中,平台自身居于核心地位,兼具"规则创制者""纠纷裁定者"和"裁定执法者"多重身份,这难免会产生一种不受控制的绝对权力。[2] 为了平衡网络活动组织者与参与者之间的权力关系,网络平台开始借鉴英美法系的"陪审团"制度,提供一种群策共治的大众评审机制,以应对多元价值诉求的纠纷解决和规则制定。

大众评审机制完善了网络平台争议解决的正当性和公平性。eBay 公司是第一个尝试将公众参与用于解决争端的网络平台。它在 2008 年推出了"eBay 社区法院"试点项目,根据"社区法院"的方案,卖方如果对买方的负面评价有异议,可以向随机挑选的陪审团提交投诉。[3] 淘宝平台将这个模式扩大化,于 2012 年推出大众评审,使淘宝会员参与到阿里巴巴平台管理事务中来。在买卖双方的交易纠纷、卖家的违规投诉、商品举报以及假货申诉中,维权者可选择适用大众评审机制:争议双方可在相应的评审员库中各选择不超过 15 位评审员,加上一名淘宝小二,组成 31 人评审团。在一定的时间内,支持任意一方的评审员达到 16 人(支持率≥50%)即为获胜。通过引入"陪审"制度,网络平台的争议处理获得了新的合法性,在网络主体中获得了更高的可接受度。2014 年全年,淘宝大众评审处理的案例反弹率一直低于淘宝小二处理的案例反弹率。[4] 这种模式不仅适用于电子商务类型的争议,网络游戏平台同样选择了公众参与的方式改善

---

〔1〕　孙颖:《新浪微博将公示造谣传谣者 信用扣到零永久封号》,载搜狐网 2013 年 7 月 4 日,https://business.sohu.com/20130704/n380719573.shtml。

〔2〕　参见胡晓霞:《我国在线纠纷解决机制发展的现实困境与未来出路》,载《法学论坛》2017年第 3 期。

〔3〕　参见〔美〕伊森·凯什、〔以色列〕奥娜·拉比诺维奇·艾尼:《数字正义——当纠纷解决遇见互联网科技》,赵蕾、赵精武、曹建峰译,法律出版社 2019 年版,第 104 页。

〔4〕　参见申欣旺:《淘宝网的纠纷解决经验及其司法借鉴价值》,载《浙江审判》2015 年第 11 期。

游戏环境。《英雄联盟》的发行商 Riot Games 公司注意到大量玩家由于游戏中的不良行为正在放弃游戏。作为回应，游戏官方借鉴了陪审团的形式，选取玩家志愿者组成陪审团加入"在线法庭"，并授权他们可以对网络反社会行为的实施者进行从警告到封号的一切处罚。这些措施不仅立刻大幅度减少了游戏内的网络反社会行为，而且鼓励虚拟空间交往中的正当表达和建设性沟通，进而改变了整个游戏的文化。[1] 可见，群策共治的大众评审机制在越来越多的网络平台中展现出社会整合功能。事实上，网络平台的纠纷类型中，不仅存在用户与用户之间的争议，也存在用户与平台之间的纠纷，当平台作为争议主体时，其第三方的中立性就不复存在了。随着各大平台自营项目的扩展，公众参与的评审机制将在更大程度上弥补这种平台治理的正当性缺失。

大众评审机制不仅完善了网络平台治理的正当性，而且形成了共治共建的网络社区文化。淘宝大众评审自 2012 年 12 月上线至今，参与判断评定的淘宝用户超过百万人，累计完成 1600 万个判定任务。2016 年共有 83 万余人次参与消费者维权判定，成功处理 154 万余宗维权纠纷，相当于全国法官一年处理案件总量。[2] 截至 2014 年 9 月 30 日，新浪微博社区委员会共计 19077 人，仅 2014 年 9 月就处理了 74371 件纠纷。[3] 在这些案件中，平台会员通过处理申诉，鉴定胁迫、辱骂评价，保护了争议双方的基本权益，而且通过清除不良信息，保障了用户的网络社交体验。网络平台最大程度地调动了网络活动参与者在争议处理中的能动性，不仅给他们提供了表达意见的权利和渠道，而且使他们成为解决在线纠纷的一分子，与平台共同完成治理任务。在哈贝马斯看来，法律的普遍性不仅可以理解为其规则形式的普遍性，而且可以理解为其论证基础的普遍性，也就是获得一个特定法律规范或规范系统所要支配其行动的那些人的普遍同意，从而他们可以把自己不仅仅理解为法律的"承受者"，也可以把自己理解为法

---

〔1〕　参见［美］伊森·凯什、［以色列］奥娜·拉比诺维奇·艾尼：《数字正义——当纠纷解决遇见互联网科技》，赵蕾、赵精武、曹建峰译，法律出版社 2019 年版，第 191、192 页。

〔2〕　参见大众评审网，https：//pan. taobao. com/，2019 年 9 月 4 日访问。

〔3〕　参见微博社区管理中心，https：//service. account. weibo. com/monthreport，2019 年 9 月 4 日访问。

律的"创制者"[1] 也正是基于这一原因，淘宝平台将这一机制推广至规则评审：在淘宝规则发布之前，"规则众议院"对外公开征集意见，规则议员可对规则变更中的要点进行投票和发表意见。让群体智慧参与到行业规则和社会政策的讨论中，一方面推动了平台规则的进一步优化，另一方面也使网络平台更好地了解客户需求、市场变化，从而在规则制定的层面完善在线纠纷解决系统，起到预防纠纷的作用。相比于"法官是法律帝国的王侯"，群策共治的大众评审在网络活动的参与者之中寻求纠纷处理的正当来源，反映信息时代人们对社会正义的理解和对社会秩序的期待，这无疑对传统司法解纷机制形成了一种新的挑战。

三、事前预防的技术控制

由于网络社会纠纷发生时的快速性以及涉及主体的广泛性，双重空间中的社会纠纷比商业纠纷更难解决，所造成的后果也比单纯物理空间的社会纠纷更严重。为了减少人们之间的冲突，维持用户对于平台的满意度和忠诚度，网络平台开始通过计算机程序对网页内容进行主动审查，形成日常化的控制机制，以应对数字侵权的流动性，使网络空间中的行为变得更加可预测。

首先，技术控制表现为主动性的内容筛查。网络的去中心性、匿名性挖掘了深层次的平等权利观念，让每一个网络用户不仅是互联网的读者，也成为互联网的作者，不仅是冲浪者，也成为"浪花制造者"。信息化部落在促进社会关系的同时，也制造出更多的矛盾纠纷，因为在开放的平台上，骚扰他人、侵犯他人隐私、传播虚假消息、诽谤、恶意批评或者是威胁恐吓等反社会行为实施起来更为容易，其所产生的影响和波及范围也远远超过了线下侵权行为。皮尤研究中心 2014 年的报告显示，40% 的美国人遭受过某种形式的网络骚扰。文字消息被当作欺凌他人的工具，里面通常会有排斥和仇恨性的语言，未经他人允许给他人发送类似色情图片的信息，或是为了羞辱他人，未经他人允许将其私密内容发送给他人。[2] 为了应对日益泛滥的网络侵权，网络平台开始主动对网页内容进行审查。

---

〔1〕 参见程德文：《走向程序主义的法律范式——哈贝马斯法律范式转变理论述论》，载《南京师大学报》（社会科学版）2012 年第 6 期。

〔2〕 参见［美］伊森·凯什、［以色列］奥娜·拉比诺维奇·艾尼：《数字正义——当纠纷解决遇见互联网科技》，赵蕾、赵精武、曹建峰译，法律出版社 2019 年版，第 172 页。

Whisper 首席执行官麦克尔·海沃德（Michael Heyward）认为，审核是其应用程序的一个不可或缺的特征和关键卖点。在以往，只有在被用户标记为令人反感的情况下才会审核内容，这被称为反应性审核，而 Whisper 采取了一种劳动密集型的"积极节制"策略——每个帖子都被实时筛选，以防止有害信息的发布。[1] 面对浩如烟海的网页内容以及筛查过程中工作人员可能遭遇的"恐怖冲击"（暴力、色情作品），计算机程序的自主筛查成为一种更好的选择。YouTube 视频平台就采用了一种识别"内容身份"的算法，来阻止用户上传含有侵犯知识产权内容的视频。这种内容识别系统可以检测用户上传的内容与版权库的相关内容的匹配度。当有用户上传了涉及侵权的内容时，版权所有人可以选择阻止、追踪或收取费用。[2] 事实上，大部分媒体类平台对舆论监控都十分严格，无论是用户发表网页内容、评论、留言，还是编辑在后台的文字、视频上传，都要经过一个敏感词库的过滤。这个敏感词库需要编辑定期维护更新。敏感词库根据敏感程度分多个层级，带有最高级别敏感词的内容直接无法发出或者静默屏蔽（第三者无法查阅到，类似微信，发送方发出了，但接收方无法接收）；低级别的敏感词会保持正常发布，但是会进入监控列表，被持续关注，方便人工及时处理。同时，经过敏感词库时会对每个用户涉及发布敏感词的次数和频率进行记录，识别用户是否是高危用户，为后续必要时的禁言或封号处理提供参考。通过计算机程序的自主运行，网络平台的纠纷处理逐渐开始从纠纷发生后的被动反应转向发生前与发生后的双向控制。

其次，技术控制表现为日常化的代理性维护。在网络平台依靠计算机程序实现主动筛查的同时，算法也开始越来越多地参与平台日常性的维护和管理。维基百科（Wikipedia）平台依靠广泛的网络志愿者积极编辑，就特定条目中的内容达成一致意见，但是运营中也会出现网络恶意破坏和滥发电子消息的行为。因此在维基百科的日常维护中，机器人程序开始被用于协调编辑任务和对抗网络破坏活动。比如，根据编辑行为删改的次数、编辑用户是否为匿名或受到过警告等因素，机器人编辑 Huggle 可以将有滥

[1] Adrian Chen, *The Laborers Who Keep Dick Picsand Beheadings Out of Your Facebook Feed*, https：//www. wired. com/2014/10/content-moderation/, October 23, 2014.
[2] ［美］伊森·凯什、［以色列］奥娜·拉比诺维奇·艾尼：《数字正义——当纠纷解决遇见互联网科技》，赵蕾、赵精武、曹建峰译，法律出版社 2019 年版，第 188 页。

用行为嫌疑的编辑行为按照可疑程度排序并提交给编辑人员。在软件程序的帮助下，人类编辑可以在检测到不良编辑行为时轻松迅速撤销其编辑，使内容恢复原状。通过将编辑行为、用户历史记录和用户特征关联起来，这些机器人程序能够发现人类编辑都察觉不到的网络破坏行为。在这方面，Huggle 和其他作用相同的软件所进行的工作被形容为"一种代理性的认知行为"（a form of delegated cognition）。[1] 事实上，机器人程序最初是为了执行重复编辑任务而构建的，但它们正在日益复杂化并被授权参与到日常维护中。2014 年，机器人在维基百科的所有语言中完成了 15% 的编辑动作，它们辨识、撤销破坏行为，锁定遭到频繁篡改的页面，辨识错别字和有语病的句子，创建不同语言之间的链接，自动导入站外内容，进行资料挖掘，辨识侵权的内容并为新手编辑者提供引导等。[2] 维基百科的机器人编辑显示出网络平台的日常化维护逐渐转向人工维护＋机器人代理的技术控制，试图通过全天候的数据监测和数据分析解决潜在的纠纷。

最后，技术控制表现为程序设计的引导。为了减少因发布不良信息而带来的网络纠纷，网络平台开始在运营中植入程序而对某些特定行为形成"减速带"。比如，一个服务于邻居间的社交媒体网站 Nextdoor，宣布他们通过改变登录页面减少了网站上 75% 的种族歧视性言论，具体措施是当用户想要在它们网站上的"犯罪与安全"板块发言时，网站设置了一些问题让用户去回答。[3] 通过增加发布可能存在不良信息的话题的难度，网络平台促使更多的用户反思即将发布的内容，从而控制挑衅言论的数量，减少可能出现的侵权纠纷。类似思路的设计还出现在新浪微博和微信平台中，其在应用中设置了"黑名单"功能，用户可以屏蔽某些用户的动态，也可以禁止其与自己互动，从而减少不必要的矛盾。推特则在这一思路上走得更远，它设计了让用户分享"黑名单"的功能，这样平台就可以通过学习

---

〔1〕 R. Stuart Geiger, "The Lives of Bots", in Critical Point of View: A Wikipedia Reader 79 (Geert Lovnik and Nathaniel Tkacz eds., 2011), 转引自〔美〕伊森·凯什、〔以色列〕奥娜·拉比诺维奇·艾尼:《数字正义——当纠纷解决遇见互联网科技》，赵蕾、赵精武、曹建峰译，法律出版社 2019 年版，第 186 页。

〔2〕《维基百科有 6000 多个机器人编辑　他们之间会吵架吗?》，载新浪科技 2017 年 3 月 1 日，http://tech.sina.com.cn/i/2017-03-01/doc-ifyavvsh7363090.shtml。

〔3〕〔美〕伊森·凯什、〔以色列〕奥娜·拉比诺维奇·艾尼:《数字正义——当纠纷解决遇见互联网科技》，赵蕾、赵精武、曹建峰译，法律出版社 2019 年版，第 189 页。

这些数据，预先判断哪些用户是潜在的"钓鱼者"。研究者表示，在分析5—10个用户行为之后，判断"钓鱼者"的准确率达到了80%，而"钓鱼者"的用户账户则会被禁用[1]。无论是"减速带"还是"黑名单"，都是网络平台通过代码进行技术控制的一种方式，平台希望针对特定用户或特定领域建立数字"藩篱"，达到预防纠纷的目的。

总的来看，网络平台希望利用计算机程序进行主动化、日常化、程序化的技术控制，以达到减少和预防纠纷的目的。这为我们提供了一种"变体"式的在线纠纷解决方式。由于数字技术的独特性和网络主体的多元性，网络平台不仅要建立事后的纠纷解决机制，还要通过技术控制进行事前和事中的纠纷预防，这样才能达到迅速平息争端的效果，保证平台的正常运行。当然，这在一定程度上意味着网络平台提前"执行"了争议处理的结果，带来私权力膨胀的问题。如2019年众浏览器对GitHub网站中的"996. ICU页面"采取技术屏蔽措施就显示出互联网平台的技术权威[2]。但不可否认的是，技术控制在网络空间的社会纠纷中表现出强大的预防控制功能，这对于旨在通过阐明法律标准、传达法律界限进而导向公众行为的现代司法裁判来说，无疑是一种强烈的冲击。

四、激励规训的评分机制

现代司法通过建构法律文本的神圣性以及严格的惩罚体系来实现司法运作的基本链条，维持社会的正常秩序。但是在网络社会中，社会关系呈现出极强的流动性，正式规范不断深入更多场景，这就对执法能力、纠纷解决能力和守法认知与行为合规能力都提出了更高的要求。网络平台希望通过柔性而低成本的方式组织和管理大规模的网络活动参与者，行为评分

---

〔1〕 参见［美］伊森·凯什、［以色列］奥娜·拉比诺维奇·艾尼：《数字正义——当纠纷解决遇见互联网科技》，赵蕾、赵精武、曹建峰译，法律出版社2019年版，第188页。

〔2〕 微信应用内置浏览器以"该网页包含违法或违规内容"为由，百度浏览器以"当前网站存在风险，继续访问可能造成您的个人隐私泄露、账号被盗、银行密码泄露、资产损失"为由，对GitHub网站中"996. ICU页面"采取了技术屏蔽措施，使得上述浏览器无法查看相关网页。"996. ICU页面"是程序员揭露互联网公司强制加班，抵制互联网公司的"996"工作制度的网页。网址为：https://github.com/996icu/996. ICU。

机制就成为数字时代被不断发掘的重要机制。[1]

首先，通过行为评分机制，平台内部可以进行自我监管，降低市场交易的信任成本。由于网络空间的匿名性和流动性，网络平台即使依靠强大的技术手段也很难追踪每一个用户的行为，或者对即将发生的行为进行全面预测。行为评分机制为我们提供了一个全民监管的机会，即通过网络活动交互者的相互评分对用户进行认定。比如，淘宝平台建立了淘信用评分机制，淘宝网会员在个人交易平台使用支付宝服务成功完成每一笔交易后，双方均有权对对方交易的情况做一个评价。这就形成了网络交易主体之间的监管关系，交易行为因此而具有潜在的后续效果，因为累积评分会以等级的形式展示在头像区域。滴滴平台也在使用这种评分机制鼓励驾驶员提供更加优质的服务。这种公开评分等级的功能主要在于，通过表现在外的、更加对称的信息展示起到信息撮合的作用，提升市场交易的信任度，降低发生纠纷的可能性。

其次，行为评分机制形成了网络平台内部的征信系统，平台可以依据累积评分对用户采取不同的措施。如同传统征信业通过信贷评分决定用户的信贷数额，网络平台也在通过行为评分塑造新的权益分配体系。以淘宝平台为例，一方面，淘宝根据卖家的淘信用分数，提供相应的经营保障服务，比如在平台规则服务、违规申诉与处理等场景下，为信用良好的卖家设置优先或简化的服务流程，或者在搜索排名中将信用等级高的店铺优先排在前页；另一方面，淘宝以评分机制为背景设置柔性惩罚体系，比如通过限制网站登录、限制评价、限制发送站内信、限制社区功能等处罚措施对账号、店铺、搜索、信用、积分进行调控。这实际上形成了一种激励/规训的信用体系，使网络活动参与者能够自主约束行为，减少不良信息和不良行为。

最后，行为评分机制为网络平台进一步的数据挖掘提供素材。预防纠纷或者防止纠纷升级的最佳解决方案是通过与用户建立持续关系，了解争端发生的原因以及用户态度为何转变为如此恶劣。换句话说，"它需要平台与用户进行可持续的沟通和交流，同时也需要一个丰富的数据库进行持续不断的分析"[2]。平台通过对用户评分数据的挖掘，可以获得类似用户

---

〔1〕　参见胡凌：《超越代码：从赛博空间到物理世界的控制/生产机制》，载《华东政法大学学报》2018 年第 1 期。

〔2〕　[美] 伊森·凯什、[以色列] 奥娜·拉比诺维奇·艾尼：《数字正义——当纠纷解决遇见互联网科技》，赵蕾、赵精武、曹建峰译，法律出版社 2019 年版，第 101 页。

的相关性特征，以便引导和激励其进一步以稳定而灵活的方式参与网络活动。在新浪微博平台中，用户因违规行为被举报扣分后导致信用积分分别低于 75 分、60 分、40 分时，平台将对其微博账号进行不同种类的限制，用户信用积分被扣至 0 分时，其账号将被关闭。[1] 本质上，这种基于数据挖掘的风险认识是在信息不对称基础上对用户行为进行的预测而非客观描述，平台在风险识别的基础上采取措施以降低纠纷发生率。

各个网络平台的在线纠纷解决发展迅速，比较重要的原因在于竞争的广泛存在。如果其他的同类型平台能够提供更加便利、专业并具有更高可信度的争议解决机制，那么用户就会转移到其他平台。相比之下，法院并不是那么担心客户的"流失"，因为法院提供的司法途径是纠纷解决的"最后一道防线"，处于纠纷解决的"垄断"地位。然而，今天的司法体制面临着越来越大的压力，因为信息时代赋予了民众"流动的期待"[2]。正如不只手机制造商才应该关注 iPhone 的发布，数码相机和导航设备制造商同样也面临着智能手机带来的更大的威胁。人们对于公共部门的供给能力的期待，越来越多地受到私人部门供给能力的影响。当人们越来越多地在餐饮、交通、医疗等领域享受手机支付的巨大便利，往返于银行、立案大厅、法院财务部门的诉讼费缴纳和诉讼费退费就显得更加"不人性化"；当淘宝、饿了么等电商平台与顺丰、菜鸟驿站等物流网络交织，人们习惯于足不出户就能获得日常所需，要求当面进行的司法活动就会显得更加"落后"和"死板"；当工作环境大量使用电子化文档以及线上的信息传输，律师、当事人与法院之间仍然局限于纸质通信，就会让人倍感效率低下。同样，在人们习惯了淘宝退换货流程或者饿了么的投诉系统之后，终将开始发问为什么相比之下法院系统的纠纷解决如此耗时耗力。信息时代便捷化、场景化的解纷体验会影响人们对于司法的感受和期待，而这种期待恰恰是现代司法面临的不可避免的危机。

---

[1]《微博信用规则》，https：//service. account. weibo. com/roles/guize，2019 年 9 月 5 日访问。

[2] Baiju Shah & John Greene, *Liquid Expectations*, https：//www. fjordnet. com/conversations/liquid-expectations/，May 8, 2015.

第四节　司法智能化的转型张力

在新一轮知识发现与知识生产中，互联网、大数据、人工智能与各领域的融合发展已经成为不可阻挡的时代潮流。2016 年 10 月，奥巴马在白宫前沿峰会上发布报告《国家人工智能研究和发展战略计划》。2017 年 7 月，国务院印发了《新一代人工智能发展规划》，指出要"抢抓人工智能发展的重大战略机遇，构筑我国人工智能发展的先发优势"，"建设集审判、人员、数据应用、司法公开和动态监控于一体的智慧法庭数据平台"，"实现法院审判体系和审判能力智能化"。[1] 在这一背景下，各地纷纷开始智能辅助审判的探索工作。北京市高级人民法院推出智能研判系统——"睿法官"，重庆市江北区人民法院打造"智能专审平台"，上海市高级人民法院启动"206 系统"并继续构建民事、行政案件智能辅助办案系统。司法部门希望运用大数据、云计算、神经网络和机器学习等技术探索"智慧法院人工智能系统"[2]，以其强大的数据分析能力和反应速度帮助法官面对海量的法律规则和案例，提供相对标准化的决策模式和诉讼流程，在审理过程、办案程序、决策输出方面进行智能化的指引和监督。然而，司法智能化的建设和应用并非一帆风顺，因为它不同于只涉及办公方式转变的传统司法信息化建设，而是将基于大数据分析的智能技术介入司法裁判的场域中，对既有司法权力的运作造成了冲击。有学者指出，对人工智能的过度期待或者误解可能导致现代法治的制度设计分崩离析；我们宁可暂时舍弃技术描绘的理想图景，也不能轻易踏入技术陷阱的泥淖。[3] 司法智能化实际上是信息时代的知识形态在司法权内部的合法化过程，而这种合法化所带来的知识冲突则外化表现为从信息孤岛到数

---

〔1〕《国务院关于印发新一代人工智能发展规划的通知》，国发〔2017〕35 号。

〔2〕 陈溯：《周强：提升法院信息化水平 促进全球互联网法治治理》，载中国新闻网 2016 年 11 月 17 日，http://www.chinanews.com/gn/2016/11-17/8066799.shtml。

〔3〕 参见季卫东：《人工智能时代的司法权之变》，载《东方法学》2018 年第 1 期；徐骏：《智慧法院的法理审思》，载《法学》2017 年第 3 期。

据共享、从在场交往与远程审理、从"人与工具"到人机协作的转型张力。

一、从信息孤岛到数据共享

近年人工智能技术突飞猛进的关键原因之一，是各类感应器和数据采集技术的发展。我们开始拥有以往难以想象的海量数据。而这正是训练某一领域"智能算法"的前提。大数据技术的原理是"先获取全面、完备且非常具有代表性的数据，然后用很多简单的模型去契合数据。在误差允许的范围内，数据驱动的结果与精确的模型是等效的。换言之，同源数据并不足以体现大数据的优势，更无法保证预测的准确性"[1]。这就决定了大数据的特征不仅是大容量（Volume），更是多样化（Variety），因为异质数据能挖掘、分析出更有价值的结论。因此，在司法数据的处理与利用过程中，数据的共享具有基础性的重要意义。对不同地域、不同部门、不同层级的司法数据进行分析才能挖掘出之前不曾发现的问题。对于智能化司法而言，如果没有良好的数据共享机制，即便拥有海量的数据也很难产生相应的数据价值，所谓智能化只能徒有其表，流于形式。所以，司法智能化的发展要求数据的整合与开放，即在数据的互联流通中达成跨界跨域的机器学习和知识生产。而这一过程必然会冲破建制化基础上的信息壁垒，促使条块分割、自我封闭的信息孤岛逐渐联通。

第一，司法系统内部的数据共享化。在互联网信息化建设尚未全面覆盖各级法院之前，尽管我国 3500 多家法院每天都产生大量的司法信息数据，但是各地数据标准不兼容、系统不联通、资源不共享，各个法院如同各自为据的一个个信息孤岛。"据统计"三个字建立在法院系统从最基层到最高层，层层报送的统计报表之中，一些重要数据汇总需要很长时间。[2] 事实上，我国司法部门从 2002 年就开始筹备法院系统信息化的建设，经过 8 年的努力，全国法院一级网全部开通，90% 以上的中级人民法院开通了二级网，但只有 60% 的基层人民法院开通了三级网。2010 年，最

〔1〕 徐骏：《智慧法院的法理审思》，载《法学》2017 年第 3 期。
〔2〕 参见蔡立东：《智慧法院建设：实施原则与制度支撑》，载《中国应用法学》2017 年第 2 期。

高人民法院启动了国家司法审判信息系统工程（简称天平工程），希望借此契机"完善信息化基础设施，加大信息化应用力度，加强信息资源开发应用"，"为创新和加强审判质量管理提供科技保障"。[1] 此时，法院的信息化建设仍然是以办公自动化为目的的信息和通信技术（Information and Communication Technologies，简称 ICT）的延伸，侧重于法院和法官的考评数据，并不触及司法活动及审判管理本身。然而，在大数据、云计算、人工智能与各领域的融合发展中，信息化的知识发现重置了人们关于司法运作的理解和想象。2014 年，《人民法院第四个五年改革纲要（2014—2018）》提出"以'大数据、大格局、大服务'理念为指导"，"逐步构建符合审判实际和司法规律的实证分析模型，建立全国法院裁判文书库和全国法院司法信息大数据中心"。[2] 截至 2016 年，人民法院数据集中管理平台已汇聚全国法院 9114 万余件案件数据和 4356 万余件裁判文书；到了 2018 年，3525 个法院和 10759 个人民法庭全部接入专网，实现"一张网"办公办案，全程留痕，全程接受监督。[3] 通过大数据管理和服务平台建设，全国四级法院直接向平台汇聚案件数据，使得组织管理者得以绕开层层递进式的、经过处理了的"统计"数据，直接获取各类原始数据，深化了司法管理的程度。而在这个过程中，由地域区划、层级管辖所建立起来的法院系统内部的信息壁垒也被冲破，其结果是对于司法数据的分析不再仅局限于司法运作的结果，而是扩展至司法运作的状态。因为法院组织可以对生产正义过程中的全部动作和步骤、所有的案例生成和消灭进行还原，获知每个个案裁判的相关因子，从而了解什么样的裁量权波动在正常范围以内，什么样的判决又是异常的裁量权滥用，而某一个案又处在哪个区间。[4] 这就为进一步的智能化辅助决策和预警监督提供了建设路径和数据支持。

---

〔1〕 宗边：《推进应用 深化服务 促进共享 国家司法审判信息系统工程通过评审》，载中国法院网 2010 年 11 月 29 日，https：//www. chinacourt. org/article/detail/2010/11/id/437165. shtml.

〔2〕 《最高人民法院关于全面深化人民法院改革的意见——人民法院第四个五年改革纲要（2014—2018）》，法发〔2015〕3 号。

〔3〕 参见王俏：《人民法院信息化 3.0 时代正在来临》，《人民法院报》2016 年 11 月 6 日，第 4 版；《最高人民法院工作报告（摘要）（2018 年）》，载新华网 2018 年 3 月 10 日，http：// www. xinhuanet. com/politics/2018lh/2018 -03/10/c_ 1122514997. htm.

〔4〕 参见芦露：《中国的法院信息化：数据、技术与管理》，载《法律和社会科学》2016 年第 2 期。

第二，司法系统与外界的数据交换。法院专网与外网的数据联通及其带来的多主体交互，正在拆除司法正义的生产围墙，将其推向社会化大生产。司法数据的社会化一方面表现为司法系统与其他公共部门之间的数据流通。大数据的思维让我们放弃了以往对于因果关系的渴求，转而关注相关关系，这无疑为我们理解世界打开了一扇新的大门。[1] 各公共部门也逐渐从内部数据的闭环流通转向部门之间的数据共享。从 2013 年起，我国最高人民法院与掌握财产信息的政府部门、企事业单位进行网络连接，实现数据共享，通过信息化、网络化、自动化手段查控被执行人及其财产，推动执行模式发生深刻变革。2019 年，网络查控系统与公安部、自然资源部等 16 家单位和 3900 多家银行业金融机构联网，覆盖存款、车辆、证券、不动产、网络资金等 16 类 25 项信息，囊括被执行人主要财产形式，着力解决查人找物的难题。[2] 另一方面，司法系统与当事人及一般社会公众之间也实现了数据交互。自 2013 年中国裁判文书网上线以来，已公布文书总量超过 1.1 亿份；2014 年，中国审判流程信息公开网和中国执行信息公开网正式开通，当事人可以在网站实时了解涉诉案件在何时受理、何时送达、何时提交证据，也可在网站链接中获知执行立案、执行人员、执行程序变更、执行措施、执行财产处置等的相关信息；2016 年，经改造的中国庭审公开网开通上线，公众可通过互联网关注全国各级法院的庭审活动，目前全国法院已累计直播 1100 余万次。[3] 在电子商务蓬勃兴起和涉互联网案件日益增多的背景下，杭州、北京、广州三家互联网法院相继成立，这使得司法数据与社会的交互更加深入。互联网法院贯彻"网上案件网上审"的审理思维，将涉及网络的案件从现有审判体系中剥离出来，充分依托互联网技术，完成起诉、立案、举证、开庭、裁判、执行的全流程在线化，推动了审判流程再造和诉讼规则的重塑。而 2019 年在全国 12 个省区市辖区内，法院全面推广试点的移动微法院则通过微信平台中移动微法院小程序端口，实现诉讼流程在线流转。移动微法院基于微信小程序，利用

---

〔1〕　参见［英］维克托·迈尔-舍恩伯格、肯尼思·库克耶：《大数据时代：生活、工作与思维的大变革》，盛杨燕、周涛译，浙江人民出版社 2012 年版，第 18 页。

〔2〕　参见《最高人民法院工作报告（摘要）（2018 年）》，载新华网 2018 年 3 月 10 日，http://www.xinhuanet.com/politics/2019lh/2019-03/13/c_1124227406.htm。

〔3〕　参见中国裁判文书网，http://wenshu.court.gov.cn/，2021 年 2 月 22 日访问；中国庭审公开网，http://tingshen.court.gov.cn/，2021 年 2 月 22 日访问。

人脸识别、电子签名、实时音视频交互等先进的移动互联网技术，实现民商事一、二审案件立案、缴费、证据交换、诉讼事项申请、笔录确认、诉前调解、移动庭审、电子送达等全流程在线流转，提供诉讼服务网上办理、即时服务。[1] 立足于司法智能化的在线审判意味着法院的司法数据流有了稳定的外部新接口，司法系统基于自治性权力运作建立起来的信息隔离逐渐被打破。公众可以直接通过网络端口向司法系统提交材料、获取案件信息，而其使用法院供给的外部司法数据之时，自身所提交的资料、点击和访问信息以及网上留言等，也将同时被记录、存储，并可在条件适合时被分析，乃至辅助审判管理者由社会动态而预言诉讼活动的走向和变动。[2]

第三，司法软件系统的数据转换。司法系统应用软件的开发，往往以市场竞争的方式招投标竞取，每个地方法院理论上都会选择开发更具特性的业务和管理系统。软件系统选择的自主性意味着软件产品的多样化，而应用系统的多样化往往会导致系统不兼容。比如，黑龙江省法院的数字化平台采用的是北京华宇信息公司的管理系统，该系统起初与法院执行部门的通达海系统不能进行数据交换，导致审判数据与执行数据长时间不能达成联通。面对案件信息漏传漏报、部分信息逻辑错误、数据汇聚不及时等问题，各软件系统逐渐开发子系统，利用消息中间件技术实现应用系统之间的数据交换。移动微法院就是华宇与腾讯在数据交换的基础上，充分理解对方在移动电子诉讼建设的经验和成果后，深度融合形成的"华宇—腾讯"微法院联合解决方案。可见，司法智能化不断要求软件系统从数据隔离转向数据交换，为法院业务提供更加优质的诉讼支撑，为社会公众提供更加便利的诉讼服务。

数据分享是司法智能化的前提性条件和基础性工作，但这一过程并非如想象般简单。事实上，在司法大数据共享的推进过程中，各部门普遍存在"不愿共享""不敢共享""不能共享"三个难题，因此才会出现信息孤岛的"冲破"之说，这些困难既来自基础建设层面的不完善，也来自改革尝试的无经验，其反映的是传统建构性思维与大数据思维的话语冲突。

---

[1] 杨玉龙：《移动微法院开启司法为民加速度》，《人民法院报》2019年3月27日，第2版。
[2] 参见芦露：《中国的法院信息化：数据、技术与管理》，载《法律和社会科学》2016年第2期。

在大数据语词占据法院的日常后，"法院在接纳信息网络化的同时，也不得不调整其与公众及协作者的影射关系"。"信息通信技术的自然使用，在克制司法体系骨子里的精英主义"[1]，信息时代的知识形态依靠愈加深入司法领域的信息技术和智能应用，逐渐形塑了司法信息化与智能化的进程。

二、从在场交往到远程审理

时至今日，移动设备、社交网络、数据处理、传感器与定位系统，五种技术力量正在改变消费者、患者、观众或在线旅行者的体验。[2] 网络空间的缺场交往正在替代面对面的在场交往成为人们社会活动的主要方式。网络通信、在线交易甚至在线履行成为新的交易习惯，比如通过支付宝、微信平台完成在线支付，通过电子邮箱完成电子书的交付。与在场交往中的交易形式不同，数字网络环境中的交易信息并非纸质文本，而是大多在信息网络设备中，收集、固定和提供证据等诉讼行为必须通过信息网络设备来完成。因而互联网通信与电子信息技术不可避免地进入司法裁判领域。在这样的背景下，各国的司法部门都在探索网络远程审理的司法新模式。丹麦法院为民事案件提供在线法庭服务，通过在线交流、概述和说明保持信息畅通，并通过电子案卷支持在线庭审改革；荷兰法院在民事、行政和监督方面进行在线法律诉讼，并于 2015 年 10 月推出 Mijn Rechtspraak 在线门户，应用于清算/破产方面的案件。[3] 我国也自 2017 年起设立互联网法院，以"全程在线"为基本原则，集中审理互联网案件，在深度运用互联网信息技术基础上创新互联网审判机制。不同于以往物理空间的在场司法交往，互联网法院运用互联网、云计算等技术打造 PC 端与移动端互通的诉讼平台，实现案件

---

〔1〕　芦露：《中国的法院信息化：数据、技术与管理》，载《法律和社会科学》2016 年第 2 期。

〔2〕　参见［美］罗伯特·斯考伯、谢尔·伊斯雷尔：《即将到来的场景时代》，赵乾坤、周宝曜译，北京联合出版公司 2014 年版，第 11 页。

〔3〕　参见 2018 年"第一届国际在线法院高峰论坛"发布的报告：Digital Administration of Civil Cases in Denmark International Forum on Online Courts，https：//assets. publishing. service. gov. uk/government/uploads/system/uploads/attachment_ data/file/761371/DENMARK. pdf；Quality & Innovation Programme：Modernisation of the judiciary and supervision，https：//assets. publishing. service. gov. uk/government/uploads/system/uploads/ attachment_ data/file/762196/NETHERLANDS. pdf。

受理、送达、调解、证据交换、庭前准备、庭审、宣判等诉讼环节全程网络化，提升当事人的诉讼体验。但同时，远程审理也意味着"传统诉讼所遭受的物理空间限制被彻底打破，法庭完全演化成一个抽象的概念，其在空间上扩张于无限，存在于无形"。而基于在场庭审方式所建立的规则体系也逐渐被解构，"程序参与者之间以一种全新的方式展开言语交往"，这一新型的司法样态给传统诉讼程序带来了颠覆性的变革。[1]

其一，远程互动的视频庭审。信息技术的发展不仅创造出一个单向度的虚拟电子空间，而且在与现实的交互中形成了"物理世界—数字世界、现实生活—虚拟生活、物理空间—电子空间的双重构架"，"二者相互影响、相互嵌入、相互塑造，形成了虚实同构的政治、经济、文化和日常生活"[2]。在司法领域，智能系统促使法院走向远程互动的审理模式，视频审理作为远程沟通交流的首选方案，是最接近传统出庭的一种审理方式。广州法院利用"微信小程序远程作证"将远程证人与庭审场景联结起来，通过视频连线获得目击证人的证词，在一定程度上解决了证人"出庭难"的问题。[3] 杭州互联网法院最早开始在线开庭审理业务。依托互联网法院诉讼平台，当事人可以随时在线提交各类电子化证据，系统还会提示当事人针对每一项证据填写质证意见。在诉讼过程中，智能系统会自动提取电子商务平台的当事人身份信息、网上交易过程及各类表单数据，自动计算诉讼费用，以保障在线庭审的顺利进行。除了互联网法院，我国其他跨行政区划法院也在探索远程庭审的模式。2017 年 10 月，经最高人民法院指定，由北京市第四中级人民法院管辖天津铁路运输法院审理的环境保护行政诉讼上诉案件，作为跨行政区划法院，北京市第四中级人民法院通过掌上智慧法院平台，综合应用微信多路实时视频通话、人脸语音识别等多项领先技术，实现了远程补正、远程询问、远程开庭等功能，最大限度降低因跨区划案件管辖给当事人带来的诉讼不便。[4]

---

〔1〕 段厚省：《远程审判的双重张力》，载《东方法学》2019 年第 4 期。

〔2〕 马长山：《智能互联网时代的法律变革》，载《法学研究》2018 年第 4 期。

〔3〕 2017 年 10 月 17 日，广州市越秀区人民法院首次利用"微信小程序远程作证"审理了一起盗窃案。张雅、刘思佳：《法院首次尝试"微信远程作证"》，载新华网 2017 年 10 月 20 日，http：//www. xinhuanet. com/tech/2017 –10/20/c_ 1121828965. htm。

〔4〕 王巍：《北京四中院微信实现审判流程"在线化"在京津冀打官司从此少跑腿》，载新浪网 2018 年 1 月 10 日，http：//news. sina. com. cn/c/2018 –01 –10/doc-ifyqptqv6714114. shtml。

可见，以智能技术为基础的视频庭审已经在司法实践中成为远程庭审的一种方式。不过，人们利用网络技术进行的司法行为，"是一种同传统的面对面的在场交往不同的、隐匿了身体存在的缺场交往"[1]。尽管缺场交往有时能够比在场交往展现更多的内心活动，但司法活动的"脱域化"很可能破坏了经由司法"剧场"塑造的神秘感和权威感，消解司法程序带来的正义感，而这些正是构成司法正当性的基础。

其二，人机交互的异步审理。随着线上/线下融合发展的趋势加深，突破时空的限制参与诉讼活动成为一种可能。杭州互联网法院提出涉网案件的异步审理，让身处不同地方的当事人利用空余时间，在信息对称的情况下非同步地完成诉讼。这样，在加拿大的化妆品淘宝店主就可以避免时差的困扰，通过非同步、非面对面、错时的方式在限定期限内回复原告的发问，并完成答辩、发问、陈述等庭审活动。[2] 相比于传统在线审理，异步审理更加依赖于"人机对话"和场景设置。一方面，当事人在终端会收到诉讼平台自动发送的弹屏短信，提醒处理法官或对方当事人的提问，促使当事人在人机对话中完成诉讼主体之间的交流；另一方面，系统会根据交互内容完成庭审内容的整理和分析，并对事实依据进行收集、提炼，辅助法官对案件事实和争议焦点的把握。可以说，异步审理扩展了在线审理的时间空间，使"物理世界—数字世界"在司法场景中进行深度融合。但是这种诉讼模式也会对司法一直以来强调的亲历性提出挑战。在传统审理模式中，法官被要求"亲身经历案件审理的全过程，直接接触和审查各种证据，特别是直接听取诉讼双方的主张、理由、依据和质辩，直接听取其他诉讼参与人的言词陈述"，因为"认识案件事实不同于认识一般事物，具有逆向性和间接性，还需要对争端中的真假、是非和曲直做出判断"[3]。而异步审理本质上是一种人机场景化互动，法院在其中扮演了在网络空间设置场景、维持场景的角色。法官在虚拟场景中的信息获取和审理裁判无疑对现代司法中的亲历性形成冲击，同时也对传统司法程序能否继续成为实现公平正义的必要途径提出质疑。

---

[1] 刘少杰：《网络化时代的社会结构变迁》，载《学术月刊》2012 年第 10 期。

[2] 王春：《全球首创！杭州互联网法院"异步审理模式"上线》，载法制网 2018 年 4 月 3 日，http://baijiahao.baidu.com/s? id=1596697060084657804&wfr=spider&for=pc。

[3] 朱孝清：《对司法亲历性的几点认识》，载《中外法学》2015 年第 4 期。

其三，高效便利的诉讼流程。随着经济发展和社会生活的高速化、多元化，公众对于诉讼服务的需求不断提升，这种需求不仅在于司法基本数据和裁判文书数据的公开透明，而且在于诉讼流程的便捷、高效、智能。搭载智能系统的诉讼服务平台力图优化诉讼流程和信息公开，实现从单纯的"读取信息"到"账户式操作"，从单向"网页"展示到"立案—取证—庭审—送达"全流程互动式诉讼体验。"杭州互联网法院诉讼平台"通过"勾勾选选点点"的模块化设计让复杂的诉讼流程"一看就懂、一用就会"，为当事人提供"网购"般便利的在线诉讼服务；上海法院 12368 诉讼服务平台开通了微信公众号，当事人可以通过该公众号进行案件咨询、上传材料、接收文书，实现网上立案、联系法官、个案智查；而浙江法院推出的"移动微法院"小程序则可以在手机端实现从立案到结案的移动全流程诉讼；特别是宁波两级法院的"移动微法院"已具备了网上立案、查询案件、在线送达、在线调解、在线庭审、申请执行、网上缴费等20 余项功能，使审判人员可以随时随地"掌上办案"[1] 但是，全流程在线化的诉讼程序也对传统诉讼规则带来冲击，比如杭州互联网法院的送达规则与实践做法，就显示出对现有法律（尤其是诉讼规则）的挑战，如受送达人的同意，邮寄送达与电子送达并行导致的效力冲突，电子送达为首选方式，扩大了送达媒介与送达文书的范围[2] 可见，以效率为原则的在线式诉讼流程在减少诉讼成本、便利当事人的同时也使司法裁判、程序法规范以及程序法理之间产生了紧张关系。

2018 年 12 月，"第一届国际在线法院论坛"在英国伦敦召开，超过十个国家的司法系统介绍了各自在线法院技术的最新进展，包括在线提交法律证据和论据、法官在线决策、法院系统内部在线纠纷解决、为法院用户提供在线帮助和诊断及其他先进技术。各国司法部门都在朝着在线法院和数字化发展的方向迈进，这可能意味着今后传统的庭审程序将逐渐消失[3] 智慧社会

---

[1] 参见徐隽：《杭州互联网法院构建涉网案件审判新机制》，载人民法治网 2018 年 9 月 28 日，http：//www. rmfz. org. cn/contents/3/156820. html；杨玉龙：《移动微法院开启司法为民加速度》，《人民法院报》2019 年 3 月 27 日，第 2 版。

[2] 吴逸、裴崇毅：《我国民事诉讼电子送达的法律问题研究——以杭州互联网法院诉讼规程汇编为例》，载《北京邮电大学学报》（社会科学版）2018 年第 5 期。

[3] 参见［英］伯内特勋爵：《在线法院：系统信息化与程序数字化的大势所趋》，赵蕾译，《人民法院报》2019 年 3 月 29 日，第 8 版。

的到来促使司法审理方式发生适应性变革，这种紧迫性在一定程度上重新诠释了司法行为的合法性，进而对传统诉讼程序，尤其是建基于传统诉讼程序的司法权力运作造成了强烈的冲击。这样一种矛盾，也可以说是社会信息化与建构理性的知识基础之间的紧张关系，具体而言，如果司法裁判不做变革，其与社会生活之间的紧张关系将会不断加深；如果司法实践率先突破，那么司法实践与仍然保持传统的程序法规范以及程序法理之间就会产生紧张关系，以至于引发了实践中对司法行为合法性以及司法行为正当性的质疑。[1]

三、从"人与工具"到人机协作

从占地面积约 170 平方米、重达 30 吨的庞然大物（第一代电子计算机 ENIAC），到外形精巧的办公伴侣甚至可穿戴的移动设备，电子计算机从放置于外的"它物"摇身一变成为人类身体上的"己物"，人类与计算机的关系也在这种变化中逐渐由工具关系转向协作关系。最初的电子计算机只是为了满足军事领域、工业领域超乎寻常的计算和控制要求，因而人们对其采取的是"工具论"或"奴役论"的观点。[2] 但是在个人电脑的普及下，计算机逐渐融入人类的文化、经济与生活中。在大数据、互联网、人工智能的融合发展中，计算机正在延伸人类的身体与知觉，并将人们拉入一种新的虚拟与现实交织的信息圈生态中。如上所述，在智慧司法的趋势下，法院业务极大地依赖于计算机的网络通信技术，而依托大数据、云计算、人工智能等研发的智能辅助审判系统不仅促成了信息数据的广泛流通，而且承担了证据审查、瑕疵提示、类案推送、文书辅助生成等实质性任务。[3] 智能化系统的出现构成了人、系统、案件的三元关系，表现为系统会"因人而异"，也会"因案而异"。在三元关系的视角下，司法运作的过程不再是简单的人工审理＋计算机操作，而是通过人机协作进行决策的智能化审理。计算机也逐渐从自动化办公的工具转为共同协作的伙伴，其

---

[1] 参见段厚省：《远程审判的双重张力》，载《东方法学》2019 年第 4 期。

[2] 参见陈鹏：《人机关系的哲学反思》，载《哲学分析》2017 年第 5 期。

[3] 上海"206 系统"已开发出单一证据校验、证据链和全案证据审查判断、类案推送、文书生成等 21 项功能模块。参见崔亚东：《人工智能与司法现代化》，上海人民出版社 2019 年版，第 110 页。

在司法审判中的角色和地位发生着多重维度的转变。

其一，从接受指令到指引监督。以往的法院信息化建设致力于案件审判信息的收集和传送，因而对于审判人员来说，计算机只是接受指令的工具，在形式上辅助人类进行司法活动，并不涉及司法决策的实质方面。在20世纪90年代，人工智能应用到法律证据至多是个愿望[1]但是在数据驱动的深度学习下，如今的计算机系统可以在读取案件信息的基础上，深度参与司法案件的审理过程。通过构建证据模型，人工智能可以校验单一证据，审查证据链条的完整性，并自动对证据中出现的瑕疵点、矛盾点做出警示指引。上海市高级人民法院研发的"206系统"对上海71个常涉罪名的证据制定了针对性的证据标准指引和证据规则指引，并在此基础上形成了单一证据校验规则，可即时提示办案人员对瑕疵证据进行补正说明。同时，该系统运用命名实体识别、实体关系分析技术，定位证据中出现的关键信息，抽取信息点之间的关系，从而对同一查证事项下证据印证关系、不同查证事项间逻辑符合性、犯罪嫌疑人或被告人多次供述的矛盾事实进行审查判断。[2]可见，智能辅助审判已经可以在刑事领域的证据指引、证据审查方面辅助法官快速查明案情、认定证据，并在各个环节进行监督，规范法官的自由裁量。从智能辅助系统的设计定位来看，"上海刑事案件智能辅助办案系统"是"运用互联网、大数据、云计算、人工智能等现代科技手段，制定统一适用的证据标准指引、证据规则指引和对证据进行校验、把关、提示、监督的刑事案件智能辅助办案系统"[3]，尽管法院认为智能辅助审判只是AI助理，并非AI审判，但事实上，其不仅具有"指引"功能，而且能够"提示""监督"证据的审查，从而规范法官的司法行为。虽然人工智能没有做出最后的裁判，但是其参与了整个裁判过程，为裁判结果的得出提供了素材和方向。这实际上已经超越了以个人理性为裁判基础的范畴，因为智能化审判中的法官与系统已经不是外在的、偶然的、派生的关系，二者内在地构成了裁判的思路和结果，而且这种结

---

〔1〕 See Ephraim Nissan, *Legal Evidence*, *Police Intelligence*, *Crime Analysis or Detection*, *Forensic Testing*, *and Argumentation*: *An Overview of Computer Tools or Techniques*, 17 International Journal of Law and Information Technology (2008).

〔2〕 参见崔亚东：《人工智能与司法现代化》，上海人民出版社2019年版，第111—113页。

〔3〕 崔亚东：《人工智能与司法现代化》，上海人民出版社2019年版，第105页。

果将会以大数据的形式重新进入系统，参与未来裁判依据的构成。

其二，从"固定"展示到动态交互。以往的计算机程序只能通过计算机语言发出指令，按照某种预设的程序运行，因而表现为计算机系统的自动化。但"自动"并非"智能"，因为越是自动的机器，其潜能性就越小，也越"固定"。[1] 比如，最高人民法院于 2000 年起开始在全国法院推广的"人民法院案件信息管理与司法统计系统"，就是将立案、案中到结案的全程信息录入、流转和管理，实现数据的收集、汇总、整理、传送等人工统计步骤自动化。[2] 这种自动化虽然简便了人工操作，但它本质上仍是一种机械统计，无法对个殊化情况产生反应。艾伦·麦席森·图灵（Alan Mathison Turing）指出，判断机器智能的标准是人机交互与人际交互之间的不可辨识，因而"交互"成为智能化的表征。智能化系统的交互性既体现为沟通方式的多元，即从键盘输入到点击触摸、甚至语音识别，也体现在计算机可以根据不同的外部刺激或相关因子产生个性化的、有针对性的反馈。比如，依托智能语音识别技术，上海"206 系统"能够在庭审活动中同时进行语音同步转录、语音指令识别和证据链审查，并将庭审笔录、抓取结果和所示证据显示在电子屏幕中，为合议庭、公诉人、辩护人提供智能服务。2019 年 1 月 24 日，上海市第二中级人民法院应用人工智能辅助技术公开开庭审理了一起抢劫杀人案，这是我国智能辅助庭审的首次应用。在庭审现场，合议庭、公诉人、辩护人、被告人、旁听席前均设有电子屏幕，合议庭、公诉人、辩护人、旁听席前的电子屏幕先后显示为黄色的语音识别区、绿色的智能抓取区和蓝色的庭审示证区。而被告人前的电子屏幕则显示庭审示证区的内容。在此次庭审中，"206 系统"全程实现音字转换，自动识别发问者和回答者的身份，只要法官、公诉人和辩护人按需发出语言指令，其就会根据语音识别，自动从系统里预先储存的全案证据材料中抓取出与提问内容相关联的信息（如被告人身份证信息）进行示

---

[1]　参见陈鹏：《人机关系的哲学反思》，载《哲学分析》2017 年第 5 期。
[2]　参见芦露：《中国的法院信息化：数据、技术与管理》，载《法律和社会科学》2016 年第 2 期。

证。[1] 法庭调查期间，被告人当庭否认在案发前两年内曾与被害人联络。针对被告人的这一供述，通过与在案证据进行比对，系统快速找出矛盾点所在，并在屏幕中予以示证：被告人与被害人从 2016 年至案发的 13 次通话记录。智能语音技术与证据链审查功能的结合，实现了庭审活动中的人机协作，不仅节省了庭审笔录转录时间，而且法官及诉讼参与人能够同时阅读卷宗材料，达成零时差、无纸化示证质证。通过软件系统的人机交互界面，人的意向传导到机器中，从而实现人与机器协同庭审，这种交互就具有了"动态的过程"。

其三，从被动检索到主动推送。由于人脑的记忆和遗忘机制，人类新记忆的 70% 会在数小时内被快速忘记，而且容易发生错误关联，因此我们常常会有记不住、记错、记混、容易遗忘的休验。截至 2017 年 6 月，我国已有现行有效法律 259 部，行政法规 752 部，地方性法规 10500 部，这些法律的文字总量数以亿计。[2] 或许法官常用的法律条文只占其中的一小部分，但是加上不断更新的司法解释、意见批复、会议纪要和指导案例，浩如烟海的法律文献已经成为法官记忆和检索的负担。尽管 1985 年以来北大法宝等数据库致力于对法律法规、司法案例、法学期刊、律所实务等各类法律资源的整合，但是其使用需以被动检索为基础，而且没有形成法律信息之间的数据关联，使得计算机在法律信息的查询中局限于信息存储的位置。而大数据时代的人工神经网络使计算机主动推送法官所需的信息数据成为可能，算法在海量数据的分类方面具有超强的能力，可以通过识别案件要素主动推送与该案有关的法律信息。比如，上海法院"206 系统"中的类案推送并非简单的"关键词"搜索，而是"通过对案情描述的理解和语义智能分析，实现对审理报告、庭审笔录、起诉状等电子卷宗和部分证据描述的智能分析；在此基础上结合案件的内容结构，索引至法律规范，

---

〔1〕 参见余东明：《我国首次应用人工智能辅助技术开庭审案 上海研发"206 系统"争当世界领跑者》，《法制日报》2019 年 1 月 24 日，第 1 版；刘理：《全国首次！上海法院运用"206 系统"辅助庭审防范冤假错案》，载东方网 2019 年 1 月 23 日，http：//sh. eastday. com/m/20190123/u1ai12192556. html。

〔2〕 参见中共全国人大常委会机关党组：《在新的历史起点上坚持和完善人民代表大会制度——党的十八大以来人民代表大会制度建设的新理念新实践》，载《求是》2017 年第 17 期。

实现案件事实和法律要件的融合检索推送"[1]。通过学习法官的审理思路，智能系统对更多有用但是难以归纳整理的案件要素进行分析和理解，找到更加匹配和场景相近的同类案例，让法官可以自由地筛选和过滤所需要的关键信息。这样，计算机就真正地参与到案件裁判依据的提供和选择中，法官也可以摆脱传统审理大海捞针式的寻找，更加高效和准确地得到法律信息。在疑难复杂案件中，智能系统还可对现有学术著作、期刊论文和调研报告等进行分解，提炼主要观点和方法，为法律文书的写作提供法律知识参考和必要的专业知识支持。"人类记忆胜在有序与形式的统一，而计算机记忆则胜在多样与无序。当实现一个复杂的技术操作时，可能需要整合这两类记忆"，而智能化的融合检索推送正是人机协作中记忆整合的一种形式。[2]

可以看到，通过系统设计的各种功能模块，计算机越来越多地参与到审理活动中来，传统的法官主导的司法过程让位于人机协作的审理方式。在这个过程中，司法人员在智能化应用的加持下得以提升效率，但从司法决策的角度来看，其无疑对现代司法权的运作方式造成冲击。现代司法的理念孕育于现代法治的生成语境，作为现代法治思想的根基，个人主义与理性主义在司法裁判中表现为法官运用理性思维做出独立的司法判断。人机协作的审理方式则意味着外乎于个人理性的知识体系对司法决策的渗透，这动摇了基于法学专业知识所形成的专业话语，因而在实践中智能系统的推进也在一定程度上遭遇了"怀疑话语""否定话语""抵触话语"[3]。但不可否认的是，随着大数据的发展和深度神经网络模型的开发，智能系统的应用范围已经不是"对以往机械自动化生产的简单升级，而是通过深度学习和训练来进行'类人化'的智慧性工作"[4]，技术渗透到了司法决策的最深处，这改变了我们与计算机之间的关系，也改变了我们认知、思考和追求的方式。

在信息时代的技术革命中，最富有基础性意义的变革，就是社会中信

---

[1]　葛翔：《司法实践中人工智能运用的现实与前瞻——以上海法院行政案件智能辅助办案系统为参照》，载《华东政法大学学报》2018 年第 5 期。

[2]　陈鹏：《人机关系的哲学反思》，载《哲学分析》2017 年第 5 期。

[3]　参见王禄生：《大数据与人工智能司法应用的话语冲突及其理论解读》，载《法学论坛》2018 年第 5 期。

[4]　马长山：《智能互联网时代的法律变革》，载《法学研究》2018 年第 4 期。

息的广泛流通，这使得知识不再从属于社会的"头脑"或"精神"，而成为一种"交流透明性"的意识形态。[1] 在这种意识形态的簇拥下，大数据、互联网、云计算与智能终端融合发展，人们的价值观念、生产方式、生活方式、社会关系、社会秩序发生着全方位的革新。对于司法领域而言，一方面，新兴技术所带来的社会变化对既有司法裁判规则和场域形成冲击；另一方面，司法系统本身对新兴技术的接纳也对现代司法权力运作的方式和过程提出挑战。在现代司法理论中，司法场域的知识建基于理性主义的逻辑构造，典型的如"司法是法官认定事实与适用法律的过程，自由裁量权是司法权的必然组成部分，法官对裁判具有亲历性和终局决定性，司法的权威与司法的仪式性密不可分，司法是具有创造性的活动等"，现代知识基础"维系着法官作为'专业人员'在司法场域内部对法律问题的"掌权者"的角色与地位"[2]。但是随着司法系统信息化、智能化的建设，全新的技术手段重置了我们对司法愿景的想象和追求，智能辅助审判、互联网法院等司法新模式被赋予了智慧社会实现司法正义的时代使命。在这个过程中，司法大数据与人工智能等前沿技术深入诉讼程序、审理裁判等司法各领域的活动中，使得法官基于专业知识构建起来的垄断权力流失，法院内部权力存在重新分配的可能。从知识合法化的角度看，这实质是大数据、互联网、人工智能等新兴知识话语在司法场域中的逐步强势，潜在的新兴技术权力对既有专业权力的渗透和扩张。面对新兴知识话语的咄咄力量，司法为了维持其合法性地位，必将发生技术面向的深度变革。

---

[1] 参见［法］让-弗朗索瓦·利奥塔尔：《后现代状态：关于知识的报告》，车槿山译，南京大学出版社2011年版，第15页。

[2] 王禄生：《大数据与人工智能司法应用的话语冲突及其理论解读》，载《法学论坛》2018年第5期。

第三章

司法范式的智慧化转型趋向

在现代叙事的消散与新兴知识话语的上升中，合法性与技术性的关系密切起来，因为再没有一种能够为其他话语提供合法性根基的"元话语"。"一个命令被认为是公正的这种可能性将随着它被执行的可能性而增加，它被执行的可能性又将随着规定者的性能而增加"[1]，效率与能力不仅成为检验真理的标准，也成了伦理、正义与审美的标准。在司法领域，新兴知识的合法性地位随着司法效率的提升、司法管理的加强以及司法服务的优化而得到巩固。大数据及人工智能技术将进一步深入司法运作的空间和过程，"人们强化技术，也就'强化'了现实，因此也就强化了公正和有理的可能性"[2]。

第一节　代码识别的自动化规制

司法规则是司法机关在司法过程中所适用或运用的规则，是司法运行的依据。在现代社会中，现代契约机制打破了传统的身份连带关系，形成了"地图学式（topographical）的法律关系"[3]，因而司法规则也以物理空间的"人、财、物为对象，采取的是关系—行为—后果的规制策略"[4]；而信息时代的知识生产构成了双重空间的社会形态，司法规则发生了面向虚拟空间规制的转向，其典型特征在于采取代码规制的方法，通过算法和程序设计实现规制目的。代码，特别是互联网代码所具有的特定功能与其

〔1〕　[法]让-弗朗索瓦·利奥塔尔：《后现代状态：关于知识的报告》，车槿山译，南京大学出版社2011年版，第159页。

〔2〕　[法]让-弗朗索瓦·利奥塔尔：《后现代状态：关于知识的报告》，车槿山译，南京大学出版社2011年版，第160页。

〔3〕　余盛峰：《全球信息化秩序下的法律革命》，载《环球法律评论》2013年第5期。

〔4〕　马长山：《智慧社会治理的五大挑战》，载《学习时报》2019年7月19日，第A8版。

他规制方式有着本质区别。[1] 首先，传统规则，无论是实体性的还是程序性的，在介入司法运作的过程中都需要通过法律文本，进行长时间的宣传、学习、磨合，而代码仅在产生之后就可以通过诸多存储设备和网络连接传播，即刻发挥作用。其次，代码需要"攻克"的是技术难题，而不是司法体制中纵横交错的权力与责任，通过代码实现规制目的，"切口"较小，可能遇到的风险和阻力随之降低。最后，代码可以事先对潜在的违反规则的行为加以限制，这与传统规制方式中的事后救济与执行恰恰相反。在司法智能化的背景下，代码越来越多地介入司法运行中，一方面，司法部门日益频繁地将实体性规则和程序性规则转化为计算机化的表达形式，使其以自动化或半自动化的方式进行决策；另一方面，代码不仅参与司法决策，还成为生成规则、执行规则的直接方式。此时，司法领域就呈现出劳伦斯·莱斯格的"代码即法律"，其核心特征是利用代码来定义司法活动需要遵守的规则，实现司法行为的自动化规制。[2]

一、证据规则的代码表达与识别

证据是证明案件事实的依据，全部诉讼活动实际上都是围绕证据的收集和运用进行。现代司法中，证据规则的存在及其内容不仅受到诉讼基本结构的制约，即当事人主义和法官职权主义，而且受到法律语言模糊性的影响。在大数据和人工智能技术介入司法领域之后，代码成为证据规则标准化、具体化、可操作的新途径。软件中的代码规定了特定的在线环境中的可为和不可为，相比于传统的法律文本，这样的方式更为具体细腻，而且通常执行起来也更为高效。

一是证据规则的代码表达。证据规则是指司法人员收集、固定、保存、运用证据应当遵循的规范，我国有关证据规则的法律规范散见于各诉讼法及其司法解释，而且多以部门规章对证据审查中的具体问题加以规定，内容庞杂且互有交叉。在司法智能化的实践中，研发人员针对证据规

---

[1] 参见 Primavera De Filippi, Samer Hassan：《从"代码即法律"到"法律即代码"——以区块链作为一种互联网监管技术为切入点》，赵蕾、曹建峰译，载《科技与法律》2018年第5期。

[2] 参见［美］劳伦斯·莱斯格：《代码2.0：网络空间中的法律》，李旭等译，清华大学出版社2009年版，第5—7页。

则建立了快速检索机制，并将其转变为更具逻辑性、对应性和唯一性的电脑语言，辅助法官进行证据的校验和判断。比如，"206 系统"将综合汇编的《上海刑事案件证据收集、固定、审查、判断规则》（以下简称《上海刑事证据规则》）的内容，转化为电脑可识别的"校验规则"，并将上海71 个常涉罪名的证据标准分解为 12989 个校验点，在此基础上形成了证据校验和证据链审查的功能。[1] 具体来说就是，将刑事案件中的常见证据分为形式要件、内容要件及审查判断要点，设定规则、识别字段、校验类型、关键词、识别位置、瑕疵信息字段、提示信息字段，由研发人员编写程序，交付电脑识别和提示；对于具有关联关系的证据，还须设定完整性校验规则，以避免程序性文件的缺失。通过证据规则的要素化分解和代码转化，智能系统得以识别证据中存在的瑕疵和证据之间的矛盾，实现对录入证据的校验和把关。截至 2019 年 6 月底，"206 系统"提供证据指引306159 次，提示证据瑕疵点 7641 次。在民事、行政领域司法审判中，证据规则指引也被陆续开发出来，并在读取案件事实的基础上进行证据合规性预判断。[2] 在智能系统更加全面地覆盖审理裁判的过程中，政策制定者和法官逐渐依赖代码化的证据标准和证据规则来进行法条检索和分析比较，以便他们在进行充分论证后直接得出更优决策。随着智能系统应用范围的不断扩展，越来越多的证据规则将被转化为计算机语言，并在人机协作中形成一种新的规则力量。

　　二是证据规则的代码识别。电子数据可以作为有效的证据进行使用已经成为司法领域普遍认可的证据规则，但是由于电子数据具有虚拟性、脆弱性、隐蔽性、可篡改的特征，证据审查中对于电子数据的真实性和安全性的判断成为一个艰巨的任务。在互联网技术与司法的深度融合中，区块链成为确保电子数据从生成、存储、传输到最终提交的整个环节真实可信的一种凭证。区块链技术的产生源于数字货币的在线支付与加密，由于这种技术带有强烈的去中心性、不可篡改性、自治性、开放性及匿名性，其逐渐在金融领域、监管领域甚至法律领域展现出强大的生命力。从广义来看，区块链技术是利用区块链式数据结构验证与存储数据、利用分布式节

---

〔1〕　参见崔亚东：《人工智能与司法现代化》，上海人民出版社 2019 年版，第 129、134、135 页。
〔2〕　参见崔亚东：《人工智能与司法现代化》，上海人民出版社 2019 年版，第 238、242、243 页。

点共识算法生成和更新数据、利用密码学方式保证数据传输和访问安全、利用自动化脚本代码组成的智能合约来编程和操作数据的一种全新的分布式基础架构与计算范式；从狭义来看，区块链是一种按照时间顺序将数据区块以顺序相连的方式组合成的一种链式数据结构，并以密码学方式保证的不可篡改和不可伪造的分布式账本。[1] 其不可篡改、不可伪造的特性为电子证据的取证和存证提供了一种新的解决思路。

2012 年的"存在性证明"（proof of existence）项目可能是这个领域最早的实践者：用户可以把一个本地的文件拖入浏览器，这个文件本身不会被上传，而是会在本地浏览器内被计算出此文件的数据指纹——哈希值，而这份文件的哈希值会被永久地公开保存在比特币区块链上。[2] 这样，用户就可以把自己创作的作品、专利或者是合同通过"存在性证明"网站记录到比特币区块链上，以证明在某个时间点该文件就已存在，并且没有被篡改。另一个类似的项目叫作"公证通"（Factom），与单纯上传数据指纹不同，公证通还提供了一套分布式存储原始数据的存储网络：数据指纹被存储在比特币区块链，数据原文被存储在公证通自建的分布式存储网络，后者会每隔十分钟计算一次数据指纹并上传至比特币区块链，从而使得公证通本身也无法修改用户的原始数据。[3] 区块链数据存证的应用也被司法部门所采纳，杭州互联网法院于 2018 年开通了司法区块链平台，该区块链由三层结构组成：一是区块链程序，用户可以直接通过程序将操作行为全流程记录于区块链，比如在线提交电子合同、维权过程、服务流程明细等电子证据；二是区块链的全链路能力层，主要是提供了实名认证、电子签名、时间戳、数据存证及区块链全流程的可信服务；三是司法联盟层，使用区块链技术将公证处、CA/RA 机构、司法鉴定中心以及法院连接在一起形成联盟链，每个单位成为链上节点。[4] 通过整体的完整结构，能够解决互联网上电子数据全生命周期的生成、存储、传播、使用，特别是生成端的全流程可信问题。实践中，平台可以把用户取得的电子数据计算为哈希

---

〔1〕　参见中国区块链技术和产业发展论坛：《中国区块链技术和应用发展白皮书（2016）》。
〔2〕　参见长铗等：《区块链：从数字货币到信用社会》，中信出版集团 2016 年版，第 160 页。
〔3〕　参见长铗等：《区块链：从数字货币到信用社会》，中信出版集团 2016 年版，第 162 页。
〔4〕　余建华、张名扬、吴巍：《杭州互联网法院司法区块链上线 实现电子数据全流程记录全链路可信全节点见证》，载中国法院网 2018 年 10 月 9 日，https：//www.chinacourt.org/article/detail/2018/10/id/3522776.shtml。

值，并生成相应的存证编号；根据当事人提交的存证编号，系统会自动向保存电子数据的源文件发出调取指令，并自动核对源文件与电子数据是否匹配；匹配成功的电子证据将被导入杭州互联网法院诉讼平台作为原告或被告的证据使用。这不仅意味着代码可以作为证据的一种表现形式进入司法裁判的环节中，而且可以作为识别、核验证据的依据，表现为"以代码审查代码"的自动化规制。可以看到，代码不仅越来越频繁地应用于执行司法规则，而且还用于阐述规则，这种证据审查方式强化了司法运作对代码的依赖程度。虽然目前杭州互联网司法联盟链只有 13 个节点，但是当越来越多的法院或仲裁机构接入司法联盟链时，各个接入平台的诉讼案件证据都可以一键调取，代码将更加广泛和深入地参与到司法规则的适用和创制中来。

二、诉讼规则的代码表达与识别

诉讼规则是诉讼参与者进行诉讼活动需要遵循的规范。基于前信息网络时代所形成的经验而建构的诉讼程序规则主要针对物理空间诉讼活动而设计，具有一定的时空性。随着互联网与人工智能时代的到来，诉讼活动越来越多地在虚拟空间中进行，在"互联网＋"的潮流中，法院正在构建线上线下打通、内网外网互动的立体式诉讼模式，进一步拓展网上诉讼服务，普及网上调解、网上证据交换、网上质证、网上开庭功能，构建支持全业务流程的互联网诉讼平台。在这个过程中，计算机代码不断创造出全新的诉讼规则，如识别认证、弹屏送达、查控划扣等。通过代码指令，计算机程序完成了对虚拟空间诉讼活动的引导，这就使得网络空间的软件和硬件愈加实际控制和规制着司法运作的形态。

一是诉讼启动的代码核验。全流程在线化的诉讼活动首先需要解决用户身份识别问题，方可确保用户的操作均属有效的诉讼行为，确定性、标准化、通用性的计算机代码在其中发挥了重要的作用。"浙江移动微法院"依托微信平台，为每一个登录者分配了用户唯一标识——Open ID，用户通过 Open ID 和小程序之间建立关联。在通过身份证件核验、手机号码核验和人脸核验的实名认证环节后，小程序后台将证件信息和登录时的 Open ID 进行关联，实现了小程序用户和真实个人的对应。因"浙江移动微法院"小程序已和浙江省高级人民法院数据中心实现了案件数据交换，故而具有法官身份（含法官助理、执行员、书记员等）的用户和当事人、代理人等诉讼参与人用户，完成实名认证后，均能在小程序内实时查看名下案件。[1] 代码核验代替人工比对的情况不仅出现在身份认证中，还应用于电子化的送达确认。杭州互联网法院诉讼平台收到起诉信息后自动发送案件信息、案件关联码和诉讼平台网址至原告提供的被告手机，被告可在诉讼平台输入接收到的案件关联码，完成案件关联，查看案件信息和诉讼材料。[2] 由于代码核验需要被告的主动配合，所以仍然可能发生电子送达不能的情况。为此，北京互联网法院与联通、电信、移动三大通信运营商合作，在电子诉讼平台送达环节中可向当事人发送弹屏短信：当事人收到短信，手机屏幕被锁定；当事人阅读通知内容，点击"关闭"后，手机方可继续使用。无论被送达人的手机是处于操作过程中还是待机状态，北京互联网法院通过短信方式发送到被送达人手机上的送达内容，不受常见的安全杀毒软件、手机终端设置等方面的信息拦截。[3] 这就使得代码不仅成为电子送达的关联路径，而且成为确保当事人阅读电子送达内容的程序规制。类似应用在诉讼调解中更为普遍，加拿大不列颠哥伦比亚省民事审裁处的在线纠纷解决程序就利用系统程序设计帮助当事人进行问题诊断和自由磋商，我国杭州互联网诉讼平台也设置了调解前置程序，在案件进入立案审核状态之前由调解员居中调解。因此，在网络化的诉讼活动中，代码成为诉讼规则的表达方式和执行方式，甚至在虚拟空间重塑了诉讼流程。

二是审理流程的代码引导。代码不仅在诉讼启动环节发挥核准确认的作用，在立案后的审理活动中也表现出对诉讼活动的引导规制功能。在杭州互联网法院诉讼系统中，对于原被告上传至诉讼平台的证据材料，各方当事人和审理法官均可查看，举证期限届满后，系统自动跳转（或由人工操作跳转）至质证环节。不同于以往需要组织各方到场的庭前会议，在诉

---

〔1〕 吴平平、蒋鸿铭：《移动电子诉讼中的身份识别和行为确认——以"浙江移动微法院"小程序为例》，载百度网 2018 年 12 月 27 日，https：//baijiahao. baidu. com/s？ id＝16210055 52185038030&wfr＝spider&for＝pc。

〔2〕 参见《杭州互联网法院诉讼平台审理规程》，载杭州互联网法院诉讼平台，https：//www. netcourt. gov. cn/portal/indexRpc/viewProcedure. json？ fileIdStr＝Jime_ 1bRhKDxfBJ7tD lsYg。

〔3〕 祝文明：《北京互联网法院推出弹屏短信送达》，载人民网 2018 年 10 月 24 日，http：//ip. people. com. cn/n1/2018/1024/c179663 -30359887. html。

讼系统中，当事人可随时在庭前发表质证意见，对证据真实性、合法性、关联性直接勾选认可或不认可，并可就其证明力有无、大小等进行在线补充说明。[1] 因此，通过诉讼系统的程序设计，法官得以引导双方在庭前完成大部分证据的举证质证，以计算机代码进行行为确认并发生法律效力。庭审中的诉讼规则也通过一系列的代码设置得以展开，比如视频庭审中，通过"庭审前页面"核对当事人身份及权限，通过"休庭"程序和"结束庭审"程序的区分设置保证当事人确认庭审笔录。在网络化的审理过程中，尽管诉讼规则仍然会以法律文本的形式表现出来，如《杭州互联网法院诉讼平台审理规程》《北京互联网法院举证通知书》等规范性文件，但诉讼程序的进行不再以司法人员的组织或主持为主要方式，而是以系统程序的设置米实现对诉讼参与者的司法活动的规制。

随着线上/线下融合发展的趋势加深，互联网空间还出现了突破时空限制的审理新方式。2018 年，杭州互联网法院提出涉网案件的异步审理，让身处不同地方的当事人利用空余时间，在信息对称的情况下非同步地完成诉讼。在异步审理中，诉讼平台会自动发送弹屏短信提醒双方当事人进行信息交换，如"您的诉讼已进入询问阶段，现原告向您提问，请您及时登录处理（手机链接）或电脑登录（www.netcourt.gov.cn），距处理结束还有×小时×分"，并在答辩、举证、质证之后向各方当事人发送法官结合双方诉辩意见归纳的争议焦点。[2] 可以看到，随着网络化审理方式的探索，诉讼活动对代码的依赖程度也在加深，在系统交互中，庭审内容得到整理和分析，事实依据得以完整收集与提炼，诉讼规则以代码的程序设计在各个环节展开，支配着双重空间的诉讼活动。

三是诉讼终结的代码确认。在线审理中，对于诉讼终结的确认也要通过代码来完成。诉讼的终结既包括调解等非强制性终结，也包括法院作出的司法判决、裁定或决定的强制性终结。以往我们需要当事人亲笔签名和捺印才能确认其调解的真实意愿，"浙江移动微法院"则通过"点击"式

---

〔1〕 参见《杭州互联网法院诉讼平台审理规程》，载杭州互联网法院诉讼平台，https：//www.netcourt.gov.cn/portal/indexRpc/viewProcedure.json? fileIdStr = Jime_ 1bRhKDxfBJ7tDlsYg。

〔2〕 王春：《全球首创! 杭州互联网法院"异步审理模式"上线》，载法制网 2018 年 4 月 3 日，http：//baijiahao.baidu.com/s? id=1596697060084657804&wfr=spider&for=pc。

的电子签名确认当事人的法律行为，具体步骤为：（1）用户在实名认证后，需要即时预留手写签名图样，服务器将保存该签名图样，和该用户的 Open ID 进行绑定；（2）用户点击各种笔录、协议的"同意"按钮时，将进入"签名"页面，在签名页面内，用户需要用手指点击屏幕选择"签名"位置；（3）用户点击后，服务器将用户预留的签名图样附加到用户点击位置，形成一张已经附加签名图样的笔录图片；（4）需要多用户签名的笔录、协议图片，服务器判定用户点击"同意"按钮的时间，将各用户的签名图样附加在同一张图片中。[1]将传统的手动"签字"转化为点击"签字"，诉讼规则的样态正在被计算机程序的设计所改变。在信息时代，诉讼活动的强制性终结同样依赖代码的空间规制能力，比如对不符合起诉条件的案件在线裁定不予受理；宣判后将裁判文书上传至诉讼平台供各方当事人查看等。

可以说，代码化的诉讼规则贯穿整个在线诉讼审理，成为规制虚拟空间中诉讼活动的主要力量。同时，这种规制方式并不仅限于电子诉讼，即便是在传统的线下诉讼中，代码也在通过互联网发生规制作用。早在 2008 年，一位澳大利亚的律师在多次向被告送达诉讼文书无果后被澳大利亚法院获准通过脸书传送法律文书，最终顺利解决该案件；如今，新西兰、加拿大和英国的法院均已效仿澳大利亚，通过脸书传送司法文件，以避免案件被搁浅。[2]在互联网、物联网纵横交错的后现代社会，诉讼活动将越来越多地在虚拟空间中展开，而这一过程也必然伴随着代码更加深入地参与到诉讼规则的执行和制定中。由于破除了物理空间的时空局限，计算机程序得以在虚拟世界中构架出不同于以往的诉讼流程，而代码在网络空间的绝对力量一方面保证了既有诉讼规则的实现，另一方面也在悄然改变着诉讼规则的样貌：诉讼规则不再仅是需要被阅读和理解的条文，而是系统中给出的选项和页面。

---

〔1〕 吴平平、蒋鸿铭：《移动电子诉讼中的身份识别和行为确认——以"浙江移动微法院"小程序为例》，载百度网 2018 年 12 月 27 日，https：//baijiahao. baidu. com/s？id＝16210055521 850380 30&wfr＝spider&for＝pc。

〔2〕 参见刘向琼、刘鸣君：《论我国民事诉讼电子送达制度的现状及其完善》，载《法律适用》2018 年第 3 期。

三、管理规则的代码表达与识别

司法管理是指为了实现司法的公正和效率，通过计划、决策、组织、领导、控制与创新等司法管理职能的行使来优化司法资源配置的组织活动[1]以往的司法管理大多通过设立专门的组织机构（如审判管理办公室）以及采取一系列制度措施（如审判质量效率评估指标体系）来监督司法职能的履行、提升司法活动的质效。在信息时代，跨界跨域的数据联通构造出一张流动覆盖的网，司法管理者不仅通过这张网进行信息的收集、分析和研判，还通过网络实现程序控制、资源配置、质量监控以及绩效考核。信息化技术在为司法提供更为高效和便利的运行条件的同时，也使司法管理的规则嵌入系统程序之中，代码成为分配、制约、监督司法行为的新方式。

一是诉讼流程节点的代码控制。审判管理的重点在于审判流程节点的体现、记录、反馈和监督。数字化的智能系统在承载诉讼流程、帮助法官司法决策的同时，也获得了审判活动的全部信息，这些数据反向成为司法管理的有力手段，从而实现对诉讼流程的节点监控。法院运用可视化工具将诉讼活动的全部信息及时展现于网络终端上，根据案件审理程序，对案件的立案审查、移交、排期、审判、签发、评查、归档等节点进行动态监控。例如，黑龙江法院的数字化法院系统为每位司法人员设立独立账户，依据其所在职位享有不同的权限。在员额法官账户中，网页会实时显示所办案件是否送达、排期、审结以及案件的上诉情况；在庭长、审管办人员及院领导的账户中，可以看到所辖法官的案件进度和在办情况，以及所辖部门的案件统计报表[2]如果案件即将超过流程节点，系统将自动进行提示，以督促法官在办案时限内完成；如果案件已经超过节点，系统则会冻结案件，需庭长或更高级别的管理者才能解冻案件继续审理。四川法院也在办案系统中设置了审理时限明确的流程节点，对案件在审判、执行各个环节的运行情况进行动态跟踪、监控和管理[3]在这个过程中，计算机代

---

〔1〕 崔永东：《司法管理的理论与实践》，载《中国司法》2013年第8期。
〔2〕 参见2018年8—9月，笔者在黑龙江省高级人民法院、鸡西市中级人民法院时整理的调研材料。
〔3〕 参见胡昌明：《中国智慧法院建设的成就与展望——以审判管理的信息化建设为视角》，载《中国应用法学》2018年第2期。

码"按照合乎程序规定的方式将司法过程精确拆解,又借助数据分享和集中管理,令系统中的每一个动作都为最上的管理者可见"[1],管理规则通过系统内部的程序设置呈现出来,并对法官的审理行为产生督促作用。在生产正义的流水线上,代码成为勤勉又一丝不苟的监督者和管理者,并在司法运作中起到规则的效果。

二是审判质量的代码监督。随着智能系统在司法领域的广泛应用,计算机程序对司法管理的支持也逐步从程序控制发展到质量监督方面。不同于以往通过事后对案件的评查进行质量控制,智能系统在审理裁判的过程中通过量刑预测、智能纠错等功能对司法过程进行监督,提升审判工作质效。由于"制定法本身就隐含着产生司法冲突的风险"[2],以及法官本身职业素养的参差不齐等复杂原因,"久病不愈"的"同案不同判"问题始终影响着民众对于司法权威的感受。为此,江苏法院建立同案不同判预警系统,利用人工智能和大数据分析技术提取案件情节信息,智能预判量刑结果。系统支持法官上传判决书自动预测判决结果、计算偏离度并自动进行预警,这不仅为法官提供了裁判的参考,同时也为司法管理提供了智能监督的工具。南京、苏州、盐城等法院试点使用该预警系统以来,成功预警高偏离度案件145起,准确率达到92%。[3] 浙江法院则依靠信息化技术建立了全省法院审判、执行两个质量效率评估体系,该评估系统具备灵活的信息数据跟踪监测、预警、检索、统计等功能,能自动提示并防止案件信息的漏录、错录等问题,追溯具体案件直至每一个办案节点的流程信息,实现对各个法院、每名法官直至每个案件的科学量化管理。[4] 凭借智能系统在识别、预测、纠错方面的强大功能,司法部门对审判质量的管理逐渐走向实时化和精细化。管理规则不再需要庞大的机构负责监督执行,而是在智能系统中直接嵌入管理者的要求和期望,此时,代码就被赋予了优化审判体系、提升司法能力、改善审判质效、实现同案同判、维护司法公正的意涵,并在司法权力运行中承担起监督者的角色。

---

[1] 芦露:《中国的法院信息化:数据、技术与管理》,载《法律和社会科学》2016年第2期。

[2] 陈杭平:《论"同案不同判"的产生与识别》,载《当代法学》2012年第5期。

[3] 《最高法工作报告解读系列访谈:加快建设智慧法院》,载最高人民法院网2018年3月3日,http://courtapp.chinacourt.org/fabu-xiangqing-85042.html。

[4] 参见胡昌明:《中国智慧法院建设的成就与展望——以审判管理的信息化建设为视角》,载《中国应用法学》2018年第2期。

　　三是风险案件的代码监管。司法管理不仅涉及对法官行使司法权力的过程和结果的监管,还涉及对司法管理者的监督,即"既要管理被管理者,又要管理管理者"。北京市第二中级人民法院设立"重大敏感案(事)件监督管理平台",对于被纳入院庭长监督管理的十类重大、疑难、敏感性案件,所有院庭长监督意见和行权方式都实时留痕,实现了案件全程可追溯、进度可视化、监管必留痕。[1] 这表现出管理规则在信息时代愈发依赖计算机代码来表现其双重属性,即通过程序设计组织、引导、控制司法活动有序进行,同时对司法活动的监督过程进行有效监管,控制管理者的"为"与"不为"。浙江省台州市中级人民法院也研发了具有引导和监督双重作用的清廉司法风险防控系统(以下简称"清廉司法系统"),该系统试设置了 7 大类 60 个审判、执行和综合风险点指标,通过对接审判信息系统和执行管理系统,实现数据自动采集和同步更新,并自动筛选触发风险节点案件,分别提示承办法官、院庭长、纪检监察部门关注、处理。[2] 可以看到,在司法大数据和人工智能的技术应用中,司法部门的管理机制正在从科层制的人事管理向扁平化的"系统管理"转向,这其中的重要原因正是代码不需要经过重重传递就能够直接规制个人行为,从而实现管理规则的精准执行。机器,作为人类自身创造的控制论的产物,能够克服我们与生俱来的弱点:羸弱的身躯、易犯错的思想以及肮脏的政治。[3] 毫无疑问,计算机代码在司法管理中的应用将更加广泛和深入,将在更多的情况下扮演维护规则运行、监督规则实现的角色。

　　在信息时代,司法规则的制定与实现不再仅依靠机构设置或制度设立,而是在更大的程度上由计算机代码进行精准化的表达和自动化的规制。这与现代司法权力运行中的规制方式有很大不同,因为"社会结构中的制度执行者、合作者与制度之间是相互影响的,既可以相互促动形成良性互动,也可以相互干涉阻碍对方的改进,而在社会结构整体环境与法治

---

〔1〕 参见郭京霞、祝兴栋、涂浩:《整合资源 优化流程 补强能力 重塑机制——北京二中院加强智慧法院建设服务综合配套改革调查》,《人民法院报》2018 年 9 月 6 日,第 5 版。

〔2〕 《浙江省台州市中级人民法院 建设司法风险防控系统 搭建智能化监督管理平台》,载中国法院网 2019 年 7 月 19 日,https://www.chinacourt.org/index.php/article/detail/2019/07/id/4190589.shtml。

〔3〕 〔德〕托马斯·瑞德:《机器崛起:遗失的控制论历史》,王晓、郑心湖、王飞跃译,机械工业出版社 2017 年版,第 45 页。

观念不符的情况下，这种互动的结果存在诸多的变数"[1]　就我国而言，新一轮司法改革旨在破除其他因素对司法权的不当干预，然而，我国司法"行政化""地方化"现状是新中国成立以来逐渐形成，并经过现行宪法和法律所确认的，司法改革的许多措施则需要修改这些法律条款以获得合法性，这样就形成了一个"变法与法治"的悖论[2]　而计算机代码绕开了既有结构与观念的种种限制，为个案中的司法活动直接划定标准并进行监督，这样就在大面积修改法律与"变法先行"之间找到了可行路径，司法管理得到进一步强化。与此同时，代码对司法运行的干预则不断加强，计算机程序既承载了司法活动在时空上的展开方式，也参与到司法决策的过程中，成为司法规则实现的直接路径，通过诸多程序设定强化其监管和规制的功能。

第二节　算法决策的程式化裁判

法律部门一度以追求逻辑上的一致性和精密性为最高目标，然而随着形式主义所预设的"完美法律体系"的迷信被破除，人们开始质疑逻辑在法律实践和生活中的作用，因为演绎推理并不能够完全解释司法结果的"必然性"[3]　在信息时代，大数据以及人工智能技术的发展为我们提供了补充传统法律推理的新方法。通过知识图谱、标签技术、结构化数据库、搜索引擎的构建和深度算法的应用，人工智能可以对海量的司法信息数据进行分析，进而构建证据模型、量刑模型，探索可解释的类案推送，为司法裁判提供全方位的智力支持。在这个过程中，智能系统为各类案件提供"定制化"的证据指引、类案推送以及评估预测，使得裁判结果更加具有连续性、一致性和可预见性，呈现出程式化的算法决策趋向。

---

[1]　钱大军：《司法人工智能的中国进程：功能替代与结构强化》，载《法学评论》2018 年第5 期。

[2]　参见马长山：《新一轮司法改革的可能与限度》，载《政法论坛》2015 年第5 期。

[3]　参见孙海波：《告别司法三段论？——对法律推理中形式逻辑的批判与拯救》，载《法治与社会发展》2013 年第4 期。

一、证据审查程式化

司法裁判以事实为依据，以法律为准绳。其中，正确认定事实是适用法律的前提和基础。现代司法奉行证据裁判原则，"无证据，则无事实"，可以说，对证据的审查和判断就是法官认定事实的过程、方式和手段。[1] 一般来说，证据审查主要包括：（1）证据材料来源是否合法，是否依照法定程序收集；（2）证据材料同案件事实有无联系，特别是因果关系；（3）分析每一证据材料本身是否前后一致，合乎情理，证人与案件是否有利害关系，鉴定结论所依据的资料是否可靠，全部证据之间是否有内在联系，有无矛盾等。其中，只有证据材料的合法性被明确的证据规则所规范，至于个案中证据的真实性或关联性，证据链条是否完整、前后是否矛盾，特别是哪些证据应该被赋予什么"分量"、"说服力"或"证明力"，则是基于法官或陪审团的自由心证。[2] 但这种情况在信息时代的司法裁判中发生了改变，依托强大的数据读取能力和分析能力，智能系统构建证据模型为案件审理提供清单式的证据指引以及瑕疵提示，使法官在证据审查中受到有针对性的指引和监督。智能化的证据指引和监督以类型化的证据模型和结构化算法作为支撑，在减少司法任意性的同时也呈现出证据审查的程式化趋势。

一是证据准入类型化。在现代司法中，证据准入是对证据进行审查的第一步，主要控制证据能否进入事实认定者的视域之中，对事实认定者在案件事实的认知上产生影响；同时，证据准入是审查证据进入审判程序的资格，证据可能因为不具有相关性、被证据排除规则所排除、违反法定取证程序等法律上的规定而失去准入资格。[3] 在大陆法系国家，主要通过证据能力规则来对证据准入加以控制。我国《刑事诉讼法》规定了八类用于证明案件事实的材料，但是对于证据能力、要件证据及必要附属证据的表述仅为"证据确实、充分"，具体条件也十分宽泛：定罪量刑的事实都有

---

〔1〕　参见万毅：《论证据分类审查的逻辑顺位》，载《证据科学》2015 年第 4 期。
〔2〕　参见吴洪淇：《刑事证据审查的基本制度结构》，载《中国法学》2017 年第 6 期。
〔3〕　参见吴洪淇：《刑事证据审查的基本制度结构》，载《中国法学》2017 年第 6 期。

证据证明；定案证据均经法定程序查证属实；认定事实已排除合理怀疑。[1] 因而司法裁判中法官需要凭借经验和逻辑审查个案中是否具备完整的证据链条，并进行证据的综合分析判断。在司法智能化的科技创新中，证据标准指引的概念被提出，为要件证据及必要附属证据的判断提供了更为具体化和规范化的标准。证据标准指引是一种介于规则与原则之间的强制性标准，指的是根据具体案件证据结构的特点及查证犯罪事实的繁简程度，对案件应当收集哪些证据的针对性要求。比如，在"206系统"中，根据证据收集的相对固定性和规律性，命案被分为四个类型：现场目击型、现场留痕型、认罪供述得到印证型、拒不认罪型。对于认罪供述得到印证型来说，其案件特点在于既无现场目击证人，也没有在现场发现重要留痕，犯罪嫌疑人到案后的供述与其他证据能够高度吻合，因此该类型案件的证据应当能够证明先供后证的相关事实，其证据标准指引主要包括犯罪嫌疑人供述，现场勘验检查笔录及照片，提取物品痕迹登记表在内的9项证据要点；但是对于现场目击型命案而言，案件事实有更多的直接证据支持，因而证据标准指引仅以现场目击证人证言、现场监控录像或被害人陈述等5项证据为要件证据。[2] 随着证据标准指引陆续被嵌入智能系统，法官对案件证据链的审查会越来越多地参考系统给出的清单式指引。在这个过程中，证据标准的类型化思维会进驻证据准入的审查中，对于何种证据应当出现在案件中，是否满足证明案件事实的最低要求，法官将根据案件所属类型进行区分，而不再完全根据个案证据与个案事实进行判断。因此，随着更多的证据模型应用于司法裁判，证据准入的审查会呈现出类型化的趋势。

二是证据采信预判化。证据采信是指对诉讼过程中当事人所举出的以及法院自行收集的证据材料进行认证的活动，法官需要在双方当事人质证、辩论之后进行分析判断，认定该证据是否具备证明案件事实的证明效力。因而对案件事实中专门问题的认识所进行的说明和质辩，成为案件的

―――――――――――

〔1〕《中华人民共和国刑事诉讼法》第50条："证据包括：（一）物证；（二）书证；（三）证人证言；（四）被害人陈述；（五）犯罪嫌疑人、被告人供述和辩解；（六）鉴定意见；（七）勘验、检查、辨认、侦查实验等笔录；（八）视听资料、电子数据。"第55条："证据确实、充分，应当符合以下条件：（一）定罪量刑的事实都有证据证明；（二）据以定案的证据均经法定程序查证属实；（三）综合全案证据，对所认定事实已排除合理怀疑。"

〔2〕参见崔亚东：《人工智能与司法现代化》，上海人民出版社2019年版，第128、129页。

事实审理过程，影响法官对案件事实的认定。在信息时代，智能系统强大的存储能力和执行能力可以在精细化规则的基础上对证据进行审查校验并做出瑕疵提示，这使得法官对个案中证据的采信有了预设。上海市高级人民法院研发的"206系统"对上海71个常涉罪名的证据制定了有针对性的证据规则指引，在此基础上形成了单一证据校验规则，将收集、固定、保存证据的系列规定，按照程序、形式、内容细化为具体校验点。以现场勘验笔录为例，形式上应当具备勘验事由、时间、地点、现场条件、勘验情况、勘验人员签名、见证人签名、印章八项证据；程序上应当附勘验照片、绘制现场图、附见证人资格说明；完整性方面还需与《提取痕迹、物证登记表》这一关联证据进行捆绑比对。[1] 通过构建证据模型，智能系统可以校验单一证据，并自动对证据中出现的瑕疵点、矛盾点做出警示指引。对于民事、行政领域的证据审查，"上海民事、行政案件智能辅助办案系统"首批开发了八个案由的证据规则指引，可将各个待证事实所需证据与案件提供的证据进行智能比对，提示缺失情况，并根据证据规则库进行证据合规性预判断。[2] 尽管目前人工智能还不能完全覆盖证据规则，部分需要人工复核（如手写体），但随着数据"喂养"的持续和机器学习能力的提升，智能证据校验将更加全面和精确，并在电子证据的审查中展现出突出的优势。系统会进行自动信息识别和要素整合，并基于案件要素库进行预判和思考，法官只需"对照检查"便可确定证据能否采信，或要求补正、予以排除。作为案件审理的核心环节，预判化的证据采信将成为人工智能辅助司法裁判的特征和趋势。

三是证据印证要素化。证据印证是指将案件许多证据分别证明的若干事实结合起来进行验证，以考察它们是否相互呼应，协调一致。比如，被害人伤痕鉴定意见是被害人为特定锐器所伤，现场发现与伤痕形成相符的刀具，则该物证与鉴定意见形成印证关系。证据印证将会影响证据与待证事实的证明强度。现代司法主要根据逻辑法则与经验法则等"知识库"（stock of knowledge）来判断证据与待证事实的证明强度。[3] 而信息时代的证据印证则更加依赖于智能系统，其可以在抽取案卷要素的基础上对证

---

〔1〕　崔亚东：《人工智能与司法现代化》，上海人民出版社2019年版，第112、135页。

〔2〕　崔亚东：《人工智能与司法现代化》，上海人民出版社2019年版，第238、242、243页。

〔3〕　参见吴洪淇：《刑事证据审查的基本制度结构》，载《中国法学》2017年第6期。

链条内部的印证关系，特别是言词证据之间的逻辑一致性进行快速审查判断。上海"206 系统"运用命名实体识别、实体关系分析技术，定位证据中出现的关键信息（如人物、地点），抽取信息点之间的关系（如人物关系、地点行踪、物品来源与去向），以获得各证据中的待证事项，从而对同一查证事项下证据印证关系、不同查证事项间逻辑符合性、犯罪嫌疑人或被告人多次供述间矛盾事实进行审查判断。[1] 在"206 系统"辅助庭审中，我们已经看到智能系统对言词证据的抽取、比对能力，其快速的查证示证无疑显示出智能化证据审查的效率优越性。[2] 在审理过程中，智能系统将各证据的待证事实按照证据链的模型进行分类排列，法官会在各待证事项下判断证据是否相互印证或存在矛盾。这就意味着法官不再需要通读卷宗掌握案件事实和证据情况，而是在智能系统的要素化整合中进行证据审查。因而，智能辅助下的证据印证将呈现出要素化的趋势。

现代司法中，通过证据对案件事实的查明与认定，是先建立在对证据材料感性认识的基础之上的，然后通过理性认识形成内心确信的一个心理过程。[3] 在智能辅助审判的情况下，证据审查的基础工作将会由智能系统承担，通过证据模型内嵌的证据标准指引、单一证据校验、关联证据之间的印证性分析、全案证据链审查等功能，证据认定将在智能系统对证据材料的即时性识别和判断中初步完成。尽管这一过程减轻了法官证据认定和证据审查的工作量，但是由于受到系统给定结果的影响，证据审查将成为一种程式化的司法活动。

二、准据识别聚焦化

准据识别是指"法官对拟作为法律依据的法律规范进行辨认、甄别和遴选的过程与活动（方法）"[4]。司法推理的一个重要步骤是找法，也可

---

〔1〕 参见崔亚东：《人工智能与司法现代化》，上海人民出版社 2019 年版，第 111—113 页。

〔2〕 法庭调查期间，被告人当庭否认在案发前两年内曾与被害人联络。针对被告人的这一供述，通过与在案证据进行比对，系统的案情要素智能抓取功能快速找出矛盾点，并在屏幕中予以示证：被告人与被害人从 2016 年至案发的 13 次通话记录。

〔3〕 参见汪习根主编：《司法权论——当代中国司法权运行的目标模式、方法与技巧》，武汉大学出版社 2006 年版，第 422 页。

〔4〕 汪习根主编：《司法权论——当代中国司法权运行的目标模式、方法与技巧》，武汉大学出版社 2006 年版，第 425 页。

以说是法的发现，因而准据识别是司法裁判的重要基础。准据识别涉及的重要概念是司法归类，就是对已确认的案件事实进行法律意义上的评价，通过对案件中具有法律意义的特征加以抽象和概括，以相关法律概念的内涵为依据，使其归属于构成某个法律规范的中心概念的适用范围[1]。这一方面要求法官熟悉相关的法律规范，清楚法律规范的调整对象和范围，对现行法律体系有全面的了解和把握；另一方面要求法官具有丰富的司法经验，能够对各类案件的基本类型及其法律关系的性质做出一个大致的司法归类。但由于法律事实的复杂多变与法律规范的浩瀚无边，"法官找法"并不是一件轻松的事情，而是一个复杂且艰难的过程。在大数据和人工智能技术的支持下，"法官找法"将变为"算法筛选＋人工甄别"，智能系统根据案由、证据组成情况，从海量的刑事案件信息资源库中查找与审理案件最为相关的法律法规、司法解释、指导性案例以及类案向法官推送。这意味着法律检索的启动从被动向主动转变，使法官摆脱了传统审理中大海捞针式的寻找，更加高效和准确地得到案件裁判所需的依据。在这个过程中，作为法律依据的法律规范的可能范围被进一步限缩，法官的视野将被吸引到推送的法条与案例上，准据识别呈现出聚焦化的趋向。

一是案例获取自动化。随着社会的快速变迁以及两大法系的交流融合，基于经验主义的判例（法）制度越发受到重视，充分发挥案例的指导性作用已经成为一种具有普适性的法律自我完善机制[2]。意大利、西班牙、葡萄牙、俄罗斯、日本、瑞典、瑞士、哥伦比亚等大陆法系国家越来越注重判例的作用，我国也在 2010 年颁布《最高人民法院关于案例指导工作的规定》，形成了具有中国特色的案例指导制度。通过指导性案例的公布以及中国裁判文书网的开通，法官得以在众多既往判决中获得司法裁判的参考。这种案例获取是以司法归类为启动条件的，法官首先需要对案件中具有法律意义的特征进行抽象概括，然后以其为"关键词"进行检索，进而找到与手头案件最为近似的案例，从中获得化解裁判僵局的参考。在信息时代，大数据与人工智能的融合发展使得案例获取的方式发生了变化，智能系统可以在读取案件信息的基础上自动推送类案，法官无须对案件进行识别就可以

---

〔1〕 参见雍琦主编：《法律适用中的逻辑》，中国政法大学出版社 2002 年版，第 275—277 页。

〔2〕 参见四川省高级人民法院、四川大学联合课题组：《中国特色案例指导制度的发展与完善》，载《中国法学》2013 年第 3 期。

获得与此相似的案例。以"206系统"为例，智能系统首先对犯罪主体、犯罪行为、行为人主观状态、案件事实、证据等案件要素进行标注形成机器学习的样本，而后通过深度神经网络自动抽取提请批捕决定书、起诉书、判决书等文书中的案件信息，构建深度神经网络模型，最后从海量的司法信息资源库中查找与审理案件相关的法律法规、司法解释、指导性案例以及类案，总结并给出类案的裁判标准，实现案件事实和法律要件的融合检索推送[1]。我国最高人民法院已于2018年推出"类案智能推送系统"，该系统从"案件性质、案情特征、争议焦点、法律适用"四个方面，覆盖全部1330个案由，通过机器自动学习构建出超过10万个维度的特征体系，全案由文书数据整体搜索推送准确率达到63.7%，民事、刑事Top10类型的准确率达到85.5%，其中检索全案由整体准确率为61.6%，热门类型案由整体准确率为81.8%[2]。尽管目前的类案推送仍然存在"有效性""全面性""有序性"[3]不足的现实困境，但其已经嵌入多个智能辅助办案系统，并且确实有望启发法官判决思路、统一司法裁判尺度。在类案推送的场景化功能设计中，通过类似案件匹配模型，法官将在庭前准备阶段就自动获得相似事实的裁判文书，参考其中一贯性的裁判思路；而在审理进行中，法官也将参考相似庭审环节和情形的案例样本，进而获取最为相似的案件判决结果、相关法律法规及裁判经验[4]。自动化的类案推送省去了法官寻找法律依据和裁判思路的麻烦，同时也在一定程度上"框定"了司法裁判准据识别的范围，因为在案件事实、法律适用、裁判结果的立体化类案匹配与自动推送中，法官将很难把目光移到类案范围以外的法律依据中，裁判思路也将受到类案"一贯性"经验的影响。

二是法律检索标签化。类案推送当然不是法官获取法律依据参考的唯一形式，当法官对系统自动推送的案例不满意时，还可以进行主动检索。事实上，从20世纪60年代起，美国就开始探索计算机系统的法律检索。1968年，Aspen公司推出基于计算机新技术的法律信息系统，用于成文法

〔1〕参见崔亚东：《人工智能与司法现代化》，上海人民出版社2019年版，第114页。
〔2〕参见左卫民：《如何通过人工智能实现类案类判》，载《中国法律评论》2018年第2期。
〔3〕朱彬彬、祝兴栋：《类案推送的精细化：问题、成因与改进——以刑事类案推送为例》，载《法律适用》2018年第20期。
〔4〕参见陈琨：《类案推送嵌入"智慧法院"办案场景的原理和路径》，载《中国应用法学》2018年第4期。

规的检索；到了 1978 年，Westlaw 已经可以检索美国州法院和联邦法院的判例全文、法律法规以及英国和欧洲共同体的法律。[1] 在我国，诞生于 1985 年的"北大法宝"是法律检索系统的代表，目前其已发展出法律法规、司法案例、法学期刊、律所实务、专题参考、英文译本、法宝视频和司法考试八大检索系统，可实现法规条文、相关案例、裁判文书、法学文献、英文译本等信息之间的双向链接，展现创造立体化的法律信息体系。然而，由于搜索引擎在内容、链接地址有效性、搜索方式、搜索结果相关度等方面的局限性，简单的"关键词"检索模式仍然无法满足司法人员对于准据识别的精准需求。随着计算机要素抽取技术的发展，智能系统可以通过对司法案例的结构化标注和语义分析理解案情，形成系统"出品"的法律标签，与法官的关键词检索结合起来，精准找到法官所需的案例和法律信息。具体而言，法官可先在系统事先设置的各种刑事案件罪名栏或各类民事案件案由栏中自由选取与手头正在裁判的案件类似的罪名或案由，然后在搜索栏中输入与本案相关的关键词，为了缩小搜索范围，增强搜索精度，法官还可以选择关键词在裁判文书中出现的位置，例如，可将搜索范围限定在裁判文书的"法院认为"部分。[2] 通过一整套的菜单式标签选取与自主搜索，智能系统增强了案例检索的准确性，使检索结果更加有效地服务于司法裁判。随着法律数据库的融合发展，标签化的检索方式将不仅适用于案例检索，还将对应相关的法律法规、司法解释、条文释义、法律学说等信息资源，法官的检索结果将越来越多地取决于算法决策的信息读取和标签设置，因为正是通过要素标签的比对和匹配才能使检索结果更加精细化。

三是信息获取个性化。以类案推送自动化和数据分析挖掘为前提，司法裁判中法官参考法律信息会更加个性化。托夫勒（Alvin Toffler）在《再造新文明》中提出，信息时代的到来，为我们带来了辉煌的"分众化"趋势，人们终于可以摆脱大众社会的桎梏，随心所欲地实现个人自由。[3] 在

---

[1] 参见周尚君、伍茜：《人工智能司法决策的可能与限度》，载《华东政法大学学报》2019 年第 1 期。

[2] 参见左卫民：《如何通过人工智能实现类案类判》，载《中国法律评论》2018 年第 2 期。

[3] 参见 [美] 阿尔文·托夫勒、海蒂·托夫勒：《再造新文明》，白裕承译，中信出版集团 2006 年版，第 20 页。

过去，我们通过裁判文书中引述的类似案例及裁判规则分析法律适用的情况，或者通过法院系统的总体检索数据分析法官群体对法律规范、案例及其他法律信息的需求，这种旨在把握准据识别总体特征的数据分析不可能对应每个法官的工作需求。在算法时代，用户身份的数据识别使我们很容易被高效"锁定"，如同网易云音乐的每日推荐，算法可通过对检索信息的数据挖掘，了解特定法官对法律条文、法律案件的检索需求，并依据其审判习惯实现类案推送和主动检索过程中的信息推荐。通过沉淀归纳与法官的交互数据，智能系统得以构建用户模型，并在每次反馈结果时充分参考这些特征信息，使信息输出更加符合法官个人喜好和习惯，进而使法官获得更好的使用体验。[1] 在这个过程中，算法的反馈流程逐渐形成了法官的个性化偏好，并在日后的法律信息推送和排序中体现出来，比如依据时间、地域、特定案件类型等对推荐列表进行个性化重排序。在法律信息的个性化定制中，法官与智能系统之间的黏性增强，同时法官对作为法律依据的法律规范的考虑范围会进一步固化，因为系统推荐的即是法官常用的。

可以看到，在法律大数据与人工智能技术的介入下，司法裁判的一致性和稳定性将会增强。横向上来看，类案推送功能促进了司法系统整体上的类案类判，有助于统一司法裁判尺度，避免司法裁判不公；纵向上来看，法律信息的个性化定制有助于法官控制自身在类似案件中司法裁判的差异性。这似乎实现了波斯纳（Richard A. Posner）的预想："我期待着有一天，计算机可以从法官的意见和公开声明中建立法官档案，并随着法官发表更多意见而不断更新。这些档案将使律师和法官能够更准确地预测司法行为，并将有助于法官在他们希望的时候，与他们先前的决定保持一致。"[2] 在计算机找出数据中隐藏的规律的同时，智能系统也在将规律反用于审理裁判中。法官的视野和思路聚焦于系统推送的案例和法律信息，在对案件的准据识别中，其可能更加倾向于选择"跟从"系统给出的"方案"。

---

〔1〕　参见陈琨：《类案推送嵌入"智慧法院"办案场景的原理和路径》，载《中国应用法学》2018年第 4 期。

〔2〕　Richard A. Posner, *The Role of the Judge in the Twenty-First Century*, 86 Boston University Law Review（2006），pp. 1049—1068 .

三、自由裁量标准化

司法所享有的自由裁量权是司法裁判权的一种表现方式，在不同语境下有不同的含义，可涉及司法的思维状态、对多种可行法律解决方案的选择、司法自由心证、终局裁量等多方面因素。[1] 但不管在何种语境中，其"自由"属性都使它存在滥用的条件和倾向，为了监督和控制司法自由裁量权的行使，我们常常通过正当程序原则、正义原理、法的精神等理性要求抵御司法自由裁量的潜在威胁。在信息时代，对司法自由裁量的控制转向算法决策的监督和参考。在全流程要素抽取、全节点联动监督的前提下，资深法官的裁判经验、法律法规、司法文书中的原始数据等信息转化为预测模型，为法官最终的裁量结果提供参考。这一方面减少了裁判结果的偏差或失衡，另一方面也使得司法自由裁量呈现出数字意义上的标准化趋向。

一是裁量参考特定化。不同于以往自由裁量的控制中关于正当性目的、正当程序、正当性要素等宏观的理性考量要求，算法基于信息抽取和数据分析的个案裁量建议更为具体和可操作。事实上，布坎南（Bruce G. Buchanan）和海德里克（Thomas E. Headrick）在 1970 年的论文《关于人工智能和法律推理若干问题的考察》中就开始讨论建立法律推理模型的可能性，特别是在提供建议、法律分析和逻辑构建方面预见性地指出类比推理的重要性；到了 1981 年，兰德公司民事司法中心的唐纳德·沃特曼（Donald Waterman）和马克·彼得森（Mark Peterson）建立了一个专家系统，用于侵权法中产品责任案件的法律决策；我国则在 1993 年出现了"实用刑法专家系统"，由武汉大学法学院赵廷光教授主持开发。[2] 经过几十年法律专家系统的研发，人们意识到目前人工智能的发展水平还不能完全达到类人化的逻辑思维严密推理的程度，因而转向通过要素分割的路径以不同的算法（如补充、删减和改变事实中不同要素的方法）生成假设，再与

---

〔1〕 参见汪习根主编：《司法权论——当代中国司法权运行的目标模式、方法与技巧》，武汉大学出版社 2006 年版，第 484、485 页。

〔2〕 See Edwina L. Rissland, Kevin D. Ashley & R. P. Loui, *AI and Law: A fruitful synergy*, http：//www. iaail. org/? q = page/ai-law；周尚君、伍茜：《人工智能司法决策的可能与限度》，载《华东政法大学学报》2019 年第 1 期。

新的案件进行比较论证得出结果。[1] 简单地说，智能系统首先通过分析海量类型案卷进行信息抽取，归纳和提炼影响司法裁判的要素，之后进行科学化、体系化的数学建模，为法官提供针对特定案件的裁判参考。以"206 系统"为例，其采用增强学习与迁移学习的算法，以全国 30 万件盗窃罪案件为学习样本，从"法定刑、基准刑、宣告刑"三个维度对刑事文书进行数据标注，抽取犯罪行为、犯罪主观方面、犯罪人基本情况、罪前罪后表现等影响量刑结果的要素，同时结合法官的经验常识，输入影响案件量刑结果的通用和个案情节，构建智能量刑模型。[2] 在实践中，"206系统"可在案件信息读取的基础上对个案提供特定化的量刑参考。如果说思维理性的原则只能为司法自由裁量指明一个方向，那么智能化的裁量参考就是为法官划定了一个相对确定的区域，在案件审理过程全部数据化监控的情况下，司法管理必然会对超出这个"区域"的裁判严格审查，而这将使法官的裁判结果更加趋向智能系统所给出的"参考答案"。

二是风险评估数据化。不同于根据法官专业性知识做出的定性判断，信息时代的司法风险评价更加依赖于数据基础上的定量分析。在刑事司法裁判中，再犯可能性和社会危害性是法官进行自由裁量的一个要素，基于算法的风险评估正在量刑判决中占据更高的权重。目前，美国各地的法院和社区矫正部门已经开始使用算法来确定被告的"风险"，范围从个人犯罪的可能性到被告出庭的可能性不等。皮尤慈善信托基金的公共安全绩效项目（Pew Charitable Trusts´ Public Safety Performance Project）显示，包括路易斯安那州、肯塔基州、夏威夷州和俄亥俄州在内的 15 个州，要求社区矫正部门采用数据化风险评估的方法开展工作；加利福尼亚州正在使用计算机化的个人评估来决定对假释犯的监管程度；2013年，西弗吉尼亚州开始要求所有重罪犯接受风险评估，法官会在判决前收到报告，并可以选择将分数纳入他们的判决。[3] 我国司法部门也在通过大数据分析犯罪嫌疑人的社会危险性程度。上海市高级人民法院研发的

---

〔1〕 参见吴习彧：《司法裁判人工智能化的可能性及问题》，载《浙江社会科学》2017 年第 4 期。
〔2〕 参见崔亚东：《人工智能与司法现代化》，上海人民出版社 2019 年版，第 168 页。
〔3〕 Kael Alford, *State Parole Boards Use Software to Decide Which Inmates to Release*, The Wall Street Journal （2013），https：//www.inmateaid.com/information/state-parole-boards-use-software-to-decide-which-inmates-to-release.

"206 系统"将影响犯罪嫌疑人、被告人社会危险性程度的因素细化为 7 个方面 32 项指标，采用深度学习方式构建社会危险性评估模型，由此提升评估的全面性、科学性和准确性。[1] 这种量化方法能够在更大程度上降低法官的主观倾向性，排除政治等其他因素对司法裁判的干扰，在美国甚至"被认为是解决美国因两党纷争而陷入司法改革焦虑状态的潜在解决方案"。但相应地，这也会降低诉讼案件的个别化自由裁量，"卢米斯案"即是由法官部分地依据罪犯矫正替代性制裁分析管理系统进行量刑判决所引发的争议。[2] 罪犯矫正替代性制裁分析管理系统是由 Nortpointe 公司开发设计的，该系统根据对犯罪者的访谈和司法部门的信息来评估再犯的风险，旨在帮助法官做出"更好"的或者至少是以数据为中心的司法决策。[3] 从刑事领域风险评估的方式可以看出，在司法智能化的背景下，法官获取案件信息的方式将更加依赖于系统所给出的精简报告和"客观"数据，甚至通过数据分析获知诉讼参与人是否有良好的征信记录、是否有诉讼记录、其社会层级和社会地位如何等，并在此基础上"进一步地分析出各方当事人和解或撤诉的可能性，对争议标的的心理底线，上诉、申诉乃至上访的概率"。[4] 而在数据化的风险评估进入审理裁判的过程中，司法裁量的结果也将更加趋于数字意义上的标准化，算法的建议和监督成为控制司法自由裁量的一个新趋势。

三是决策输出预警化。不同于以往判决发生后的审判监督和裁量调控，智能化司法转向对决策输出的事前纠错和预警。通过对电子案卷和审判过程相关信息的结构化分析，智能系统可以对司法文书的信息完整性、格式规范性、逻辑一致性、法律依据准确性进行审查，进而发出瑕疵提示。据最高人民法院信息中心主任许建峰介绍，上海法院研发的裁判文书

〔1〕 参见崔亚东:《人工智能与司法现代化》，上海人民出版社 2019 年版，第 113 页。
〔2〕 卢米斯案中，检察官向法院指出，罪犯矫正替代性制裁分析管理系统显示卢米斯"暴力风险高，再犯风险高，预审风险高"；法官告知卢米斯:"通过罪犯矫正替代性制裁分析管理系统评估，您被确定为对社区构成高风险的人"，并部分地依据这一评估，判处卢米斯六年有期徒刑和五年的延期监督（extended supervision）。卢米斯认为，法院使用罪犯矫正替代性制裁分析管理系统进行判决，侵犯了其获得"个殊化判决"（individualized sentence）的权利和基于准确信息获得判决的权利。
〔3〕 参见朱体正:《人工智能辅助刑事裁判的不确定性风险及其防范——美国威斯康星州诉卢米斯案的启示》，载《浙江社会科学》2018 年第 6 期。
〔4〕 参见徐骏:《智慧法院的法理审思》，载《法学》2017 年第 3 期。

大数据智能分析系统，可以实现对裁判文书中 61 项要素的智能分析，发现人工评查不易发现的逻辑错误、诉讼请求遗漏、法律条文引用错误等问题，在判决下达之前及时纠错。2017 年，上海法院分析裁判文书 10 万多篇，瑕疵占比 22.07%，同比降低 12%。[1] 这种事前纠偏的思路不仅用于文书校对，而且在对司法自由裁量的控制中得到了深度应用。上海法院研发的"206 系统"通过知识图谱、标签技术、结构化数据库、搜索引擎的构建和深度算法的应用，自动分析相似案例中地区判决差异、案由适用、法律适用、争议焦点和证据引用情况，可以对裁判结果自动进行监控，实行裁判偏离度分析、预警提示。[2] 如果系统发现法官的判决结果与本院以及上级人民法院 85% 的类似情况下的判决是不一样的，就会自动提示，若法官坚持该判决，那么系统将自动把判决推送给庭长以供讨论。[3] 可见，在司法智能化的背景下，司法裁量不仅受到法律法规、公平正义观念等传统因素的引导，而且在审理过程中会受到算法决策的影响。在"准判决书"与智能化预测结果的比对中，法官会更加容易倾向于贴近系统的"标准答案"，特别是在偏离度预警的情况下，法官将及时调整司法决策中的"不当"观点，司法裁量的结果也将更加趋同。

可以看到，从证据审查、准据识别到裁量结果，信息时代的大数据与人工智能技术深度参与到司法裁判的决策过程中，这不同于以往的法院信息化建设，因为技术应用不再仅局限于"无纸化"的办公形式，而是通过嵌入证据校验、类案推送、量刑预测等功能模块，进而对司法裁判的结果产生重大影响。在这个过程中，新兴知识话语"以科技为手段，以全流程司法数据的获取为基础，借助代码、算法和架构将支配深入到司法运作各个环节的毛细血管中"[4]，司法也在与技术的结合中进一步提高了效能，表现为司法效率的提高和司法裁量的统一。通过诸多数据库的建模和计

---

〔1〕《最高法工作报告解读系列访谈：加快建设智慧法院》，载最高人民法院网 2018 年 3 月 13 日，http：//courtapp. chinacourt. org/fabu-xiangqing-85042. html。

〔2〕 参见《江苏省南京市中级人民法院——打造多层次监督闭环 确保责任制有序运行》，载《人民法院报》2018 年 1 月 15 日，第 4 版。

〔3〕 杨鑫健：《最高法司改办何帆：中国法院正努力把人工智能引入办案系统》，载澎湃新闻 2017 年 7 月 29 日，http：//www. thepaper. cn/newsDetail_ forward_ 1746283。

〔4〕 王禄生：《司法大数据与人工智能技术应用的风险及伦理规制》，载《法商研究》2019 年第 2 期。

算，计算机的模型化思维逐渐进驻司法决策，司法裁判呈现出程式化的算法决策趋势。

第三节　分众在线的场景化运作

在前信息时代，由于受到物理时空的制约，生产生活中的行为、关系和事件基本都是以"场域"为基点来展开的，带有特定性、片段性、分离性、层级性的明显特征；信息技术革命的到来则使人类第一次获得了虚拟/现实的双重空间，社会生活的各个方面得以在线上线下快速地整合完成，生产生活中的行为、关系和事件也转向以"场景"为基点来展开，其远程临场、即时互动、扁平流动、个性多元、全景呈现的属性，使得以前的不可想象变成了今天的生活常态。[1] 在这种背景下，司法运作的场域也逐渐从"广场式""剧场式"的物理空间结构转向远程审理、人机交互、个性定制的多维立体空间，司法过程呈现出分众在线的场景化运作趋势。移动设备、社交网络、数据处理、传感器与定位系统五种技术力量让我们拥有了创建与现实世界相联系的司法场景的能力，通过个人电脑、智能手机等电子设备，法官或诉讼当事人可以在任何地点进入计算机程序构架的司法场景中，完成必需的司法程序和司法活动。在司法智能化的背景下，司法运作将越来越多地借助场景技术优化诉讼当事人的司法体验，提升单位时间司法活动的效率，新兴知识的话语地位也在司法领域得到提升，因为技术力量正在全方位地塑造司法过程的形态和架构。

一、司法空间脱域化

吉登斯在《现代性的后果》一书中提出"脱域"的概念，意为"社会关系从彼此互动的地域性关联中，从通过对不确定的时间的无限穿越而被

---

〔1〕　参见马长山：《智慧社会背景下的"第四代人权"及其保障》，载《中国法学》2019 年第5 期。

重构的关联中'脱离出来'"。[1] 人类社会从农业社会向工业社会转变时,经历了第一次"脱域"的过程,人、财、物、信息的现代化流动方式使得社会关系的主体及其行为打破了空间直接作用与互动的地域性限制。但是这种脱域只是加速了社会交往的频率和效率,并未超脱于物理世界之外,形成的是以地域为基础的"中心—边缘结构"。[2] 而在信息时代的知识生产中,人类社会正在经历以"泛在技术"为支撑的"脱域化"。在日渐发达的通信技术、信息技术、射频识别技术等高新技术推动下,一种能实现人与人、人与机器、人与物甚至物与物之间直接联通的泛在网络系统日渐完善、发达,逐步嵌入人们生活的世界。[3] 司法领域同样受到了"泛在"与"脱域"的深刻影响,表现为利用网络构建虚拟司法场景,以零重量、零实体空间展开司法活动。这就使得司法权力的运作摆脱了传统社会地域性建构的约束,产生了大量的场景化特质,在司法过程中呈现出审理远程化、执行数字化、管理可视化的趋势。

其一,审理活动的远程化。在现代司法中,人造建筑空间是司法运行的必要条件,人们在剧场化的规划区域中进行直接交流,完成司法活动。这一方面训练人们遵守程序和秩序,增强了法律的神圣性和权威性,孕育和培养了现代法治客观、冷静的理性精神和品质;但另一方面,人与法律之间的关系也变得愈来愈"彬彬有礼",法官和当事人都必须通过各种"繁文缛节"才能"合法地"进入法律的活动过程,在社会节奏日益加快的今天,剧场式审理成了一种成本昂贵的司法活动方式。[4] 在信息时代,人们更加注重效率与便利,场景化的远程审理成为更多案件的司法活动方式。远程审理是指诉讼程序的参与者不用在特定的时间聚集于一个物理意义上的法庭之中,而是在互联网架构的场景中传递语音、文字或图像信息。在远程审理中,依托传感器的视频技术是司法场景创建的重要手段。通过互联网的数字信号传递,摄像镜头与麦克风延展了我们的视觉和听觉,司法过程得以摆脱地理区隔的限制,在虚实结合的双重空间中交织进行。2017 年,广州市越秀区人民法院

---

〔1〕 [英] 安东尼·吉登斯:《现代性的后果》,田禾译,译林出版社 2011 年版,第 18 页。

〔2〕 参见张康之:《论全球化运动中的"去中心化"》,载《理论探讨》2012 年第 2 期。

〔3〕 胡潇:《"泛在"和"脱域"——当代生产关系空间构型新探》,载《哲学研究》2016 年第 10 期。

〔4〕 参见舒国滢:《从司法的广场化到司法的剧场化——一个符号学的视角》,载《政法论坛》1999 年第 3 期。

推出"数字越法远程视频平台",进行"刷脸"及身份认证后即可通过微信小程序进行远程作证,微信作证将被全程录音录像,刻盘存档,法官还可以根据庭审需要,在控辩审三方画面之间进行自由切换[1]视频技术创建了一个法庭与证人、鉴定人的特定化信息通道,司法空间的触角延展至视频所能联通的任何场域。在刑事领域,远程技术更多地用于刑事案件的提审和预审。新加坡法院可以通过视频链接进行刑事诉讼(所有各方需要同时在场),允许犯罪嫌疑人通过视频链接"认罪",在预审会议/案件披露会议中也可通过视频链接进行听证[2] 我国法院也在利用远程提审系统实现三方视频"面对面"开庭:法官、辩护人在法院参加庭审,公诉人在区检察院内远程庭审室出庭,被告人在端州区看守所远程视频提审室出庭[3]杭州互联网法院则更加注重与移动设备的结合,依托微信小程序实现了涉网案件诉讼流程全程移动在线、电子证据一键调取、庭审多方实时交互等功能,并且采用智能语音识别技术,形成"视频+音频+文字"多种媒体的实时同步智能记录。在远程审判的概念下,司法过程不再以物理上的实体法庭为必要前提,人造建筑的空间紧密性被突破,司法空间得到了几何级数的拓展[4] 与此同时,法院和法庭逐渐演化为一个抽象的概念,丧失了空间实体性的审理活动将更加依赖场景技术以展开司法过程。

其二,执行查控数字化。作为司法权实现的方式,执行权体现着司法权的强制性。法院所做的判决、裁定发生法律效力之后,根据申请执行人的申请或法律授权机关的移送,法院依照法定程序做出执行实施及执行裁决行为,强制义务人履行义务以实现生效法律文书确定的权利[5] 在民事执行权的实现中,关键在于查人找物,只有找到被执行人和被执行财产,执行工作才能继续。传统执行查控是以被执行人住所地为中心进行上门查询,这种模式在民事主体单一的财产结构中是可行的。但随着网络社会双

---

〔1〕 参见尚黎阳:《无法到庭?"刷脸"微信视频作证!越秀法院率先推出微信作证小程序》,载南方新闻网 2017 年 7 月 17 日,http://kb.southcn.com/content/2017 −10/17/content_178218612.htm。

〔2〕 新加坡《刑事诉讼法》第 222 条、第 281 (3) 条。

〔3〕 参见王雯倩:《从"两方"到"三方",肇庆法院远程提审在进步》,载西江网 2017 年 11 月 17 日,http://www.xjrb.com/2017/1117/358020.shtml。

〔4〕 参见段厚省:《远程审判的双重张力》,载《东方法学》2019 年第 4 期。

〔5〕 参见李炎:《和谐社会构建中的强制执行权研究》,武汉大学出版社 2009 年版,第 13 页。

重空间的到来，财产存在方式与流转方式也发生了重大变化，知识产权、股份、证券、数字货币等虚拟财产越来越普遍，并且可以通过手机、电脑等移动设备瞬间实现财产流转，仅依靠传统执行手段难以取得理想效果。〔1〕因而在信息时代，司法执行正在探索以大数据、云计算、人工智能等信息技术为基础的系统化"智慧执行"新模式。

以徐州市铜山区人民法院为例，其建成了执行网络办案平台和执行联动信息平台，执行法官可以利用全国总对总和全省点对点网络查控系统，发起对40多家金融单位和2家互联网银行被执行人存款的自动查询和冻结、扣划，终本案件可每一个月自动查询一次；法院足不出户就能够完成被执行人财产在地方银行的自动查询和冻结、扣划，直接查询被执行人在铜山以及南京、苏州等省内8个城市的不动产登记详细信息，以及在铜山工商部门开办企业或股权投资的具体情况，将拟扣押车辆信息导入铜山公安车辆管理平台，通过公安机关协助扣押车辆和司法拘留。〔2〕拟处置财产的在线拍卖也在虚拟场景中得到了更大的运作空间，淘宝网司法拍卖系统可以对拍卖物品进行 VR 全景展示，京东大数据平台可以对潜在买家进行精准推送，2020 年全国法院共使用网络司法拍卖平台累计拍卖标的物 57.3 万件，成交额 4013 亿元，相比线下拍卖方式节约当事人佣金 123.6 亿元。在网络查控系统中，法官不再需要实地查询和现场交涉，而是通过信息共享实现数字世界的财产一体化查控，这实质上已经形成了一种超脱于物理空间的司法权力实现方式，而在执行履行的有效性方面，"泛在技术"更是成为法院追踪失信被执行人的"千里眼"。无锡市中级人民法院自主研发的"被执行人履行能力大数据分析系统"，运用信息化手段整合海量数据，对被执行人的消费习惯、行为规律、财产隐匿等情况进行智能分析，获得对被执行人履行能力的精准判断。该平台搭载专门软件以获取被执行人在互联网上可查询的财产公开信息、消费记录、通信记录、出行记录等与财产有关联的各类信息，只要在平台输入被执行人的名字，其所有的银行、理财等金融系统的资金往来活动轨迹线路就变得清晰，是否恶意转移财产一目了然；睢宁县人民法院的执行查控网可以实时监测被执行人的银行账户，当被执

---

〔1〕　参见陈纯柱、李雅丹：《网络执行查控机制研究》，载《广西社会科学》2017 年第 12 期。
〔2〕　参见王牧、吴磊：《"智慧执行"模式的具体探索和未来展望》，载中国法院网 2018 年 1 月 18 日，https：//www.chinacourt.org/article/detail/2018/01/id/3179286.shtml。

行人的银行账户金额增加或减少时，系统会自动反馈，并通过短信告知执行法官，使执行法官能够第一时间捕捉到被执行人银行账户将来的变动信息，从而及时采取执行措施。[1] 执行过程的网络查控和追踪突破了物理空间的地域限制，司法权的实现方式在数字世界中获得了跨越性的拓展，"泛在"与"脱域"所给出的行为机制和空间效能，正深深嵌入司法权力的运作过程之中。

其三，司法管理可视化。"泛在技术"对个案的司法运作产生深刻影响，而且在司法的监督管理方面体现为场景化的个案追踪和类案分析。浙江省台州市中级人民法院研发的清廉司法系统设置了 7 大类 60 个审判、执行和综合风险点指标，创设"三色"预警模式，实现分类预警监督。该院充分研判案件风险类别和特征，根据不同风险等级，在清廉司法系统中设置红、黄、蓝三色预警模式：蓝色一级预警为低风险等级，由清廉司法系统自动向承办法官或直接相关人员推送信息，提示其自行纠正；黄色二级预警介于高风险和低风险之间，由清廉司法系统提示院庭长关注，实时监控案件进展情况；红色三级预警为高风险等级，预警后及时提醒院庭长、纪检部门履行监督职责。清廉司法系统正式运行以来，台州市中级人民法院各部门触发廉政风险节点每季度均有大幅下降。截至 2019 年 4 月，共计触发 248 次风险节点，较上期（2019 年 1 月）654 次下降 62.1%。[2] 在司法信息化建设的过程中，司法管理从以往的数据统计上报转向全流程的可视化监督，这一方面表现为法院内部通过智能系统的预警机制加强个案的信息识别和风险预测，另一方面也表现为上级法院对基层信息的全景式管理。江西省高级人民法院开发的全省法院基层基础可视化管理平台以推进基层基础工作为指向，以信息化建设为依托，以可视化管理为理念，将基层法院、人民法庭的基本情况、人员（员额）情况、案件质效等信息深度整合，实现对基层法院、人民法庭"人、案、事"的实时监测、智能管理。平台包括省、市、县法院和人民法庭四个层级，通过 3 大板块、5 个部分、100 余项数据，

---

[1] 参见张羽馨：《智慧执行：让执行人员眼更亮脑更灵手更快》，载《新华日报》2019 年 1 月 17 日，第 8 版。

[2] 参见《浙江省台州市中级人民法院 建设司法风险防控系统 搭建智能化监督管理平台》，载中国法院网 2019 年 7 月 19 日，https：//www.chinacourt.org/index.php/article/detail/2019/07/id/4190589.shtml。

从宏观到微观展现全省法院基层基础的基本情况，综合运用照片、图片、表格、数据、文字等形式，实现基层基础总体概况、人民法庭状态、人民法庭分布、基础设施建设情况、员额及配备情况、员额法官办案情况、多维度案件质效、庭审直播、特色工作、所获荣誉十个方面"看得见"，以解决以往基层基础工作底数不清、情况不明的问题。[1]

通过法院专网的信息共享，传统的地理区划式层级管理逐渐转向远程联动的可视化监督，司法管理的运作空间转向信息数据交汇流动的数字世界。在司法智能化的背景下，场景技术将更加深入地应用于司法管理和监督，如以视频分析、语音识别等技术动态监控合议庭开庭的"智能巡查系统"，以及运用物联网通信技术和定位技术对法院人员实时定位的安全管理系统，此时，司法管理的运作将进一步摆脱"中心—边缘"的层级式管理，转而呈现为精细化、个案化、可视化的全景式管理，新兴知识话语也在司法权力的自我管理和完善中获得了更为稳固的地位。

二、司法供给分众化

随着数字化技术的发展，我们所有人都在一步步地进入精细解析的社会。从量化自我到量化世界，新的技术手段不仅能够解释自己的身体，还能解释我们的语言、社会和历史。借助数字书籍，语言学家可以重新检测我们拥有的词汇量；借助网页测试，竞选团队能够找到对选民而言最具有吸引力的宣传内容。[2] 这些高度解析的结果不仅能够帮助我们了解社会现象，而且反过来可以通过互联网进行分众化的信息传播和场景创建，比如亚马逊的个性化商品推介，或者通过社交媒体的个人账号预测和影响民意的选择。[3] 在信息时代，司法活动与司法数据也被高度解析，司法过

---

〔1〕 参见姚晨奕：《江西法院基层基础可视化管理平台上线试运行 平台覆盖省、市、县法院和人民法庭四个层级》，载《人民法院报》2018 年 1 月 3 日，第 1 版。

〔2〕 参见［德］克里斯多夫·库克里克：《微粒社会》，黄昆、夏柯译，中信出版集团 2018 年版，第Ⅶ、21 页。

〔3〕 据《纽约时报》和《英国观察家报》报道，剑桥分析公司（Cambridge Analytica）于 2016 年与特朗普竞选团队合作，在未经用户许可的情况下，该公司获取了 5000 名脸书用户的信息，并将之滥用于 2016 年美国总统大选期间的政治广告，利用个人档案建立起个人信息系统，预测和影响民意的选择，来帮助特朗普赢得大选。参见古泉君：《特朗普靠脸书赢下大选？》，载虎嗅网 2018 年 3 月 19 日，https://www.huxiu.com/article/236340.html。

程不再是粗粒化的"批量式"制度安排,而是将司法程序与个案场景进行信息整合,通过计算机系统为当事人提供个别化的司法资源配给。这一过程与不断深化的网络化司法环境密切相关。一个高度解析的世界与单体化的人类只有在一种复杂的、具有交互行为的网络中才是可以想象的,因为能够收集和处理的数据越多,与众不同的个体形象才能越清晰。[1]

其一,个性化的信息整合。在大数据与物联网的融合发展中,开放的基于云计算的移动平台正在越来越多地承担着个人助理的角色,它们与社交媒体、电子邮件、交通和天气等各种移动应用程序相连,充当一站式空间来简化人们的生活,自动过滤多余的信息,并预测任务。[2] 比如 SmartThings 的云计算平台就可以利用移动应用程序和传感器来帮助使用者管理家中的门锁、照明、温度和电力系统;QQ 邮箱则会在获得许可的情况下为朋友发送生日祝福;飞常准 App 可以记住你关注的航班信息,并且帮助追踪这些航班是否延误。司法部门也开始根据个人账户整合司法信息,实现个性化的信息提供和访问引导。在"浙江移动微法院"中,法官、当事人及其委托代理人可在账户中搜索和查阅省内所有与其有关的未结案件和已结案件,并可通过微法院个人账户接收这些案件的最新消息。澳大利亚在线法院也在探索个性化定制的数字服务,法院用户将拥有个性化账户,可以访问针对其个人需求进行引导的门户网站:当事人及其代理人可以访问有关其案件的文档,在线系统将指导当事人理解法院程序,同时列出信息和提醒;司法人员可以访问所有列出的案件信息,能够安排案件的远程申请,请求更多信息或诉讼参加人的确认;专家、证人、受害者能够通过账户获取传票和其他相关信息,请求或预约远程作证;登记处工作人员能够通过账户进行案件管理并访问登记文件,能够向各方请求信息或确认并在线完成注册工作。很快,移动平台就会知道案件进程将如何影响你的需求,它会在立案申请时向你推送类似案件的裁判文书,或者为即将到来的庭审向你提供关于上庭的

---

[1] 参见[德]克里斯多夫·库克里克:《微粒社会》,黄昆、夏柯译,中信出版集团 2018 年版,第 10 页。

[2] 参见[美]罗伯特·斯考伯、谢尔·伊斯雷尔:《即将到来的场景时代》,赵乾坤、周宝曜译,北京联合出版公司 2014 年版,第 166 页。

指导信息。在这里，我们已不再是单一的"生物人类"，而在司法数据的高度解析中被赋予"数字人类"的新属性。在微粒化的感知中，用户之间的差异性被捕捉，这些差异激化了数据的再次利用。在今天，差异是连接纽带，而不会造成分离，因而司法程序由于个性化的信息整合而更加多元开放，司法运作的过程更加依赖于数据分析基础上的分众化场景。

其二，专属性的场景创建。在现代社会，司法资源一直是作为一种公共资源出现的，因而司法资源的配置和供给也是司法权力运作的重要方面。在物理场域下，法庭是公共空间，因此需要书记员进行排期以最大化地利用法庭资源。但在计算机程序所构架的系统中，庭审被看作是连接各方主体的交互场景，开庭时间只需法官与各方当事人沟通就可确定。诉讼平台为每一个案件创建交互通道，分属各地的诉讼参加人都可参与该案的庭审活动，此时的庭审场景不仅表现为虚实结合、人机交互的双重空间属性，而且具有个别化、专属性的供给特征。这在以往的司法过程中是不可想象的，因为物理空间的司法资源并不允许法院提供如此精细化的司法供给，只有在供给端与需求端双向数字化、网络化、智能化的基础上，才能实现对各方诉讼主体的精准计算，进而为案件进程创建特定化的应用场景。这一趋势也在电子谈判和电子调解中有所体现。新加坡庭审系统（CJTS）是集在线归档、案件管理和在线争议解决为一体的电子诉讼平台，可为当事人提供电子评估、电子谈判/调解、电子申请等业务。在电子谈判过程中，无须第三方干预，双方可在安全的平台上发送、接收和存储各方之间的通信，促使各方考虑双赢的解决方案；达成和解后，各方可以在线申请同意令；电子调解则在聊天室环境下进行，系统会在页面中显示关键信息，提供对关键文档的访问链接，并通过定制化的调解工具协助调解员进行调解。

事实上，谈判/调解的定制化场景最初出现在保险案件的赔偿金额协商中。20世纪90年代后期，针对传统纠纷解决程序中信息交换无效或者低效的情况，Cybersettle开发了"背靠背竞价"程序，利用机器的计算和通信能力促进双方共识的达成。一方在电脑上输入愿意支付的最高金额，另一方输入能够接受的最低金额，双方对报价保密，如果差价在一定比例范围之内，双方就对差价折中并达成最终的解决协议；如果差价超过了一定范围，则交易失败。[1] Cybersettle 通过电子代理人允许用户在保密的情况下提交解决的邀约，为当事双方创建了专属的虚拟谈判空间，避免面对面谈判中因虚张声势或遮掩试探而导致谈判失败。随着在线纠纷解决机制的发展，电子调解更注重增加纠纷解决中专业知识的权重，Smartsettle 基于博弈理论为当事人提供最优方案，有时甚至比他们自己达成的协议更加有利，Youstice、Modria、PictureIttled 等企业则越来越积极地利用科学技术提高或取代调解员的专业知识技能，以算法应用为各方提供建议或直接给出解决方案。[2]

在社会全要素的智能一体化过程中，未来的计算机系统将拥有更为丰富的数据集，通过对"数据人类"司法活动的高度解析，司法部门可以为各方提供更具有针对性的司法程序，以帮助诉讼主体快速、便捷地解决纠纷。在虚拟现实的多维立体空间中，司法资源的供给被精细化控制，司法运作的过程更加依赖于智能系统的场景创建和资源分配。

三、司法交涉界面化

时至今日，计算机不仅是一个简单的工具，它已经融入人类的文化、经济与生活中。在司法领域，网络计算机的广泛应用使得司法交涉从人与人之间的直接交流转变为以计算机为媒介的场景化沟通，在人机交互的过程中，计算机程序所创建的界面正在成为司法活动主体直接面对和沟通的对象。在这种融合了虚拟空间和物理空间的信息圈生态中，人的意向通过计算机的图形用户界面（Graphical User Interface，GUI）与对话式界面进行表达和干预，移动设备、社交媒体为界面化的人机智能交互提供了技术基础，法院与当事人、其他公共部门以及当事人之间的司法交涉都在场景化技术的构架中得以完成。

其一，法院与当事人之间的界面化交互。1979 年，年轻的乔布斯受到施乐公司研发的图形用户界面的启发，在随后上市的 Macintosh 中首次应用了这一技术，从此 PC 开启了一个以图形用户界面为主流交互方式的新时

---

〔1〕 ［美］伊森·凯什、［以色列］奥娜·拉比诺维奇·艾尼：《数字正义——当纠纷解决遇见互联网科技》，赵蕾、赵精武、曹建峰译，法律出版社 2019 年版，第 48—50 页。
〔2〕 参见［美］伊森·凯什、［以色列］奥娜·拉比诺维奇·艾尼：《数字正义——当纠纷解决遇见互联网科技》，赵蕾、赵精武、曹建峰译，法律出版社 2019 年版，第 52 页。

代。相比于传统的文本界面，程序图标、窗口化、下拉菜单和绚丽的图像效果具有更强的可接受性和可操作性，以互联网浏览器为基础的搜索引擎、多媒体动画、聊天工具等应用则使网络用户界面大放异彩，如今，以虚拟现实为代表的智能机器人和以便携式电脑、智能手机为代表的计算机的微型化、随身化、嵌入化，成为计算机发展的重要趋势，多通道、多媒体的智能人机交互正在成为各个行业新的发展方向。在司法领域，法院与当事人或代理人之间的司法交涉正在从"面对面"的共时性交涉走向"屏对屏"的界面化交互。杭州互联网法院的在线诉讼界面采用了"勾勾选选点点"的模块化设计，让复杂的诉讼流程"一看就懂、一用就会"，起诉、调解、立案、举证、质证、庭审、宣判、送达、执行等诉讼环节全部在网上进行，当事人只要打开电脑、轻点鼠标，即可通过场景化的诉讼程序参与司法活动。在这里，场景化的诉讼界面并不仅是一个信息交互的数字化通道，而是通过在线诉讼程序的设置和引导在法院与当事人之间形成了一种既联通又区隔的交互方式。这种交互方式一方面通过在线方式便利了当事人的诉讼需求，另一方面也使法官获得了更加自由、合理的办案时间分配的可能。不同于以往司法交涉所必需的时空的特定性，智能化的诉讼系统可以在同一时间形成无数个司法场景，众多当事人可同时通过系统界面发起与法院的司法交涉，而法官则在界面"区隔"和程序设置中得到了一些"缓冲时间"，比如法官可以不拘泥于特定的空间和时间安排工作进度，这反而有助于提高司法效率，因为碎片化的时间也可以被用于司法活动。杭州互联网法院涉网案件开庭平均用时仅需28分钟，一起案件从起诉到结案平均仅需20天，这其中还包括了15天的举证期限。[1]

此外，司法部门也在通过界面化交互探索"面对面"交涉较为困扰的问题，比如送达问题、存证问题、执行问题。杭州互联网法院的电子送达平台可以根据宽带地址、电商收货地址等锁定当事人的实际地址，一键多通道同时送达；电子证据存证平台通过标准化、格式化设置，打通数据来源，让电子证据可信、可用、可保存；创新使用"互联网＋"执行平台，

---

〔1〕　参见徐隽：《杭州互联网法院构建涉网案件审判新机制》，载人民法治网2018年9月28日，http：//www.rmfz.org.cn/contents/3/156820.html。

实现自动查冻、在线执行谈话、自动上拍。[1] 随着计算机与互联网技术的紧密结合，法院与当事人之间信息流动的方式正在从文本传递转向数据传输，而司法交涉的方式也从物理场域的"面对面"交流转向数字世界的界面化交互，但是后者并非前者的简单在线化复制，因为界面不仅意味着人类正被"线"连起来，还意味着人类正在被无处不在的场景所包裹，法院正是在这其中扮演了设置场景、维持场景的角色。

其二，当事人之间的界面化交涉。随着线上/线下融合发展的趋势加深，当事人之间的证据交换和法庭辩论也可以通过计算机程序的界面进行，这突出地表现在涉网案件的异步审判之中。所谓异步审判，乃是与同步审判相对而言，是指包括法官和当事人在内的程序参与人，非但不必相聚一室进行诉讼活动，甚至可以不在同一时间做出各自的诉讼行为，程序参与人在意见表达上，可以有时间上的延后间隔，一方表达后，他方无须立即做出回应，在其后的一定时间内（例如 24 小时或 48 小时）进行表达亦为有效。[2] 据互联网法院通报的"十大知识产权典型案例"，其适用异步式裁判规则审理的第一起案件便是网络传播权纠纷"《金陵十三钗》案"。双方当事人在这一新型审判模式中，可通过留言的形式在平台内进行答辩，即使时空不一致、诉讼行为不同步，也依然达到了信息完全对称的效果。[3] 在异步审判方式下，群件（Groupware）技术为司法活动创建了群组协作场景，计算机程序不仅支持当事人之间的司法对话和信息共享，而且能通过界面化交互协调各方诉讼行为，比如杭州互联网法院的诉讼平台可以自动发送弹屏短信提醒双方当事人答辩、举证、质证，以及是否需要补充证据。这一过程突破了线下司法在时间上具有的共时性或同步性，当事人之间的司法交涉转而通过界面化的人机交互进行。

信息时代司法交涉的另一特征是移动界面的实现与开发。早在 2012 年，全球手机数量就已超过世界人口总数，伴随着移动电子终端的普及，诉讼主体使用各类移动电子终端进行电子诉讼的需求不断扩大。由于移动

---

[1] 参见徐隽：《杭州互联网法院构建涉网案件审判新机制》，载人民法治网 2018 年 9 月 28 日，http://www.rmfz.org.cn/contents/3/156820.html。

[2] 段厚省：《远程审判的双重张力》，载《东方法学》2019 年第 4 期。

[3] 秦汉：《互联网法院纠纷处理机制研究——以网络著作权纠纷为例》，载《电子知识产权》2018 年第 10 期。

电子设备的便携性、普及率远高于 PC 设备，移动界面设计（Mobile and Ubicomp）成为整合、集成并提升线下诉讼和 PC 端司法交涉的重要方向。"浙江移动微法院"依托微信小程序提供证据交换、质证等在线功能，当事人可通过系统界面提交自己的证据材料，查看对方证据目录及证据详情，并可对该证据提出文字或图片形式的质证意见。在这里，移动界面为当事人之间的司法交涉提供了更为灵活、便捷的途径，通过移动设备的各类传感器、定位系统以及搭载的社交媒体，多通道、多媒体的界面化交互超越了以往同步式的直接交流，场景化的人机交互成为信息时代司法交涉的趋势。

其三，法院与其他部门的界面化交涉。在大数据时代，公共部门之间的信息共享已经成为国家治理体系和治理能力现代化的必然要求。在司法领域，法院与公安、工商、银行、证券、国土、车管等机构建立了远程联动的信息共享机制，通过专网通道与其他公共部门进行界面化的司法交涉。2014 年，我国最高人民法院与 16 个有关单位和金融机构合作，建立了"总对总"网络查控系统，执行法官只需在系统界面中提交申请，系统就会自动向法院反馈被执行人在银行开立的账户、余额、资金往来等信息，并可在银行审核后快速冻结、扣划被执行人账户内的存款。同年，最高人民法院与国家发展改革委、中央文明办、财政部、人力资源和社会保障部、税务总局、证监会、中国铁路总公司 7 个部门联合发布失信行为惩戒规定，法院在向相关部门发布失信被执行人名单后，各部门联合限制失信被执行人高消费行为，并在政府采购、招标投标、行政审批、政府扶持、融资信贷、市场准入、资质认定等方面予以信用惩戒。截至 2018 年 3 月，我国法院通过"总对总"网络查控系统，为 3910 万件案件提供查询冻结服务，共冻结资金 2020.7 亿元，查询到车辆 3206.9 万辆、证券 571.1 亿股、渔船和船舶 51.9 万艘、互联网银行存款 36.5 亿元；共发布失信被执行人 996.1 万人，累计限制 1014.8 万人购买飞机票，限制 391.2 万人购买列车软卧、高铁、其他动车组一等座以上车票。[1] 通过数据共享的远程

---

[1] 参见吴玉萍：《天津法院执行"点对点"查控系统将新增住房公积金查询功能》，载中国法院网 2016 年 9 月 6 日，https：//www.chinacourt.org/article/detail/2016/09/id/2075797.shtml；参见罗沙：《人民法院与民政部门建立信息共享机制》，载新华网 2018 年 3 月 19 日，http：//www.xinhuanet.com//2018 –03/19/c_1122560464.htm。

查控系统，司法部门与其他公共部门的司法交涉从现场调取转向界面化交互，这大大降低了执行查询的时间成本与人力成本。作为最高人民法院"总对总"网络查控系统的有益补充，地方法院也在辖区内建立"点对点"的网络查控系统，与本辖区的其他公共部门形成良性数据交互机制，实现多领域、跨行业的界面化司法交涉。比如，天津市高级人民法院与市住房公积金管理中心建立"点对点"查控机制，市住房公积金管理中心在接收被执行人名单信息后，向法院提供法定职权范围内的、被执行人住房公积金缴存及使用的有关信息；深圳法院与公安、检察、海关、工商、国土、税务、电信、燃气、水务和出租屋管理等 17 个部门单位建立执行联动机制，法官通过"鹰眼查控网"系统发送查控请求，执行联动单位成功接收并处理查控请求后，将协助执行结果的数据报文和电子回执按照技术规范反馈到法院的执行查控信息系统。[1]

由于信息时代的数据采集和数据共享，公共部门之间的联合行动正在变得容易，法院可以通过建立远程查控系统实现信息化、即时化、集约化的信息交互，司法权力通过部门联动获得了更大的运作空间。在这个过程中，计算机程序所创建的界面成为司法交涉所依赖的主要路径，司法过程更加依赖于虚实结合的应用场景。尽管目前这种场景化交涉主要应用于执行程序，但可以预见的是，法院与检察院、监狱、看守所之间也将建立界面化的交涉通道，目前的电子卷宗一键移送、减刑假释案件的远程审理都预示着人机交互正在迎面走来。

第四节   智能回应的平台化服务

司法运作不仅存在于进入正规司法系统之后的纠纷解决，当事人寻求资源解决纠纷的过程也与正义的供给密切相关。司法服务正是法院帮助当事人寻求解纷途径，提供更经济、更简便、更快捷的接近正义的渠道的总

---

〔1〕 胡志光、王芳：《智慧法院建设的思维导图——以深圳法院"鹰眼查控网"建设为案例》，载《中国应用法学》2018 年第 2 期。

称。信息时代的司法服务并不局限于通过法律援助、公益诉讼等制度设计增加当事人参与诉讼的机会,而是更多地以技术手段赋予司法便民化、人性化的新内涵。在法院信息化建设的初期,法院网站通常需要通过电脑访问,并且提供的是分散的、一般性的信息,比如诉讼指南、开庭公告、机构设置,也包括法律新闻、法官讲堂等额外资源。尽管法院把相当数量的信息公布在网站上,但是在对司法系统、法院网站不熟悉或者没有专业人士介入的情况下,用户很难找到真正适用于特定案件的信息,网站无法提供针对性的司法服务。到了今天,智能互联网的场景化思维深度应用于各个领域,司法服务也更加强调数据分析、整合、共享基础上的精准定位、智能预判。这促使司法部门将智能司法产品与司法服务平台结合起来,为纠纷解决提供一站式、个性化的行动指导,提升当事人的诉讼体验。司法大数据及司法人工智能技术的社会化应用增加了公众与司法部门之间的黏性,智能回应的司法服务平台为信息化社会提供了更加有效、更加便捷的"接近正义的方式"。

一、诉讼引导智能化

早在 30 年前,英国著名法学学者理查德·萨斯金（Richard Susskind）就在其著作《明天的律师:预见你的未来》中提出,法律行业最大的变化将是引入人工智能应对各种问题与挑战。[1] 近年来,随着人工智能的高速发展,司法部门逐渐把 AI 打造为司法服务的标配,从而实现智慧化的诉讼引导。智能技术在诉讼引导中展现出的特质是:充满创造性、有耐心、坚忍不拔。当事人在平台化的智能服务中或许正在经历一个比"真实"世界好得多的世界,因为机器世界会更加全方位地满足当事人在挑战、认同、快速反应和清晰的规则方面的需要。在前人工智能时代,司法服务只能提供一种简约而粗糙的引导,虽然能够完成一般性的法律咨询,但是无法做到精细化的案件预测和风险评估。当人工智能和计算科学的发展使计算能力不再稀缺,算法就成为高效、精确和灵敏地实现各种治理目标的首选,这势必会推动智能化诉讼引导的全面兴起。

一是结构化问询。与统一化的司法公开和法律规范的公布有所不同,

---

[1] 参见邢玲:《变革与挑战:当法律服务邂逅人工智能》,载《上海信息化》2018 年第 2 期。

诉讼服务智能系统及机器人可根据用户选择，提供有针对性的法律咨询解答或办理事项的引导。这一过程与平台维权中的结构化问题诊断颇为相似，在用户输入基本问题后，系统会提取关键词并引导用户进行有针对性的问题理解和回顾，并在这个过程中快速识别问题类型，将相关法条和相关案例推送给用户。浙江移动微法院的问答机器人"小法管家"就可以通过主动的结构化问询明确用户的咨询点，实现智能问答和智能引导。英国法院也在致力于"结构化问询促进和解"，即在民事赔偿案件中，采用智能的结构化问询，以缩小案件范围并促进和解。事实上，最初的智能法律咨询并非由司法部门启动。2015 年在纽约面世的 DoNotPay 平台由斯坦福大学学生约书亚·布劳德（Joshua Browder）开发，旨在帮助用户判断是否对交通罚款提起上诉。通过结构化地询问用户一些问题，DoNotPay 得以明确判断是否有上诉的依据。如今，DoNotPay 可为美国和英国的居民提供1000 项法律服务。[1] 而我国"法狗狗"公司开发的对话式咨询机器人，可以通过在线自然语言提问，支持婚姻、员工劳动纠纷、交通、刑事、公司财税、民间借贷等领域的咨询，给出可能的判决结果、执行建议及相关的法律条款。

相比于传统的人工服务，诉讼服务平台具有"全天候""全方位""零距离""无障碍"的特征，特别是搭载了智能语音识别技术之后，智能诉讼系统可以实现人机对话的沟通方式，诉讼服务更加人性化和高效能。目前，智能咨询的效果仍然不尽如人意，比如对问题的识别不够精准，但是智能咨询系统的真正意义在于它为当事人提供了一个更具有靶向性的获取法律知识的机会。在寻求纠纷解决的过程中，当事人往往迷失在海量的法律规范与各方律师的法律意见中，智能系统基于大数据和知识图谱进行结构化问询，可以更加精准地识别咨询者的问题，进而为当事人提供个性化的法律知识推送，这就使接近司法的过程更加直接和高效。新兴知识基础所带来的技术成果进一步联结了司法部门与社会公众，在信息的生产、存储、提取和操作中强化着自身的话语地位。

二是智能化预测。基于大数据的知识发现不仅带来了一切皆可量化的

---

〔1〕 露天：《法律机器人 DoNotPay 免费对英美用户开放 能处理 1000 种案件》，载 TechWeb 网站 2017 年 7 月 16 日，http：//www. techweb. com. cn/world/2017 –07 –16/2557728. shtml。

计算思维，而且使人们开始在更多的行业和领域通过数据挖掘和分析对未来进行预测。一些国家的警务部门正在使用数据分析来绘制犯罪和社区数据的"热"图，以制定预测性警务策略；金融领域则将资产组合等金融投资理论应用到人工智能模型中，结合投资者风险偏好、财务状况及理财规划等变量，为用户提供自动化、智能化、个性化的资产配置建议。司法部门也在探索基于算法的裁判预测，为当事人提供具有针对性的法律建议。在刑事领域，广东法院智能评估平台可以提供危险驾驶、交通肇事、抢夺、敲诈勒索等 8 种罪名的量刑预测，仅需选定涉案量刑情节，就可获得预测结果及类似案例的裁判参考，使公共法律服务具备了更多的"智慧元素"。例如盗窃罪的量刑预测，需提供涉案金额和次数，并在自首、达成和解协议、已满十六周岁未满十八周岁等 6 种减刑情节，以及采取破坏性手段盗窃、在医院盗窃亲友的财物、受过刑事处罚等 6 种不利情节中进行勾选，就可获得预测的刑期、罚金、缓刑、量刑范围以及相似案例和相关法条。在民事领域，东莞市第二人民法院开通的交通事故网上办案平台，内嵌裁判标准和自动理赔计算器，当事人可通过"赔付试算"预先估算合理的赔付结果，形成对诉讼的合理预期。通过网络化的移动终端，司法裁判以技术的形态提前介入纠纷解决之中，甚至可以达到预防纠纷的效果，因为"对法律运作的学习性预测，会深刻改变当事人的规范预期，从而使规范预期不再稳定，也就会相应改变当事人的动机和行为模式"[1]。在智能化预测的背景下，接近司法的同时也意味着司法不可预知性的破除，司法权力借助新兴技术手段得以在案件进入司法系统之前就对当事人的行为产生引导和规制作用。

三是个性化评估。利用大数据和智能学习技术，诉讼服务平台可以为社会公众提供诉讼风险分析、类案推送、诉讼策略推荐等个性化的服务，使当事人提前了解其即将要面对的诉讼风险。浙江移动微法院小程序就可以对当事人勾选的案情信息进行诉讼风险评估，并提供该诉求得到法院支持的概率。在浙江移动微法院的风险评估报告中，案件诉讼风险被分为重大风险（75—100）、中等风险（50—74）、一般风险（25—49）、较低风险

---

[1] 余成峰：《法律的"死亡"：人工智能时代的法律功能危机》，载《华东政法大学学报》2018 年第 2 期。

（0—24）4 个类别。报告会根据个案情况提示诉讼风险指数，并对行动建议、解决途径、财产保全、时间成本、经济成本、法律法规方面进行评估，为当事人提供有针对性的诉讼策略。例如针对遗产范围不能明确的继承案件，风险评估报告会提示，"对遗产范围掌握不完全，本来可以主张的遗产很可能因为您对遗产范围的不了解而被忽略了。对于被忽略了的遗产，法院没有义务主动提醒，所以起诉前通过查资料或者咨询具备法律专业知识的人了解可继承的遗产范围是很有必要的"。又如，对于房屋租赁中承租人擅自装修或扩建引发的争议，其风险评估报告中会显示，"承租人未经您的同意，擅自装饰装修或者扩建，由此产生的费用，由承租人自己承担，您可以请求承租人恢复原状或者承担赔偿损失。因承租人违约导致房屋租赁合同被解除时，就未形成附合的装饰装修，您可以要求承租人拆除，因此造成房屋损毁，您可以要求其恢复原状；就已经形成附合的装饰装修，您可以同意利用，若不同意，承租人要求您赔偿剩余租赁期内部分的残值损失，您可以不予赔偿，双方另有约定的除外"。在对法律法规和相似案例裁判文书进行深度学习之后，智能系统能够帮助当事人了解何时可以从诉诸法律制度中受益，并就达成此类条件可能采取的步骤提供个性化的咨询意见。这不同于之前司法部门所提供的类别性的诉讼引导，因为智能化的评估建议已经不再局限于简单的程序告知或法律检索，而是参与到当事人的解纷选择的决策中来。

二、申请受理移动化

随着互联网技术、通信终端以及多媒体科技的发展，智能手机、无线网络、社交软件成为当今时代人们日常获取信息的主要手段。全球移动通信系统协会（GSMA）发布的《中国移动经济发展报告 2019》显示，截至2018 年年底，中国智能手机连接数已超过 10 亿，使用率（占总连接比例，不包括授权式蜂窝物联网）接近 70%，韩国、美国和英国的智能手机使用率分别达到了 84%、82% 和 79%。[1] 各类移动应用程序的广泛应用加速了双重空间的信息流动，人们更习惯于通过移动设备进行沟通并在其中寻求问题的答案。这种变化同样波及法院的内部程序，电脑和数字化文档取

---

〔1〕 全球移动通信系统协会：《中国移动经济发展报告 2019》。

代了打字机和纸张，律师、法院管理人员及法官转而利用数字化的移动设备来处理法院相关文件。一方面，通过与网络运营商及社交平台的合作，诉讼平台允许当事人随时随地通过移动终端提交诉讼材料，获取案卷信息，或与法官、其他诉讼主体进行沟通。另一方面，法官也可依托移动端办案平台实现"掌上受理"和"掌上阅卷"。这样，各方诉讼参与者就可以在移动化的交互中发挥单位时间的最大效率，使司法资源进一步优化。

一是掌上立案。立案涉及法院受理案件的职权范围，是诉讼程序启动的一种形式。在传统立案中，当事人或代理人需要到管辖法院提交诉讼材料，由若干名立案法官分别负责立案咨询、立案审查、诉讼费收取、制作受理案件诉讼材料等工作，才能完成一系列立案程序。随着社会信息化的加深，利用互联网实现立案的申请和受理成为一种可能，这一方面降低了当事人寻求纠纷解决所产生的成本，另一方面也通过计算机系统集合了咨询、审查、诉讼费缴纳等司法资源，使司法权的运作更为高效。网上立案是掌上立案的前身，是电子法律文书提交（e-filing）的重要组成部分，指当事人或其代理人在法院指定的网络平台中，按照法律及相关司法解释的规定提交电子起诉材料，法院通过网络对起诉进行审查并予立案的活动。

在美国联邦法院系统，网上立案在1996年的俄亥俄州北部联邦地方法院首次适用，目前，所有联邦法院和破产法院均采用 CM/ECF（Case Management/E-lectronic Case Files）系统进行网上立案，全美60万律师和当事人通过该系统进行了起诉。美国法院行政办公室于2013年与时俱进地推出了移动客户端版，在适用平台、文件标准化、缴费功能、优化服务等方面进行升级，以期改善用户使用体验。[1] 我国于2003年提出建设网上立案，截至2016年12月，除港、澳、台外，全国31个省（自治区、直辖市）全部开通网上立案，其中19个省（自治区、直辖市）开通网上直接立案；12个省（自治区、直辖市）开通网上预约立案。[2] 2019年，最高人民法院推出基于微信小程序的移动微法院，利用人脸识别、电子签名、实时音视频交互等先进的移动互联网技术，实现民商事一、二审案件的掌上立案。在浙江移动微法院中，当事人只需通过手机上传起诉状、身份材

〔1〕 参见杨怡：《美国网上立案制度初探》，载《北京邮电大学学报》（社会科学版）2018年第1期。
〔2〕 马登科、唐豪：《我国网上立案制度研究》，载《广西社会科学》2018年第2期。

料、证据材料的图片就可以向浙江省内各级法院提起在线立案申请。在杭州互联网法院微诉讼平台,当事人可在人脸识别核验身份后,勾选结构化诉状,填写网购订单号"申请立案",智能立案系统审核完成后将案号等立案信息即时发送至当事人微诉讼平台账号,并且将案件信息同步至杭州互联网法院网上诉讼平台。[1] 移动端的掌上立案没有使用方面的知识门槛,贴近日常网络活动的交互模式,公众接近司法的过程和渠道更加多元和便捷,北京互联网法院甚至实现了 AI 虚拟法官帮助当事人在线立案。[2] 即便是在立案窗口,司法部门也通过"中国移动微法院"平台探索跨域立案的新模式,当事人可选择向就近的中、基层法院提交起诉材料,协助法院对材料形式核对之后将相关材料发送至管辖法院,管辖法院第一时间作出相应处理,符合立案条件的当场登记立案,《受理通知书》等法律文书将通过电子送达系统送达当事人。[3] 伴随掌上立案而来的还有诉费缴纳的便捷化,比如上海移动微法院允许当事人通过扫描诉讼缴纳通知书上的二维码查询、缴纳诉讼费用,并提供支付宝、微信、银联等多种支付方式。相比于"面对面"的立案方式,移动化的立案申请延续了网上立案的效率优势,并在此基础上扩大了社会公众接近司法的可能性,因为在智能手机越来越普及的情况下,几乎人人都可以随时随地通过法院的移动端口上传诉讼材料。"信息革命的一个直接后果,就是人们的社会行为和日常交往都在不断地数字化"[4],这种数字化也正在改变司法部门资源配置和服务供给的方式。

二是智能表格。当事人在诉讼过程中涉及很多需要向法院申请、与法官沟通的事项,如管辖权异议、财产保全、证据保全、委托鉴定等程序性申请。书面的申请表格通常需要当事人及代理人填写信息及当场确认,这就给诉讼参与者造成了一定的程序困扰。随着数字时代的到来,诉中的电子申请越来越普及,智能表格成为司法部门接收程序申请的新渠道。美国的许

---

〔1〕 参见高媛萱、黄洪连:《在杭州打官司 可用微信小程序》,载《杭州日报》2018 年 2 月 3 日,第 A06 版。

〔2〕 赵加琪:《首个"AI 虚拟法官"上岗》,载新华网 2019 年 6 月 28 日,http://www.xinhuanet.com/tech/2019-06/28/c_1124681556.htm。

〔3〕 参见杨维立:《跨域立案全覆盖彰显诉讼服务改革新成效》,载《人民法院报》2019 年 8 月 11 日,第 2 版。

〔4〕 马长山:《智慧社会治理的五大挑战》,载《学习时报》2019 年 7 月 19 日,第 A8 版。

多法院允许诉讼当事人以电子方式向法院提交文件，比如联邦法院系统通过CM/ECF系统对案件进行分类、存档，向当事人发送各种电子通知，以及允许律师或自我代理案件的当事人通过网络进行起诉或提交诉讼文件，如诉答文书、动议及请求等；奥兰治县高等法院则使用LASOC（Legal Aid Society of Orange County）——电子申请服务提供商（EFSP）之一作为第三方中介，以促进电子申请的达成。[1] 在我国2019年推出的"移动微法院"中，当事人可以通过手机移动端进入掌上法庭，上传申请书图片进行撤诉、管辖权异议、财产保全等申请的提交。如果申请书尚未制作，当事人还可选择平台提供的"模板生成申请书"，微法院通过数据交互进行数据验证、计算和检查数据的完整性，从而"智能"生成申请表格。比如对于财产保全的申请，当事人只需在结构化模板中填写请求事项、被申请人及保全财产的信息、事实及理由等基本情况就可智能生成申请书，在电子签名确认后直接提交至法官。这一方面意味着诉讼过程中当事人可以随时通过移动端向法院提出申请、推进案件进度，另一方面申请受理方也获得了便利，因为设计良好的智能表格可提供更高的准确度（必填字段已完成且输入的数据经过验证），减少书记员的数据输入工作，并可以自动与法院案件管理系统集成。从书面申请到电子申请，再到移动端的掌上法庭，司法与平台服务的衔接正在使当事人与法官的沟通更加顺畅，诉讼程序的运转更加人性化，促进和体现着"客户体验优先"的原则。移动端申请的受理不受场所、时间限制，也将在更大程度上方便法官开展事务性工作，从而有效缓解案多人少的压力。

三是远程阅卷。在传统诉讼过程中，对案卷材料的查阅、摘抄、复制需要在法院进行，这对当事人或律师来说有诸多不便。在电子案卷的支持下，司法部门开始允许诉讼当事方通过互联网查看案件信息。在实践中，部分法院提供在线预约阅卷，比如上海市高级人民法院网站的"网上阅卷"需要提交阅卷申请，审核通过后的查阅有效期为10天，过期需重新申请网上阅卷。尽管预约阅卷已经降低了纸质卷宗查阅的时间成本，但是其审批过程和查阅期限的限制仍然不能满足信息时代社会节奏的需要。因而运用智能互联网技术，司法部门通过支持24小时的访问权限来推进案件进度，提升司法效能。

---

〔1〕 参见杨微波：《论美国的网上立案及其启示》，载《网络法律评论》2011年第1期。

在浙江移动微法院小程序中，当事人或律师可随时在"手机阅卷"模块中查阅其在浙江省所有关涉案件的具体卷宗内容。美国加利福尼亚州法院的门户网站也允许诉讼当事方通过计算机、平板电脑或智能手机进行"远程访问"，以查阅电子法庭记录。可以看到，电子案卷的普及正在减少纸质文件扫描的成本和时间，甚至在司法服务中体现为无须阅卷申请即可在移动端获取卷宗信息，因为智能身份认证（如微法院中的 Open ID）与法院诉讼平台的结合可以通过账号自动关联案件信息，区分诉讼当事方或社会公众的访问权限，从而实现实时的卷宗查阅。

在移动通信技术与移动计算技术融合的推动下，便携式的计算设备正在越来越多地承载着信息时代的社会交流。以智能手机为代表的移动终端具有多功能、容易使用、位置感知、可随身携带等特征，与 PC 互联网时代相比，数字鸿沟可能正在发生变化，因为"在智能手机所有者中，年轻人、少数族裔、没有大学经验的人以及家庭收入较低的人比其他群体更有可能说手机是他们接入互联网的主要渠道"[1]。面向移动化的申请受理将为原本处于"数字鸿沟"另一端的群体提供接近司法的新方式，并在平台化的诉讼服务中增加社会对于法院纠纷解决的认同感。

三、解纷路径分流化

随着互联网通信以及各类移动应用的开发，民众对纠纷解决及时性、便捷性、低成本的需求越来越高。传统模式下法院解纷的滞后性、复杂性、高成本在信息时代的社会发展中似乎不堪重负，切实解决司法资源供需矛盾，实现解纷需求与解纷供给均衡匹配，使纠纷化解在前端、化解在萌芽状态已成为社会的强烈需求。[2] 大数据背景下的人工智能技术为我们提供了快速收集数据和分析结果的能力，这样，法律服务就可以在更精准的程度上进行分类及分配，进而向当事人推荐具有成本效益的选择。目前，多轨道的分类系统正在与现有的法律服务整合，技术驱动的解纷路径的分流与对接将是司法服务的趋势和走向。

---

〔1〕 Kathryn Zickuhr & Aaron Smith, *Digital Differences* (April 13, 2012), https：//www.pewinternet. org/2012/04/13/digital-differences/.

〔2〕 胡晓霞：《我国在线纠纷解决机制发展的现实困境与未来出路》，载《法学论坛》2017 年第 3 期。

一是分诊式解纷轨道。根据案件繁简程度采取不同司法程序的思路由来已久，但在人工分案的背景下，对于案件类型及可能涉及的司法程序的识别无法做到精准化，因而司法资源的分配很难尽如人意。人工智能强大的计算能力为解纷轨道的分配提供了新的方法，司法部门开始应用系统算法探索司法案件的精准分流。江西省南昌市西湖区人民法院自 2018 年起开始推行"分调裁"机制，通过"智能分流 + 人工识别"相结合的方式探索案件繁简分流。该院从案由、标的、当事人人数三个核心要素入手，建立"案由 + 要素"智能识别模式，由系统自动识别、分案，实现案件首次分流；在智能分流的基础上，辅以必要的人工甄选，即配置 1 名审判经验丰富的非员额法官担任程序分流员，将简单案件分配到速裁团队，将家事、交通事故、劳动争议等专业性案件分配到专业化审判团队。[1] 尽管目前的案件分流仍然以案由识别的审判案件繁简分流为主，但是随着司法数据分析技术的发展，智能系统在更大范围内接管司法案件的分诊已经成为一种趋势。2019 年，《最高人民法院关于建设一站式多元解纷机制一站式诉讼服务中心的意见》（以下简称《诉讼服务意见》）提出以"调裁分流和繁简分流"完善"分调裁审"机制，并要求各级法院"普遍应用系统算法加人工识别，实现精准分流"。[2]

在大数据背景下的司法服务中，法院将愈加依靠智能算法来评估如何最好地处理个案。其核心思想是，案件应该通过一个系统来分配，这个系统不仅依据现有的案件类型进行匹配，而且还依据法院最终需要解决的任务的类型进行分配，包括当事人个人情况、法律问题的复杂性，争议焦点的性质以及相关诉求。[3] 比如，对于当事双方没有争议或争议不大的案件，智能系统将分配其至调解、和解轨道，通过谈判程序优化终局协议；有争议的案件则将被分配至仲裁程序、审判轨道解决，并且需要对预审程

---

〔1〕 参见刘英生、陶然：《智能分流 + 人工识别 科学分案助力"分调裁"》，载中国法院网，https：//www. chinacourt. org/index. php/article/detail/2018/11/id/3589703. shtml，2019 年 9 月 23 日访问。

〔2〕 《最高人民法院关于建设一站式多元解纷机制 一站式诉讼服务中心的意见》，法发〔2019〕19 号。

〔3〕 See James E. Cabral, Abhijeet Chavan, Thomas M. Clarke & John Greacen, *Using Technology to Enhance Access to Justice*, 26 Harvard Journal of Law & Technology (2012).

序进行广泛监督。这种分诊功能可以通过案件信息、法院数据库以及从其他机构提取的数据来完善，法院的决定将在很大程度上取决于当事人的诉讼历史，特别是当事人的未决案件及其审判状态，当事人之间的权利差异，以及案件中事实与风险的关系。[1] 当然，智能化语境下的轨道分诊必须是动态的，新的案件事实将触发自动调度或改变所需的程序，这就意味着司法资源的匹配将越来越依赖于智能系统对诉讼当事人提供的数据进行持续追踪和分析，以随时调整个案在其最适合的轨道上进行解决。

二是前置性解纷指导。虽然在线纠纷解决将传统的电子诉讼排除在外，但是司法部门并没有因此排除在线纠纷解决在法院纠纷解决中的适用，前置性化解、特邀、专职调解员调解等线上线下相结合的涉网纠纷解决渠道正在成为信息时代法院的解纷路径的重要组成部分。

杭州互联网法院建立了专门调解室，实现与大部分电商平台的对接，指导并促进电商平台不断提升自我净化能力。截至 2017 年 8 月，杭州互联网法院指导互联网企业开展前置性纠纷解决 139 件；调解案件超过 1200件，调解成功率近 20%；38 件司法确认案件，均实现了当日申请当日确认。[2] 在法院在线纠纷解决项目中，技术不仅被视为改善法院过去运作方式的工具，而且有机会重塑法院处理纠纷的方式。杭州互联网法院的诉讼平台设置调解前置程序，对符合线上起诉条件的案件，设置 15 天前置调解期，通过诉调衔接机制创新，提升立案调解成效。截至 2018 年 8 月，杭州互联网法院民事调解自动履行率达到 98.5%，人均结案数达到 345.31件。[3] 最高人民法院的《诉讼服务意见》也强调从"走出去"和"引进来"两个维度建设多元解纷机制："走出去"强调主动发挥人民法院职能作用，向前延伸触角，为非诉讼方式解决纠纷提供司法保障；"引进来"是为了满足当前群众更愿意在法院解决纠纷的实际需求，在诉讼服务中心建立类型多样的调解平台，引入各类调解人员，配备速裁法官或团队，按照自愿、合法的原则，为当事人提供多途径、多层次、多种类的解纷方案

---

[1] James E. Cabral, Abhijeet Chavan, Thomas M. Clarke & John Greacen, *Using Technology to Enhance Access to Justice*, 26 Harvard Journal of Law & Technology (2012).

[2] 熊秋红:《为什么要设立互联网法院》，载《人民论坛》2018 年第 5 期。

[3] 徐隽:《网上纠纷网上解》，载《人民日报》2018 年 9 月 25 日，第 9 版。

和方便、快捷、低成本的解纷服务。[1] 加拿大不列颠哥伦比亚省民事审裁处的在线纠纷解决程序同样证明了技术变革公共司法服务的潜力。在进入裁判阶段之前，该民事审裁处的纠纷解决工具通常会引导当事人进入一个自动化的协商程序，通过模板和下拉式菜单组织双方互动，促进当事双方进行自由磋商。如果在自动化协商阶段双方未能达成一致，就会进入协助阶段，即在专业调解员的介入下帮助当事人达成共识。如果在协助阶段达成协议，就可将协议转变为法庭判决；如果没有，任意一方可将纠纷诉诸最后的裁判阶段。[2] 在计算机程序日益成为司法过程的主要控制者的情况下，纠纷解决的路径逐渐形成分层递进、繁简结合、衔接配套的立体化分流样态，在问题导向和需求导向中满足多元司法需求，增强诉讼服务的精准性、协同性、实效性。

三是多元化的公共服务平台。信息化社会的背景下，世界各国的司法部门都在朝着这样的方向努力——改善公民诉诸司法的机会，赋予司法人员专业权力，以及使各司法机构能够进行协作。在这里，第三方公共服务平台为社会公众提供了传统法院纠纷解决之外的更为灵活便捷的技术解纷路径，与司法部门共同构成信息化、集约化的纠纷解决体系。

Modria 是 2011 年出现的在线争议解决系统，旨在处理从简单的房屋租赁、小额赔偿到涉及复杂儿童监护权问题、建筑工程纠纷的各种类型的案件。Modira 解决争端机制分四个阶段——诊断、谈判、调解、评估。诊断就是了解客户的需求和争议的内容，数据分析技术可以让这个过程变得更快，其中 75% 的案件在诊断阶段就可以得到解决；谈判是通过在线通信让各方了解彼此的立场，建立合理的期待，促进各方协商解决争议；调解是独立的第三方加入争端解决，在这个阶段，算法可以建立最简单的解决方案，而且可以帮助调解员优化方案，促进双方的谈论；最后是评估，这个

---

〔1〕 姜佩杉：《最高人民法院发布〈意见〉建设一站式多元解纷机制 一站式诉讼服务中心》，载《人民法院报》2019 年 8 月 2 日，第 1 版。
〔2〕 ［美］伊森·凯什、［以色列］奥娜·拉比诺维奇·艾尼：《数字正义——当纠纷解决遇见互联网科技》，赵蕾、赵精武、曹建峰译，法律出版社 2019 年版，第 237、238 页。

阶段可以通过大众评判的方式在线解决争端。[1] 泰勒科技公司——美国法院案件处理系统的最大开发商，意识到这种系统将为法院和司法客户带来巨大的、改变游戏规则的影响，于是在 2017 年收购了 Modria，并在内华达州克拉克县的三个家庭法院中进行了测试。在离婚案件中，Modria 的在线解决方式减少了当事人的诉讼成本（取决于法庭费用结构），同时节省了调解员和法庭的时间，特别是在涉及子女监护权问题的案件中，Modria 帮助父母避免在调解台上面对面时可能出现的不稳定情况。泰勒公司出具的报告显示，在试点法院双方均应诉的离婚案例中，超过 50% 的案件通过在线方式得以解决，8% 的案件使用了调解员，46% 的案件进行了严肃的线上谈判。[2] 对于法院而言，第三方公共服务的在线纠纷解决系统将一部分本应进入审判的司法案件分流出来，提升了法院整体的运作效率。这同时增加了人们诉诸司法的机会，因为立体化的高速多元解纷轨道在同等时间接纳了更多的案件。

我国的第三方公共服务平台主要致力于探索电子商务交易纠纷的在线解决。深圳市众信电子商务交易保障促进中心与深圳仲裁委员会于 2016 年联合推出"ODR + 云上仲裁"，可信交易保障服务为云上仲裁提供准入验证及电子证据支撑服务，纠纷双方可以咨询、调解、仲裁，在网上全流程一站式解决问题。同年，21CN 聚投诉平台（公益性消费投诉服务网络平台）推出"7 天内解决投诉承诺"绿色通道服务，电商、在线旅游、互联网消费金融、第三方支付、银行、家电、教育培训、婚恋交友等行业近百个商家陆续加入这一服务。目前，合作商家均在其官网设置聚投诉入口，第三方投诉监督服务逐渐成为电子商务纠纷解决的重要渠道。21CN 聚投诉平台的统计结果显示，截至 2019 年 9 月 24 日，累计有效投诉 1069988次，累计投诉解决 467407 次，合作商家平均解决率为 83.15%。[3] 第三方公共服务平台为纠纷解决提供了更多的接入点，并且允许解纷机制更早地

〔1〕 相关内容参见美国在线纠纷解决平台 Modria 创始人 Colin Rule 在杭州"2017 年国际调解论坛"的演讲。Colin Rule：《美国在线纠纷解决机制的标准及发展》，江和平、王文君整理编辑，载微信公众号"多元化纠纷解决机制"2017 年 9 月 27 日，https：//mp. weixin. qq. com/s/xqSglMzn XZ1HcA7kfVY1hA。
〔2〕 Clark County Family Mediation ODR Case Study, https：//www. tylertech. com/resources/case-studies/clark-county-family-mediation-odr-case-study.
〔3〕 21CN 聚投诉平台，http：//ts. 21cn. com/，2019 年 9 月 24 日访问。

介入争端解决之中，通过公共部门与私营部门的协作，信息时代的司法服务正在形成一种全景敞视、立体互通、多轨并进的纠纷解决体系。

在大数据、云计算以及人工智能技术的广泛运用中，司法规则、司法决策、司法过程、司法服务不断接纳新兴知识的技术支持，新的知识力量深度参与司法权力的运作。一方面，现代叙事崩塌后的司法权需要新的标准支撑其合法性地位，因为在粗粒化世界发展起来的司法理念与司法制度无法应对微粒社会的高速数字化进程；另一方面，新兴知识力量也需要在司法权力中获得话语地位，以巩固其依托大数据和互联网的知识基础。这样，通过力量的合法化就形成了，"力量不仅是好的性能，而且也是好的检验和好的裁决。它既通过效能使科学和法律合法化，也通过科学和法律使效能合法化"[1]。在新兴技术力量与司法权力的结合中，司法运作所指向的"不再只是福柯意义上的面向整个国家人口的生命政治，也不再是指向霍布斯意义上的抽象和平的法律秩序，而是一个更接近边沁全景敞视的可以精细识别不同苦乐场景的功利主义理想"[2]。但它所追求的并不是总体性的"最大多数人的最大幸福"，而是基于智能算法的精细化控制。事实上，在新兴知识基础的合法化过程中，技术将与权力更为紧密地联系在一起，我们需要在新的法治框架中对司法范式进行审视和探讨。

---

〔1〕　［法］让-弗朗索瓦·利奥塔尔：《后现代状态：关于知识的报告》，车槿山译，南京大学出版社 2011 年版，第 160 页。
〔2〕　余成峰：《法律的"死亡"：人工智能时代的法律功能危机》，载《华东政法大学学报》2018 年第 2 期。

第四章

面向智慧社会的司法范式重塑

在社会信息化与建构理性的碰撞中，大数据、互联网、人工智能等技术在司法领域的深度应用已经是一种必然趋势，司法权面临知识话语更替过程中的合法性重建。我们并不认为新兴技术是解决所有问题的灵丹妙药，但是它为信息时代的司法转型提供了重要动因、机遇与空间。因此，我们需要立足于后现代社会的生产方式、生活方式、行为方式和价值观念等深度变革的客观因素，确立智慧时代司法权的价值理念与功能定位，更稳定、更充分、更有效地发挥新兴知识在司法领域的重要作用，从而促进智慧司法的常规性、机制性运行。也只有这样，才能更好地全面推进依法治国以及国家治理体系和治理能力现代化。

第一节　法治范式转型：迈向智慧法治

一、法治范式转型的理论基础：反思要素

现代法治范式转型关注的共同问题在于法律的形式理性危机以及随之而来的法律的"再实质化"。尽管理论家们通过不同的理论框架和研究进路进行阐述，但是我们可以从他们的逻辑理路中看到共同的反思要素，这为今天面向后现代的法治范式转型提供了理论基础和准备。

诺内特和塞尔兹尼克提出了包含压制型法、自治型法和回应型法三个阶段的法律发展模型[1] 按照这种理论模型，将目的性和参与结合在一起的新的法律形式——回应型法是法律形式主义危机的结果。这种法律模型

---

[1] 参见［美］诺内特、塞尔兹尼克:《转变中的法律与社会：迈向回应型法》，张志铭译，中国政法大学出版社 1994 年版，第16—19 页。

一方面体现出"结构开放"的实质性导向，另一方面也在制度设计中暗含了区别于实质理性模式的反思要素。图依布纳认为，机构设计和政治化在回应型法中所占的地位暗示了反思理性的萌生，因为这里的法律规范致力于"在制度结构和社会结构之间制造一种'和谐适配'，而不是影响社会结构本身"，"法律并不对具体的社会后果负责，而是限于为自我规制，诸如交涉、分权、计划和有组织的冲突，提供结构性的机制"[1] 这意味着回应型法的某些特征超脱了实质理性所要求的具体结果，表现出建构过程与组织参与中所具有的"反思"理性。这种反思性特质在卢曼和哈贝马斯所探讨的法律与社会共变的理论中体现得更加明显。卢曼将社会区分为分割的社会、分层的社会以及功能分化的社会，认为目前的法律危机产生于从分层社会向功能分化社会的转变，现行的实在法系统不能应对功能分化社会的复杂性，因而要求法律秩序的相应转变。在卢曼看来，要在高度功能分化的条件下实现整合，各子系统与构成其环境的其他系统之间必须建立一种"富有意义的关系"，并在这种关系中达成功能和结构的协调。也就是说，功能分化要求面向子系统层面的整合机制，而不仅在于社会层面。这种转变所带来的是从中心化社会整合到分散化社会整合的趋势，其中产生的矛盾在于"将一个子系统的理性加以最大化就等于在其他功能性系统中创造了不可解决的问题"，因而，子系统层面的社会整合需要反思结构的参与，"反思必须协调实施与功能，因为对子系统而言，社会既代表包容性的系统又代表社会环境"[2] 也正是在这个意义上，反思结构通过对子系统进行内在限制来调和功能与实施之间的矛盾，以促使它们更加适合作为其他子系统的外在环境的构成要素，因此在卢曼看来，增加法律的目的性和社会参与并不能解决形式理性的危机，其解决方案在于增加法律制度的高度抽象性、功能主义思考和"自我反思性"。哈贝马斯从"社会的组织原则"的角度探讨了同样的问题。他将人类社会分为原始社会、传统社会、自由资本主义社会与晚期资本主义社会，并标示出每一种社会

---

[1] ［德］图依布纳:《现代法中的实质要素和反思要素》，矫波译，强世功校，《北大法律评论》1999 年第 2 卷，第 2 辑。

[2] ［德］图依布纳:《现代法中的实质要素和反思要素》，矫波译，强世功校，《北大法律评论》1999 年第 2 卷，第 2 辑。

形态的组织原则。[1] 当社会结构的变迁带来了超越社会适应能力和学习能力的问题，统摄组织的原则难以满足系统需求的时候，危机就发生了。此时，社会适应和社会学习的新形式就会通过不服从既定功能逻辑的内在过程涌现出来，顺利的情况下，新的组织原则将通过社会制度化，并被吸收到基本的法律结构中。这种转型模式强调关注法律和社会结构之间的关系，在规范性结构与更为宽泛的社会结构的互动中分析法律结构的合法性，呈现出法律秩序在回应社会控制能力问题中的反思要素。

可以看到，现代法治范式的研究与现代性社会转型有着本质上的联系，是一种与现代性社会转型密切相关的法律知识形态，体现人们对现代性的智性反思。正如哈贝马斯所说，"社会理想"、"社会模式"、"社会图像"或"理论"都是表示一个社会时代的范式性的法律观的说法，其含义都是人们对自己社会形成的一些默认图景，这种图景展现了人们的立法实践和司法实践的背景性理解。[2] 因此，以现代性社会转型奠基的现代西方社会的基本结构，在很大程度上决定了现代法治的实践走向及理论解释框架，同时，法治理论与实践也在反向塑造着现代性的社会转型。在吉登斯看来，社会科学与其研究对象之间的关系必须通过"双向阐释"（double hermennutic）才能理解：一方面，社会科学知识的发展依赖于行动主体的社会行为；另一方面，抽象化的社会科学知识又不断地返回社会主体的行动之中，解释性地建构新的社会行动和秩序。[3] 这样，社会科学知识在发展和实践中就内在地形成了一种解释学循环的逻辑链条。[4] 这种社会科学的反思性理论预示着现代以来的建构理性的衰落。就法律秩序而言，如果只是对理性力量进行单向度式的理解并注入社会规范，那么其最终结果只能导向理性所引发的另一场危机。我们必须意识到，除了建构性的设想之外，法治理论还要回归社会成员的社会关系与社会行动之中。事实上，法治理论及法治范式的变革发展，既包含着对现有社会秩序的规则性提炼和

---

〔1〕 参见［德］尤尔根·哈贝马斯：《合法化危机》，刘北成、曹卫东译，上海世纪出版集团2009年版，第20—27页。

〔2〕 参见［德］哈贝马斯：《在事实与规范之间：关于法律与民主法治国的商谈理论》，童世骏译，生活·读书·新知三联书店2003年版，第488、489页。

〔3〕 参见［英］安东尼·吉登斯：《现代性的后果》，田禾译，译林出版社2011年版，第13页。

〔4〕 参见夏锦文：《中国法制现代化的方法论立场》，徐显明主编：《法治与社会公平》，山东人民出版社2007年版，第429页。

理论化抽象，又反映了在社会秩序的新情况之中创设和重塑法律秩序和规则体系的过程。这就意味着，社会系统的规范特性不只是对社会成员加以限制或者迫使社会成员从事某一行动，还应被看成是促进性的，也就是我们得以完成特定的行动或社会实践的资源，这样，"法律就不应当仅仅被视为限定人们行动的规则，它还应当被理解为一种规范资源，成为人们做出建构性行为和创造新的秩序的一种资源条件"。[1]

二、智慧时代的社会特性

随着互联网信息技术的迭代升级，大数据、云计算、人工智能等各类新兴科技融合发展，不仅引发了人类认识世界以及自我认识的革命，而且形成了双重空间、数字生态、智能交互的生产方式和生活方式，进而逐步形塑着一种新的社会形态——智慧社会。在智慧社会，虚拟/现实的空间交叠，社会结构、权力关系都在全新的社会格局中发生变化，呈现出虚实同构、数据驱动、流动权力等新的特点。

一是双重空间的交叠。计算机网络在数字化层面创制了与现实社会相似的生存环境，重构出一个可以容纳社会行动的虚拟社会空间。这一虚拟社会空间，并非是现实社会的简单"镜像"模拟，而是兼具现实社会中物理空间与心灵空间的特性。它一方面拓展了人类的生存空间，使人们的生存有可能同时保持多个维度和层面；另一方面，引导人们进入奇妙的拟像世界之中，到处游走去挖掘"自我"与实现"自我"。[2] 随着"拟像化"生存日益成为人们的生活方式，现实社会也必将成为拟像世界的一部分，并与拟像世界穿梭交织，融合共生。因而，互联网基础之上的虚拟空间，并非仅仅作为信息流通的渠道，而是一个新的社会交往环境和社会生活空间。在双重空间的社会交往中，虚拟与真实之间的界限正在变得模糊，后现代的拟像化正在取代真实而成为人们社会生活的主导因素。这不仅削弱了传统上外在于该系统的发送者的象征权力，而且改变了人类生活的空间向度和时间向度，地域性解体脱离了文化、历史、地理的意义，流动空间

───────────────

〔1〕 夏锦文：《中国法制现代化的方法论立场》，徐显明主编：《法治与社会公平》，山东人民出版社 2007 年版，第 429 页。

〔2〕 黄少华：《论网络空间的社会特性》，载《兰州大学学报》（社会科学版）2003 年第 3 期。

（space of flows）与无时间之时间（timeless time）成为真实/虚拟文化的物质基础。[1]

二是数据和算法构成了社会结构的基础。随着互联网、大数据、人工智能等新兴技术的融合发展，建模化的算法决策崭露头角，逐渐成为客观可靠、精准高效的象征。与以符号逻辑、专家系统为研究方向，力图模拟人类智能的经典通用型人工智能有所不同，新一代人工智能以大数据和深度学习算法为基础，是一种由数据和算法交互驱动的群体智能（collective intelligence）；基于这种群体智能的智能社会，则是一种由数据驱动，通过深度学习算法对数据进行计算、分析和建模，从而进行智能决策，对人的行为进行规范和引导的新型社会形态。[2] 在这种新型社会形态之中，数据扮演着维持社会运行的基础性角色，人们的行为被数据记录、量化并透视，以此呈现社会生活的样貌，而深度学习算法则是洞察和解析人们的行为规律，进行智能决策的基本途径。在这个一切皆可计算、一切皆可预测的时代，数据和算法定义和管控着整个经济运行过程，对社会结构和组织模式产生了深刻的影响，并成为社会再结构的基础。一方面，生产力与竞争力来自数据的产生、收集与分析；另一方面，依据数据分析以及生产、管理与分配的网络，分散的生产要素被组织起来，在数字化的信息流动中重建社会组织模式。

三是流动的社会权力。在信息化社会中，"信息"与"知识"第一次成为社会发展的核心要素，社会中个人和个人、个人和组织以及组织和组织之间，通过网络的沟通而更加频繁地互动往来，从而形成目前已初具雏形的"网络化社会"（network society）。[3] 由于网络社会复杂高频的交互与变动，以及信息、知识和数据的核心地位，数字化、虚拟化、流动性成为这一新社会空间的支配性逻辑。基于网络社会流动空间的支配逻辑，卡斯特（Manuel Castells）认为社会行动者控制他人的能力取决于两个基本机制：一是根据目标创建网络并对其进行编程/重新编程的能力，这种权力地位的拥有者可称为"程序员"；二是通过共享目标和整合资源，建立和

---

〔1〕 参见［美］曼纽尔·卡斯特：《网络社会的崛起》，夏铸九、王志弘等译，社会科学文献出版社 2006 年版，第 353 页。

〔2〕 参见黄少华：《人工智能与智能社会学》，载《甘肃社会科学》2019 年第 5 期。

〔3〕 黄少华：《论网络空间的社会特性》，载《兰州大学学报》（社会科学版）2003 年第 3 期。

加强与不同网络的合作，同时通过建立战略性合作，应对来自其他网络竞争的能力，这种权力地位的拥有者可称为"转换器"。[1] 在网络社会，权力运行需要一系列复杂的联合行动，因此，网络化的主体成为社会权力的执行者，"新的权力存在于信息的符码中，存在于再现的影像中；围绕这种新的权力，社会组织起了它的制度，人们建立起了自己的生活，并决定着自己的所作所为"。[2] 与之相似的是基于数据和算法的新型权力——智能权力，这种权力对人的身份、行为、习惯、认知、情感、意志等，都具有非常精准的认知与操控能力。[3] 在智慧社会中，数据和算法将日益形塑我们赖以生存的社会环境，进而形成全景敞式的流动性权力结构。在这里，每个人的交往活动、行踪信息甚至生活习惯都被转化为数据，这些数据反向成为控制运行的垄断性资源，经由代码和算法形成一种新的社会权力，从而自动化地规制人的行为、形塑公共空间的面貌。

三、开放融合的智慧法治观

法治是随着时代的发展而产生的，并且总是在时代的变迁中被赋予新的含义，"智慧法治"则是与大数据、人工智能时代相匹配的一个时代性法学概念。[4] 可以肯定的是，昂格尔、哈贝马斯等理论家针对现代性问题所构建的法治范式能够比较恰当地解释现代社会的理性特征，回应工商业时代的法权要求。然而随着社会信息化的加深，建构一种适应当今社会生活的法治范式成为法治发展的一个关键议题。如今，网络化、信息化、智能化的社会逻辑已经成为社会基本特征，主要回应物理空间法权关系的经典法治理论已无法完全应对数字环境中发生的新现象与新问题，其分析架构对现代社会复杂流变、多元并存的特征失去了充分解释的能力。而在经典法治理论难以涵摄的社会事实当中，由于互联网、大数据、人工智能技术的崛起而形成的新社会经验是极为重要的一个方面。面对科学技术带来

---

〔1〕 参见［西］曼纽尔·卡斯特尔：《权力社会学》，贺佳、刘英译，载《国外社会科学》2019年第1期。

〔2〕 ［美］曼纽尔·卡斯特：《认同的力量》，曹荣湘译，社会科学文献出版社2006年版，第416页。

〔3〕 黄少华：《人工智能与智能社会学》，载《甘肃社会科学》2019年第5期。

〔4〕 参见罗洪洋、陈雷：《智慧法治的概念证成及形态定位》，载《政法论丛》2019年第2期。

的深刻变革以及由信息技术引发的风险社会，我们必须把互联网、大数据、人工智能等的开发运用纳入法治的反思结构之中，成为法律和社会结构之间的沟通轨道，从而实现智慧社会中法律的社会控制。

首先，多元共治的法治理念。哈贝马斯认为，法治范式支配着所有行动者的意识，这里的行动者既包括专家也包括外行，既包括法律从业者也包括普通民众。对于法治范式出现的问题，法律专家无疑会首先感受到，并提出各种解决办法，但是法治范式的问题涉及"如何在现存的社会结构和发展趋势的视域中卓有成效地、充分地开发出民主法治国的规范内容"，因而关于哪种法治范式的理解是正确的争论，尽管法律专家可以参与讨论并以"内行"的视角提出方案和施加影响，但法治范式涉及普通民众的法律生活方式，应将民众的期待与认同纳入考察范围。[1]

在经济全球化的当今世界，人类社会是由各种功能类型的具体社会网络组成的，社会资源在这些网络中流动，社会的运行就在于这些网络的稳定和其中资源的顺畅交流。[2] 也正因如此，民众对于社会生活和法律秩序的期待更加侧重于生产资料、信息资讯在社会网络中的流通性和交互性。然而，无论是人际关系网络，还是组织之间的沟通，或者是不同国家和社会之间的联系和交往，若想建立持续的网络关系，就必须突破时间和空间的限制。[3] 因此，法治理念应当从以往的理性建构转变为多元共治的思路，这就需要在国家与社会之间以及国家、社会的内部建立良性合作机制。如果说传统工业时代的法律媒介是主体性与叙事性的，信息时代的法律媒介则是讯息性与沟通性的，它以去疆域化的方式重新再疆域化。[4] 这意味着我们要在数字化流动的社会网络中推进治理主体的多元化、公共权力的分散化、运行机制的合作化。同时，也要突破物理空间的地域化思维，加强区域合作和信息一体化建设，"在法治化的信息保护框架下来消解数据碎片化和'信息孤岛'问题，进而以'科技融合促进共建、信息互通推进共治、流程再造实现共享'"。[5]

---

〔1〕 参见高鸿钧等：《商谈法哲学与民主法治国——〈在事实与规范之间〉阅读》，清华大学出版社 2007 年版，第 301 页。
〔2〕 郑中玉、何明升：《"网络社会"的概念辨析》，载《社会学研究》2004 年第 1 期。
〔3〕 郑中玉、何明升：《"网络社会"的概念辨析》，载《社会学研究》2004 年第 1 期。
〔4〕 余盛峰：《全球信息化秩序下的法律革命》，载《环球法律评论》2013 年第 5 期。
〔5〕 马长山：《智慧社会的基层网格治理法治化》，载《清华法学》2019 年第 3 期。

其次，法学知识谱系的更新。现代性的知识谱系，是经由现代工业科技和工商业经济生产生活方式而生产出来的，当信息革命伴随着数字经济而来，智慧社会必然会产生立足于双重空间、智能算法、数据代码的新型知识谱系，这固然是对现代性知识谱系的传承，但更多的则是突破和创新[1]。这样，韦伯所认可的那种"理性人"的假设就需要被重新审视。在这个时代，数据和信息已成为每个人不可分割的构成性要素，通过摄像头、传感器、智能设备和互联网，我们的生活被记录、跟踪和解析，"一切都将以比以前更加精细、精确、透彻的方式被获取、分析和评价"[2]，我们都在从以往单一现实空间的自然人，转变成生活于现实/虚拟双重空间的"信息人"。而这样一种在数字和程序算法的世界里发展出来的新的人性形态将成为改写法律关系、更新法学知识谱系的重要动力。"基于传统单一物理空间的那种'人类生命及人类体验神圣不可侵犯'的自由、平等、人权、公平等信念，将会遭受致命的打击，甚至会出现'崩溃'之势"[3]，而以数据和信息为基础的新型正义观念、价值观念呼之欲出，这就需要法律研究在概念抽象和知识体系上进行回应。更进一步的是，人类思维与我们正在探索的人工智能之间的协同合作将在很大程度上扩展人类的感知范围和思考深度。"人与机器的无缝对接和融合，不仅模糊和消解了人与机器、人与电脑、人与网络之间的界限，使行动者成为人机一体的融合智能体，而且改变了行动者的意识、情感与社会行动，以及社会行动与社会结构之间的关系，从而让社会行动呈现出一种不同于以往的全新逻辑。"[4] 因而，智慧时代的社会变化要求法学要在认知上进行开放，在价值理念、基本范畴、基本原则等方面进行知识谱系更新，推动智慧社会的法治建设。

最后，智能运行的法治形态。宏观上，人工智能等新兴技术形塑法治的时代特征和形态；微观上，法治及其运行与人工智能的交融互动，使得智慧法治进一步展现出特定的具体形态，如智慧立法、智慧执法、智慧司

〔1〕 参见马长山：《面向智慧社会的法学转型》，载《中国大学教学》2018 年第 9 期。
〔2〕 ［德］克里斯多夫·库克里克：《微粒社会》，黄昆、夏柯译，中信出版集团 2018 年版，前言第 6 页。
〔3〕 马长山：《面向智慧社会的法学转型》，载《中国大学教学》2018 年第 9 期。
〔4〕 黄少华：《人工智能与智能社会学》，载《甘肃社会科学》2019 年第 5 期。

法等。[1] 在人工智能时代，计算将无处不在。在立法方面，一些决策可以由人工智能计算，比如人工智能根据条文起草程序和规律，辅助立法者起草法律条文，满足立法过程中匹配上位法、比对同位法等需求。在执法方面，数字化、智慧化、精细化应当成为综合行政执法的发展趋势和发展方向。借助各类移动终端、数据平台和系统软件，执法过程被实时采集、传输、记录和直播，执法数据的即时传输不仅能在智能分析的基础上辅助执法人员决策，促进执法资源的优化配置，而且能实现执法活动的自动监督，促进执法的规范和透明。在司法方面，人工智能、大数据等技术深度应用，形成了以"法律＋人工智能"为导向的司法新模式。依托强大的数据分析能力和较快的反应速度，人工智能辅助法官审理裁判、优化决策输出，在一定程度上能够提升司法效率，优化司法管理，促进审判体系和审判能力的现代化。在法律服务方面，探索各类法律服务平台的数据联通，形成协同联动的智能网络公共法律服务体系。在智能法律服务的背景下，"推动人工智能、大数据等现代科技与法律服务的高度融合，探索法律服务供给新模式，构建开放的、可接入的、可供给的智能法律服务在线平台，积极推动公共法律服务向自下而上、需求导向的服务模式转变，使智能法律服务在'智慧法治'构建中发挥更大的作用"。[2]

第二节　司法价值：从场域正义走向数字正义

　　司法价值是特定社会背景下人们对正义的追求和理解，它为司法权的运行规则和制度建设提供必要的价值指引。现代司法的价值原则无疑是建立在内在理性的知识基础之上的，从自由主义的形式司法、福利国家的实质司法，再到程序主义的协商司法，它们都立足于物理空间的法权关系，追求的是一种普遍性、一致性、抽象性的社会整合，因而围绕司法中的形式正义与实质正义展开了激烈了理论交锋，并发展出矫正正义、分配正

〔1〕　参见罗洪洋、陈雷：《智慧法治的概念证成及形态定位》，载《政法论丛》2019年第2期。
〔2〕　罗洪洋、陈雷：《智慧法治的概念证成及形态定位》，载《政法论丛》2019年第2期。

义、程序正义等一系列观点理论。但是，随着物联网（Internet of Things, IoT）、大数据、人工智能所引发的智网化时代的到来，牛顿经典力学以来的能量与物质基础上的知识体系正在被信息技术所突破，现实空间与虚拟空间之间互动和反馈的关系不断增殖，人类进入一个双重空间、人机混合、算法主导的信息实体交融系统当中，对于正义的标准也有了新的理解和感受。司法的基本价值目标在于实现正义，社会正义的伦理学要想在数字语境中重新发挥作用，就必须对正义的含义做出不同的表述。因此，我们要为智慧时代的司法价值注入新的内涵，使其内在地反映信息社会资讯化、符号化的思考和行为方式，这样才能从价值正当性层面获得司法权在后现代社会的合法化力量。

大陆法系和普通法系下的现代法院制度均可回溯至约 1000 年前。自19 世纪以来，尽管现代司法经历了形式正义、实质正义及程序正义的更迭，但法院系统从庭审程序到办公大厦几乎未曾有过实质变化，围绕物理"场域"空间展开的一整套司法程序为司法过程及结果提供了正当性基础。现代司法强调法官和诉讼参与人的程序参与和直接言辞，即司法活动的在场性，主要表现为诉讼中法官直接接触和审查各种证据，诉讼参与人在审判现场听审。此种在场审判的传统源于早期人类的信息传递方式。在前信息时代，远距离信息传输存在诸多限制，人与人之间的交往主要依靠面对面的言辞对话进行。诉讼也是一种言语交往行为，因此面对面的言辞对话成为诉讼中的主要交往方式，有时法官和诉讼参与人还需要加入"角色表演"，而对于"表演"中的动作或表情更需近距离的观察才可以获取其所表达的信息。此种情况下，诉讼程序的参与者不得不相聚在某一个物理空间，以确保言辞能够被对方听到，动作和表情能够被对方观察到。[1] 因而司法活动的在场性强调的实际上是信息获取和意见表达的即时性和有效性，它保证了当事人享有在审判现场直接参与诉讼程序并充分表达意见的权利，以及法官能够通过直接听取诉讼双方的主张、理由、依据和质辩来认定案件事实。然而在信息社会，在场交往的优势——信息传递的即时性和有效性——正在被弱化，互联网信息技术支持的各类移动终端能够完成文字、语音、图像、视频等信息的远距离即时传输。同时，在场交往对时

---

[1]　参见段厚省：《远程审判的双重张力》，载《东方法学》2019 年第 4 期。

间、场域的硬性要求在高度信息化的后现代社会显得越发笨拙，其产生的
时间成本和金钱成本也在减损公众对司法部门正义供给的认同。在数字社
会，从个人隐私到公共生活，从衣食住行到公共安全，一切都在网络化、
信息化的加速进程之中，平等、自由、民主以及法律、秩序、正义，都将
被重新定义，司法价值所关注的范围也应突破物理场域的界限，转向在线
程序以及大数据基础上的数字正义。

一、立足数字化期待

数字正义意味着立足智慧时代的公众期待。尽管近些年不断出现一些
数据泄露事件，但是个人在日常事务中依赖计算机以及在手机上安装各种
App 的意愿却越来越强。目前，中国智能手机连接数已超过 10 亿，使用率
已接近 70%，搭载各式软件的智能手机在人们的衣食住行等生活场景中扮
演着越来越重要的角色。毫无疑问，智能手机的普及培养了人们新的消费
习惯和社交习惯。在线下交易与线上交易、在场沟通与远程沟通之间进行
选择时，人们通常更趋向于在线方式。这意味着如果没有在线选项，当今
时代的民众只会感到沮丧，而不会因为存在在线选项而感到诧异。随着智
能互联网时代的到来，公共部门在提供在线系统方面所面临的压力越来越
大，因为当公众的消费体验从一个行业渗透到另一个行业时，"期待鸿沟"
就产生了。[1] 从网络购物、电子报刊订阅，到外卖平台、互联网理财、移
动支付、共享经济等，人们在移动互联网中的消费体验正在影响其如何体
验其他之前被认为无关联的服务，司法部门需要在理解并划定其价值策略
时增加新的维度。

首先，对接社会空间的流动移转。如今，人们习惯于通过社交媒体分
享诸多激动人心的时刻、对时事的思考甚至更为私人的一些经历，比起面
对面的交流或通话，朋友之间的线上联络更为频繁；在一些更加公开的场
合，个人和公司也开始选择在线方式"官宣"或者道歉。社会生活的网络
化不仅突破了物理空间的限制，而且在一定程度上也突破了社会空间的限
制，网民们可以在广阔的网络空间中展开信息沟通、事实陈述和价值评

---

〔1〕 参见［美］伊森·凯什、［以色列］奥娜·拉比诺维奇·艾尼：《数字正义——当纠纷解决
遇见互联网科技》，赵蕾、赵精武、曹建峰译，法律出版社 2019 年版，第 227 页。

价，具有较强局部性或特殊性的风俗习惯、群体规则、资源局限和部门权力等因素的作用在很大程度上被淡化了。[1] 电子交易、智能合约等数字形式的法律行为更使得网络社会呈现出一种不断流动的空间状态。在这种情况下，传统社会相对静止的权力机构很难应对社会空间的流动变化，比如通过空间定位确定地域管辖的传统法院遭遇管辖制度失灵，因而以数字技术应对网络化社会的快速流变应当成为法院建设的方向。具体来说，就是通过网上立案、电子送达、网上开庭等各种虚拟司法场景引导人们展开真实的交往行为、行使真实的诉讼权利，并在这个过程中探索在线纠纷解决中的诉源治理和信用再造。现在人们越来越清楚地认识到，"过去曾一度被称为虚拟交往的缺场交往或网络交往"，不仅不是虚假的，"相反却是反应敏感、传播快捷、功能强大的真实交往"[2]，数字环境的正义生产能够更加有效地回应社会空间界限与状态的深层变化。

其次，通过技术扩宽公众接近正义的途径，提高司法供给能力。司法效率的基本要义是运用较小的司法成本获取最大的司法收益，它要求尽量降低诉讼当事人的诉讼投入，减轻当事人的负担，提高司法解决纠纷的效率。在生活节奏不断加快的信息社会，司法效率有时承担了更大程度上的正义，其原因一方面来自当今世界全球化、多极化、扁平化所导致的诉讼案件的激增，使得诉讼周期更加漫长；另一方面来自"时间就是金钱"的通识法则，在场交往所需要的诉讼时间和交通时间都在加大当事人的诉讼投入。数字革命对于法院提高司法供给能力而言是一个机会，在线纠纷解决程序不需要法庭建筑的集中设置，当事人和法官可以通过移动终端随时随地开展其司法活动；智能系统可以在深度学习司法文本的基础上辅助法官进行案件审理，缩短法官阅卷及制作文书的时间，并通过量刑参考、类案推送等功能为法官提供智力支持，从而有效地提升司法效率。

但是，技术的有效性并不当然代表着正当性。在缺场司法活动中，伯尔曼所言象征"法律客观性的形式程序"的仪式性要素大为弱化，司法活动的"脱域化"很可能会消除法院的权威感和神圣感，传统法庭上当事人进入法庭后所受到的内心震撼，在远程审判尤其是远程异步审判程序中荡

---

[1] 参见刘少杰：《网络化时代的社会结构变迁》，载《学术月刊》2012年第10期。
[2] 刘少杰：《网络化时代的社会结构变迁》，载《学术月刊》2012年第10期。

然无存，当事人和法官寻求的似乎只是解决争议而不是发现正义。[1] 况且，数据并不当然意味着公平正义，算法可能会加深社会的不平等。麻省理工学院的贾斯汀·里奇（Justin Reich）认为，算法将不可避免地让设计它们的人受益，因为"大多数处于特权地位的人会发现，这些工具便利、安全，非常有用。而新技术的危害往往被社会中处于弱势地位的人群承受"。[2] 尽管司法文本已经最大限度地排除个人因素的影响，但司法活动本身就包含了价值衡量，体现着社会整体的价值观念，由此而生的智能系统也将不可避免地为社会优势者代言。当法官依赖智能系统作出裁判，或者受到来自智能系统的监督之时，传统司法环境中行政化、地方化等显性的不平等开始缩小和消失（如同我们所追求的），由算法主导的、趋于隐形的不平等却开始产生。因此，数字正义不仅意味着正义生产方式的改变，还意味着智慧司法语境下司法效率与公平正义之间的平衡。从长远角度来看，只有深入探讨并不断实践更为灵活、方便、廉价、快速的纠纷解决和预防程序，并且在更大程度上对纠纷解决实行质量管理和实时监控，才能真正发挥技术力量在正义生产与正义实现中的潜力。

二、建立可视化交互

不同于人们在日常生活中的思维方式，在现代司法中，法官借助一整套法律推理技巧来进行思考。而这样的思考与推理也催生出了一门职业语言，司法活动借助这样的一套"行话"来描述、表达司法中的各种对象。随着司法知识的积累，法官用到的术语越来越多，这样一套独特的话语体系不仅表现为法官运用专业术语进行事实认定与法律适用，而且呈现出司法活动的神秘性和仪式性。直到现在，仅具有象征意义的假发和法袍仍然是法院体现其权威性的重要部分。这些"符号性"的元素带来了庄严的感染力，更为重要的是，它们能够使人们在司法实践中理解并接受司法裁判的结果。几个世纪以来，我们一直强调"人"的内心感受，无论是对艺术的定义还是政治选举。在司法领域，我们为当事人提供庄严的法庭，赋予

---

〔1〕 参见段厚省：《远程审判的双重张力》，载《东方法学》2019 年第 4 期。
〔2〕《机器算法让我们决策更方便 但也会加深社会不平等》，载网易科技 2017 年 4 月 25 日，http：//tech.163.com/17/0425/12/CIS9CGVV00097U80.html。

当事人诉讼权利，制定烦琐的法律程序以保证诉讼的公平有效，这些手段使当事人强化了这种感受：他们得到的是最为公平正义的结果。然而在社会信息化的浪潮中，知识获取、信息传递的速度远远超过了以往的想象，司法程序所带来的"公平感"已经不能满足这个时代对于正义的需求，此时，人们对于司法正义的期待不仅在于司法部门提供专业的司法服务，而且在于人们能够了解将要发生或已经发生的事情。

首先，注重交互性视觉语言。从文化领域的角度来看，后现代人不再顾忌逻辑思维和反思等严谨的和系统性的理性活动，只注重"当下"立即可以达到欢乐目的，并直接得到验证而生效的感性活动。[1] 这一文化现象已被网络时代的营销者捕获，并转化为可观的商业价值，比如电子商务平台将商品信息转化为图形化、动态化的视觉设计，潜在客户通过点击、浏览图形化界面实现交互式自由探索。这种情况下，社会行动与日常生活不再需要过多的理性逻辑思维，而是更多依靠随机应变和情绪的刺激。在这个意义上，后现代的思考和生活相统一的模式就是"不再思考"，也就是拒绝理性逻辑思维方式，代之以最适应社会文化高度变化的非确定性思考方式。[2] 因而，交互性视觉语言正在成为这个时代社会活动和社会生活中最为重要的沟通方式。

传统观点认为，只有依靠理性逻辑思考，才能掌握真理，现代司法活动更是以理性逻辑的法律语言和法律程序贯穿始终。然而，后现代社会文化现象的高度不确定性及其象征化的结构特征，使追求固定的真理体系的各种认识活动失去了光彩，甚至变成难以理解的、冗余的东西。对司法活动而言，信息化的后现代文化要求的不仅是图形化的、更易理解的司法信息，而且是具有象征结构的、交互性的视觉语言，比如菜单式信息表格、勾选式信息输入、评分式诉讼评估。借助于信息时代的多媒体技术，司法正义的供给在很多情况下可能不在于追求复杂曲折的真理或各种抽象的理念，而在于能够及时满足个人需求，特别是满足随社会激烈变动而不断改变的个人欲望。

其次，面向技术驱动的司法公开。审判公开是现代司法的一项基本原则，既包括司法过程的公开，也包括司法结果的公开，在制度上保障了司

---

〔1〕 参见高宣扬：《当代法国哲学导论》（下卷），同济大学出版社2004年版，第824页。
〔2〕 参见高宣扬：《当代法国哲学导论》（下卷），同济大学出版社2004年版，第825页。

法组织的独立和司法程序的公正。在智慧时代，人们对于司法信息的需求不仅在于司法数据、裁判文书公开的常态化、透明化，而且在于审判流程、司法过程公开的即时化、智能化。

一是及时更新电子卷宗及审判流程。纸质卷宗的"阅卷难""调卷难"是制约司法效率、影响司法公开的一个问题。诉讼文件的数据化促使卷宗向无纸化转型，这使得案件信息的整合抓取和电子卷宗的远程阅读成为可能。我们应当积极推进面向当事人和律师的电子卷宗以及审判流程的实时更新，同时，将审判流程、执行流程、裁判文书、庭审信息等智能关联、主动推送，保障当事人的知情权、参与权、表达权和监督权。二是推进庭审活动互联网直播。公开开庭、自由旁听曾一度是司法公开的标志，然而随着诉讼社会的到来，公开空间狭小、旁听席位有限的法庭的现场庭审已经不能满足社会对司法公开的要求。互联网直播庭审可能是智慧时代实现"看得见的正义"的可期方式。中国庭审公开网于 2016 年正式开通，在智能庭审技术更为普及的未来，将有更多司法案件接入庭审直播平台，推动庭审活动司法公开的即时化。不过，在推进庭审直播的同时，也需要审慎考量庭审公开背后的利益格局，在直播案件的范围、程序方面平衡个人利益、社会公众利益以及国家利益。[1] 三是推进智能化司法公开体系。在全程录音、全程录像的基础上，集审判、人员管理、数据应用和动态监控于一体的智慧法庭数据平台对案件全程留痕，建立全方位、多层次、互动式、智能化的司法公开体系，防止"暗箱操作"，保障当事人的合法权益。上海"206 系统"已打通公检法三部门的数据平台，实现笔录和公安审讯录像的精准比对。这将大大减少司法的任意性，增加案件办理的透明度，确保其不偏离公正的轨道。[2] 法院信息化建设既是法院的一场数字革命，也是当事人接近正义的一条捷径；既是提高法院"数据治理"管理能力，提升法院"数字辅助"服务水平的一次变革，也是法院建立信息资源智能服务体系的基础。[3]

---

〔1〕 参见《打造"阳光法庭"实现"可视正义"——人民法院庭审公开工作研讨会发言摘登》，载《人民法院报》2018 年 8 月 10 日，第 2 版。

〔2〕 参见毛丽君：《代号"206"上海刑事案件智能辅助办案系统正式"解密"》，载东方网，http：//sh. eastday. com/m/20170710/u1ai10706910. html，2018 年 2 月 4 日访问。

〔3〕 ［英］布里格斯勋爵：《生产正义方式以及实现正义途径之变革——英国在线法院的设计理念、受理范围以及基本程序》，赵蕾编译，载《中国应用法学》2017 年第 2 期。

三、面向场景化需求

随着智能机器社会的崛起，法律发展正在从牛顿式的"大定律—小数据"向默顿式的"大数据—小定律"模式演变。现代司法实际上是以牛顿的经典力学模式为基础的，它根据统一化的"大法律"来整齐划一地规范各种"小事件"，需要人为地简化和收敛各种复杂场景，化约社会沟通复杂的事物、社会和时间维度，以更好地实现韦伯有关法律成为自动贩卖机的理想。[1] 这种整合化的正义可以应对一个具有高度确定性的社会，但是伴随着智慧社会的到来，双重空间下社会交往的复杂性和不确定性急剧提升，如果继续沿用统一的价值取向，势必难以应对智慧社会的各种问题。目前，各地法院对诉讼服务的功能模块进行了一定的尝试，但整体而言，相当部分尝试只是传统信息化技术的运用，强调整合性的诉讼服务，比如涉诉信访、司法救助、12368诉讼服务中心，由此也就造成不同程度的场景缺失，表现为技术介入后的咨询难、送达难、保全难等。所谓的"场景缺失"是指，当前的诉讼服务并未有效覆盖公众核心的诉讼服务需求，从而产生了特定服务的缺失。[2] 从诉讼实践来看，社会公众对诉讼服务的需求不仅是全场景的，涵盖多元功能模块，而且呈现为更多个性化与定向化的场景需求。在后现代状态中，各种语言游戏构成的碎片社会呈现出的是元素的异质性，而不是物质的同质性，我们需要在多元诉求中以片断的方式建立体制。这意味着数字时代的司法服务应当优先考虑基础场景，通过反复交互反馈，提高司法服务在差异环境的适应性，使司法正义的供给充分适应需求场景。

一是诉讼服务选择场景。在诉讼服务选择场景中，由诉讼当事人来决定他们需要什么样的帮助，以及可能采取的途径。首先，网络化的诉讼咨询平台可以促进诉讼服务的自我分类。诉讼当事人可以通过诉讼平台的咨询工具更好地了解他们的法律问题是否可诉以及他们有何可为。例如，诉讼咨询平台可评估债务人对债权人的索赔是否有合理的抗辩——已过诉讼

---

〔1〕　参见余成峰：《法律的"死亡"：人工智能时代的法律功能危机》，载《华东政法大学学报》2018年第2期。

〔2〕　周佑勇：《智能技术驱动下的诉讼服务问题及其应对之策》，载《东方法学》2019年第5期。

时效或缺乏债务记录。这将有助于债务人评估其是否应对债权人强制执行的申请提出异议。自我分类是当事人进入诉讼系统的第一步，首先要帮助用户从其面临的实际问题转移到特定的请求权选择中。同时，自我分类场景还需要考虑当事人寻求帮助的具体法律问题与其他法律问题相关的可能性。例如，当事人无法支付子女抚养费可能也意味着无法支付租金。自我分类场景的数据分析，应当有助于其提供具有针对性的选择路径和结果预测，以帮助当事人选择所需的法律服务类型。其次，在司法数据分析、预测的基础上可通过服务选择场景帮助诉讼当事人找到适当的选择，包括诉讼程序、法律援助计划以及社区组织提供的非诉服务。不同于自我分类，当事人服务选择场景需要将诉讼当事人的需求、证据条件与满足案件诉求的能力进行比较，优化争议解决的路径选择，并通过场景预设将当事人引导到适当的服务，使其能够以最低的成本适当地参与案件的陈述和解决。这里应当包含有关不同路径选择后果的信息，比如诉讼周期和诉讼费用，以便诉讼当事人做出明智的决定。这种场景引导强调法院既有的司法数据与确定诉讼当事人完成特定诉求所需能力的相关程度，有助于满足当事人个性化的司法需求。

二是诉讼程序追踪场景。在诉讼程序追踪场景中，由法院来评估如何最好地处理个案。相关程序可能包括：不同案件适用的相关程序可能包括：无争议的案件，除法院批准外不需要法院参与；无争议的案件，要求非司法法庭参与解决，以优化协议，实现公平性和终局性；有争议的案件，适用替代性争议解决机制解决；有争议的案件，需要双方之间的单一最终解决方案；有争议的案件，需要对预审程序进行广泛监督；有争议的案件，可能需要持续进行决策和合规活动。[1] 法院的决定将在很大程度上取决于诉讼当事人提供的数据，从其他数据库中提取的信息以及法院既有的司法数据。例如，在一个不涉及抚养问题和较大数额财产的离婚案件中，法院可以确定案件不需要司法干预，除非在特定时间范围内没有达成协议；而在涉及抚养、巨额财产或其他更严重问题的案件中可能需要早期的司法干预，以集中发现、查明各方争议的问题。当然，案件所进行的程

---

[1] See James E. Cabral, Abhijeet Chavan, Thomas M. Clarke & John Greacen, *Using Technology to Enhance Access to Justice*, 26 Harvard Journal of Law & Technology (2012).

序轨道是动态开放的，新的事实和程序选择都可能触发程序轨道的调整。同时，法院还可根据案件可能涉及的情势对某些案件优先处理。在司法实践中，法院有时不得不保持对其案件量的一些控制，以确保他们能够有效地为诉讼当事人提供服务，甚至可能还需要确定案件的优先顺序，以避免产生更大的社会矛盾。为了做出合理的决策，法院应当在追踪场景中评估特定案件对诉讼当事人以及所属群体的可能影响，运用算法发现特定案件对社会的潜在影响，并对此做出适应性调整。

第三节　司法决策：人机协同与融合

一、以计算知识填补演绎逻辑

工业时代的人机关系是"物理性、具象化"的，人工智能的出现使机器更深地渗透进人类社会，改变人类认知、思考和追求的方式。从知识表示与推理视角来看，人工智能参与的知识生产就是一种基于知识库和规则事实逻辑的"集体知识系统"，其生产出的知识是一种"计算知识"[1]。在司法领域，以计算知识为代表的技术话语正在以其自身的有效性争取合法地位，智能系统越来越多地承担着证据审查、瑕疵提示、类案推送、文书辅助生成等任务，为法官思考提供支撑，这不是单纯的无纸化办公，也不是简单的人工审理＋计算机操作，而是通过人机协作进行决策的智能化审理。此时，我们要讨论的并不是 AI 是否要取代法官的问题，而是司法部门如何运用两种方法——传统的演绎逻辑和新型的计算知识——解决数字时代的司法正义的问题。知识维系权力，不同知识的互动关系决定了权力之间的状态以及话语的外化呈现。从目前的实践来看，科学技术知识与法学专业知识之间在一定程度上处于隔绝的状态，这在客观上导致了技术权

---

〔1〕 参见方师师、郑亚楠：《计算知识：人工智能参与知识生产的逻辑与反思》，载《新闻与写作》2018 年第 12 期。

力与专业权力的误解与冲突，并进而外显为技术话语与专业话语的紧张关系。[1] 因此，我们应当充分意识到智慧司法中法官与智能系统之间的协同关系，推动演绎逻辑与计算知识的融合运用，使司法逻辑内在地反映双重空间、人机混合、算法主导时代的行为规律和新型法律关系，从而引领信息时代的司法制度和司法文明。

法律部门一度以追求逻辑上的一致性和精密性为最高目标，然而在形式主义所预设的"完美法律体系"的迷信被破除以后，人们开始质疑逻辑在法律实践和生活中的作用，因为演绎推理并不能够完全解释司法结果的"必然性"。[2] 经典的司法推理就是在法律规范所确定的事实要件的大前提下，寻找具体事实要件的小前提，最后依三段论得出判决结论的过程，其推理的有效性就在于从真的前提推出真的结论。由于它是一种"必然得出"的推理模式，对于稳固法律思维、统一法律适用和实现形式正义具有重大的意义。[3] 然而，"司法三段论"可能只是一种理想的推理形式，它隐蔽了司法推理的复杂性。一方面，司法过程不可能仅仅依靠三段论，因为"在逻辑形式的背后，存在着对于相互竞争的立法理由的相对价值和重要意义的判断"，尽管这些判断并不明显标识于司法程序和司法文书，但"却是整个诉讼程序的根源和命脉所在"[4]；另一方面，由于现实世界的多元，特别是在虚拟空间/物理空间穿梭交叠的今天，制定法的规范越来越难以涵摄所有案件事实，"三段论"就会面临"演绎"使用之不能，可以说，三段论的功能只是表明某个推理过程是正确的，而不是确定这一过程的结果的真理性。[5] 以"三段论"为形式特征的司法推理并不当然能够得到唯一正确答案，以逻辑推理为基础的传统审判存在着难以突破的困境。智能化的技术手段为我们提供了一种司法判断的新方法，基于数据和

---

〔1〕 王禄生：《大数据与人工智能司法应用的话语冲突及其理论解读》，载《法学论坛》2018 年第 5 期。

〔2〕 参见孙海波：《告别司法三段论？——对法律推理中形式逻辑的批判与拯救》，载《法治与社会发展》2013 年第 4 期。

〔3〕 参见孙海波：《告别司法三段论？——对法律推理中形式逻辑的批判与拯救》，载《法治与社会发展》2013 年第 4 期。

〔4〕 ［美］霍姆斯：《法律的生命在于经验——霍姆斯法学文集》，明辉译，清华大学出版社 2007 年版，第 217 页。

〔5〕 参见焦宝乾：《当代法律方法论的转型——从司法三段论到法律论证》，载《法治与社会发展》2004 年第 1 期。

算法的计算知识有望补充传统法律推理在司法审判中的不足，进而提升司法能力。因此，我们应当转变固有的专业法律思维，探索人机协作中的知识融合与应用。

　　一是加强专家规则和专业词库的构建。从 20 世纪 70 年代开始，美国学者就在讨论建模法律研究和推理的可能性；到了 90 年代，研究人员开始专注于用规范来解决推理的模型或者建立一种基于话语的法律论证模式；近年来，大数据技术的发展为我们提供了一个关于在法律领域使用智能信息检索和提取的窗口，研究人员正在努力将信息抽取技术应用于法院所有文书，以便找出案件之间的联系。[1] 然而，法律语言是"为顺应法律活动的需求，经过长期磨砺而逐步构建的一种有别于自然语言的'技术语言'"[2]，其自然语言的本质属性以及随法律制度的沿革而发展的语体范畴使得法律语言呈现出模糊性的特征。特别是中文语义的丰富性及字符的连续性，如自首的多种表达方式——主动投案、在亲戚的陪同之下去了刑侦支队、在姐姐的呵斥之下跑到了派出所等，使得计算机对于复杂案情或者没有明确表达的行为，难以精准地抓取要素点、理解文本的语义。我们都知道，在人工智能领域，有多少"人工"，就有多少"智能"。因此，我们需要在自然语言识别与知识图谱等核心技术的研发应用中加强专家规则和专业词库的构建，使计算机能够从法律文书的法律语言中更加准确地提取相应情节。这就意味着通用的大数据与人工智能技术必须针对法学的固有属性和特殊需求进行迭代升级，才能适应司法场域对前沿技术极高专业性和精准性的技术需求。[3]

　　二是对计算知识的司法应用进行深度论证。经过了几十年法律专家系统的研发，人们意识到目前人工智能的发展水平还不能完全达到类人化的按照逻辑思维严密推理的程度，因而转向通过要素分割的路径以不同的运算法则（如补充、删减和改变事实中不同要素的方法）生成假设，再与新

〔1〕 See Edwina L. Rissland, Kevin D. Ashley & R. P. Loui, *AI and Law: A fruitful synergy*, http：//www. iaail. org/? q =page/ai-law, last visited on 21 May 2018.

〔2〕 潘庆云：《法律语言优化与司法公正的实现》，载《上海政法学院学报（法治论丛）》2007年第 5 期。

〔3〕 参见王禄生：《大数据与人工智能司法应用的话语冲突及其理论解读》，载《法学论坛》2018 年第 5 期。

的案件进行比较论证得出结果。[1] 以"206 系统"为例，其设置了"案件线索来源""锁定嫌疑人及到案经过""查证犯罪事实""证据充分性及排他性分析""罪前罪后表现及其他量刑环节""涉嫌罪名"六个基本环节，可根据各类案件的特点进行个性化设置，故意杀人案的证据模型中就加入了"查找被害人，确认死者身份"这一环节。[2] 在每一个环节下设置"待证事实""基本证据"等模块，系统会进行自动信息识别和要素整合，并基于案件要素库进行预判和思考，为司法人员提供建设性的处理意见。然而，从信息识别和要素整合的技术角度来看，其运用的是基于规则和统计混合的方法进行实体识别和要素抽取。[3] 由于基于统计的方法进行实体识别，实际上是根据相关关系挖掘出训练语料的特征，推测出语义关系，因此得到的是一种概率知识，而不是确定答案。大数据的思维让我们放弃了以往对于因果关系的渴求，转而关注相关关系，这无疑为我们理解世界打开了一扇新的大门。[4] 但是大数据的归纳思维也存在着一定的技术风险。因此，我们在哪些细分领域，对计算知识分别用到何种程度要进行细致而深入的论证，应将智能技术与司法理论知识和实践知识紧密结合，从而保障技术路线与方案的科学性、实用性、专业性。

二、加强司法人工智能的论证性和可解释性

面对互联网及人工智能技术所引起的生产革新与社会重组，世界范围内的司法部门都在寻求体制改革与正义实现之策。加拿大不列颠哥伦比亚省民事审裁处正在运用在线纠纷解决程序为小额民事纠纷提供公共司法服务；美国一些州则开始使用罪犯矫正替代性制裁分析管理系统来预测犯罪嫌疑人的再犯可能性，进而参考评估结果确定刑期。[5] 我国司法部门也在2015 年提出了建设"智慧法院"的设想，并于 2018 年 1 月推出了"智慧

---

〔1〕　参见吴习彧：《司法裁判人工智能化的可能性及问题》，载《浙江社会科学》2017 年第4 期。

〔2〕　参见崔亚东：《人工智能与司法现代化》，上海人民出版社 2019 年版，第 137 页。

〔3〕　参见崔亚东：《人工智能与司法现代化》，上海人民出版社 2019 年版，第 158—164 页。

〔4〕　参见［英］维克托·迈尔-舍恩伯格、肯尼思·库克耶：《大数据时代：生活、工作与思维的大变革》，盛杨燕、周涛译，浙江人民出版社 2012 年版，第 18 页。

〔5〕　参见朱体正：《人工智能辅助刑事裁判的不确定性风险及其防范——美国威斯康星州诉卢米斯案的启示》，载《浙江社会科学》2018 年第 6 期。

法院导航系统"和"类案智能推送系统",希望探索具有中国特色、适应时代要求的审判运行新模式。从北京市高级人民法院的智能研判系统——"睿法官"到重庆法院的金融案件"类案智能专审平台",再到"上海刑事案件智能辅助办案系统",在依法治国和抢抓人工智能先发优势的背景之下,各地已经涌现出不同设计理念和应用功能的司法人工智能,其系统参数的任何细微变化都可能产生巨大的效应。人工智能设计具有意向性,当人类道德被"嵌入"产品,系统就会通过技术设计影响人类行为。[1] 司法人工智能不同于一般的智能化活动,它直接影响被告人的实体性和程序性的权利、义务和责任,其实际影响范围和影响程度也许会超出技术和司法人员的想象与控制。[2] 为此,我们在以计算知识填补演绎逻辑的同时,还应在司法人工智能的研发设计中加强智能系统的论证性和可解释性,提高可接受性,促进其在法律推理过程及程序方面的完善和扩展。

　　一是加强论证技术,增强司法决策的可解释性。从法律推理的角度来看,司法决策并不是一个单方面的过程。由于当事人之间存在对话关系,对司法决定的推理就具有对话的结构,由此产生的司法裁决的理由也具有对话的结构,表示为对当事方提出的论据的审议。相比之下,机器学习可以根据数据做出较为准确的预测,但却面临算法"黑箱",无法很好地解释它是如何得出解决方案的。因此,智能辅助系统应当加强系统解释、推理的能力,在逻辑和统计的基础上形成一种融合数据分析与价值决策的论证思维,提供概率化与规则化有机协调的优化判断。国际人工智能与法协会主席巴特·维赫雅(Bart Verheij)认为未来的法律人工智能可以成为与人类和其他系统进行批判性讨论的参与者。通过这种批判性的讨论,可以利用讨论中所有参与者(无论是人还是机器)的优势,交互式地构建和测试问题的假设答案。[3] 加强论辩能够增加智能辅助决策的透明性,有利于平衡不同的立场和利益主张,促进司法人工智能在法律推理方面的发展进程。

---

[1] 闫坤如:《人工智能的道德风险及其规避路径》,载《上海师范大学学报》(哲学社会科学版)2018 年第 2 期。

[2] 朱体正:《人工智能辅助刑事裁判的不确定性风险及其防范——美国威斯康星州诉卢米斯案的启示》,载《浙江社会科学》2018 年第 6 期。

[3] 黎娟:《论证:法律人工智能的起点》,载《法治周末》2019 年 6 月 13 日,第 12 版。

二是可视化论证增强可接受性。法律语境下的论证活动是一个知识更新的过程，也是一个开放的过程，大多数法律概念、法律规则是可废止的，本质上都是诉诸例外的，并且基于规则和案例的推理都是非单调的。[1] 因此，论证的过程也是不断产生和修正司法判断，最终得出司法决策的过程。将这个知识更新和思维塑造的过程展示出来能够更好地帮助法官、诉讼参与者以及智能系统本身明晰争议焦点和论证博弈，提高结论的可接受度。有学者认为，在必要的情况下，法院应该有权强制披露相关智能分析工具算法的代码[2]，毕竟对于非计算机行业的人而言，代码还是过于神秘。依托法院网络系统及移动终端，司法人工智能应当探索论证过程和程序的可视化，促进司法决策中基于法律论证的法律推理。比如可以将预先设定好的论证图式与其批判性问题一起储存于数据库，以一种开放交互方式保存分析结果，并以此从逻辑、论辩和修辞视角来多方位地展开评价。

三是将法官纳入论证主体进行考量。在司法裁判的过程中，除了当事双方的冲突意见，还应当关注法官是如何从大量不确定、不完全，乃至不一致的信息中推导出裁判结果的。[3] 特别是在前沿性案件中，法官需要将新的法律事实或法律行为与既有规则相联系，形成具有创造性和能动性的法律推论。因此，不论是对话层面还是推论层面，对于法律论证而言都不可或缺，司法人工智能应当将法官作为论证主体纳入考量范围，在诉讼参与主体的多方互动中融合分析，贯通论证的整个过程。如在证据审查中，法官对于系统提示应当具有裁量空间，这种反馈应当被记录下来并输入系统，作为下一步智能指引和优化决策的条件，而不是法官只能单方面地接受系统指引。此时，智能审判才能走出静态的单调式推理，直面法律论证的开放性和可废止性，在人机交互中更好地适用于法律实践。

三、明确技术权力介入的边界和尺度

司法人工智能通过深度学习和案卷分析，可以进行证据标准智能指引

---

〔1〕 参见梁庆寅、魏斌：《法律论证适用的人工智能模型》，载《中山大学学报》（社会科学版）2013 年第 5 期。
〔2〕 朱体正：《人工智能辅助刑事裁判的不确定性风险及其防范——美国威斯康星州诉卢米斯案的启示》，载《浙江社会科学》2018 年第 6 期。
〔3〕 周兀、熊明辉：《如何进行法律论证逻辑建模》，载《哲学动态》2015 年第 4 期。

和裁判预测，促进"法官类案同判和量刑规范化"，"建立全面覆盖审判全过程的信息化监管手段，有效监督和制约审判权的行使"。[1] 这自然有利于规范司法裁量，进而促进审判能力及审判体系的现代化。但事实上，司法裁判从来不是仅仅依照规则指引或者既往案例就可以作出的，特别是在涉及政治性、群体性利益的敏感案件中，法官必须综合考虑法律效果、社会效果甚至政治效果，在准确法律定性的前提下裁量调整，得出稳妥的处理方案。因此，我们不仅要把计算知识的运用纳入司法逻辑的重建中，而且应当正视计算知识的可能与限度，合理看待数据在规范司法裁量中的作用，明确技术权力介入的边界和尺度。

一是合理看待司法人工智能推进司法正义的效果。从司法知识图谱构建中面临的自动化难题，到司法领域自然语义处理技术研发过程中需要解决的语义鸿沟，再到司法领域模型训练中面临的"垃圾进、垃圾出"悖论，人工智能的技术瓶颈使得以智能辅助审判进行案件的精准预测进而实现深度管理仍然存在一定的障碍。[2] 这意味着我们应当合理看待以智能推送引导类案同判、以数据化管理推进司法正义的效果。从生物学上来看，人的感觉常常是嵌套混合的，视觉里包含着听觉、触觉、嗅觉和味觉，未感觉到的刺激往往被隐藏在感觉到的刺激里，进而形成无意识感觉或下意识感觉。因此一直以来，法官被要求亲身经历案件审理的全过程，直接接触和审查各种证据，特别是直接听取诉讼双方的主张、理由、依据和质辩，直接听取其他诉讼参与人的言词陈述，因为认识案件事实不同于认识一般事物，需要对争端中的真假、是非和曲直做出判断。[3] 类案推送和预测模型可以监督和制约审判权的行使，数据化管理可以通过统计分析掌握诉案及其审判活动的现状、特点和趋势，但是并不能为每一个案件做出个殊化的决定，只有法院的内部职能运作公正有效，尊重并符合司法运行的客观规律，才有可能真正实现审判权的公正行使。

二是弱化疑难案件的标准化控制。在法律关系相对单一、事实较为明晰的简单案件中，计算机能够发挥其快速反应和多任务处理的优势，在要

---

〔1〕《最高人民法院关于加快建设智慧法院的意见》，法发〔2017〕12 号。

〔2〕 参见王禄生：《司法大数据与人工智能技术应用的风险及伦理规制》，载《法商研究》2019 年第 2 期。

〔3〕 参见朱孝清：《司法的亲历性》，载《中外法学》2015 年第 4 期。

素化整理争议焦点、语音转录示证、裁判结果预测、辅助文书生成等方面减少法官大量的事务性工作、重复性工作，提高司法供给能力。但是在疑难复杂案件中，案件事实、证据及法律关系相对复杂，智能系统难以识别和理解，无法进行精准的判断和预测。所以此类案件应当弱化司法人工智能在审理裁判中的标准化控制，特别是判决结果的"强制性"修正。计算机可以有效地建立相关性，但不能阐明因果关系，也无法给出一个具有创造性的、"折中"的答案。而司法过程，特别是民事司法活动，很大程度上就是一个"折中"的过程。在一定程度上，这种经过长期磨砺和多方妥协的结果保证了法律的稳定性，提高了司法的灵活性，并体现出法律的人文关怀。司法智能系统的研发和应用，已经显露出改变法官判断和决策模式的显著趋势，并且带有混淆指令性判断与裁量性判断界限的明显痕迹。[1] 此类案件大量涉及权属认定、法律关系的裁量性判断，应当采取"适用指引"的方式为法官提供相关的法律规范、司法案例和法律观点，帮助法官进行法律论证和推理，而不是绝对化的强制性案件质量控制。当然，我们应当保留智能辅助审判在程序方面对疑难复杂案件的监督权限，以实现程序正义与实体正义的统一。

三是划定决策环节智能辅助的权限。尽管目前智能辅助系统的设计定位和开发重心仍然在于"辅助"法官依法断案，给出证据审查和量刑参考的建议，但是实践中超过系统预警偏离度的案件"无法进入下一环节"或者直接报送庭长进行审委会讨论，都在实质上强化了计算知识在智能化审判中的决策地位，甚至形成了对法官独立裁判的一种事前干预。[2] 在趋利避害的人性之下，法官会倾向于选择一个更"省事"的方案，即按照系统的意见进行修正，此时智能系统可能就会跨过"辅助"的边界，成为司法判断中实质的决定者。因此，我们需要明确智能辅助在司法决策过程中的权限，保证法官在审判中的核心决策权。对于依法可自由裁量的领域，智能系统具有建议权限，即系统提示证据瑕疵或裁判偏离，法官在查看比对后自主选择对证据认定或判决结果进行修正，允许法官在预警后坚持意见，而且不承担这种"坚持行为"在审判监督程序启动之前所带来的不利

---

〔1〕 参见黄京平：《刑事司法人工智能的负面清单》，载《探索与争鸣》2017 年第 10 期。
〔2〕 参见王禄生：《司法大数据与人工智能技术应用的风险及伦理规制》，载《法商研究》2019年第 2 期。

后果。对于依法必须适用的刚性规定（如程序类的审限等），智能系统具有干预权限，在审限超期、程序异常的情况下可以自动冻结案件或通知管理人员，以实现个案精细化管理，规范法官的司法行为。

四是充分提示法官智能辅助的潜在风险。司法人工智能在为法官带来便利的同时，也将法官寻求判断依据的路径吸引到电子文本上，甚至简化为系统"出品"的证据审查意见或再犯风险报告，但实际上这些报告并不能反映案件事实的全貌，甚至不一定是客观公正的。罪犯矫正替代性制裁分析管理系统被美国司法部门用于嫌疑人再犯风险的评估，但对于该系统的独立测试却表明，黑人犯罪者比白人犯罪者更有可能获得较高的风险等级，并在法庭上得到更高的量刑。[1] 鉴于智能系统在研发和运行过程中可能被导入的不合理的价值主张，以及法官在智能辅助审判中的权力和责任，我们应当充分提示法官运用智能技术作为裁判支持所面临的潜在风险，并且明确智能系统的提示预警和评估报告不能作为定罪量刑的唯一标准，法官必须论证除了系统提示之外做出司法裁判的其他理由。在司法智能化的背景下，法官获取案件信息更加依赖于系统所给出的精简报告和"客观"数据，如诉讼参与人是否有良好的征信记录，是否有诉讼记录，其所处社会层级和社会地位等，并在此基础上"进一步地分析出各方当事人和解或撤诉的可能性，对争议标的的心理底线，上诉、申诉乃至上访的概率"。[2] 风险提示可以向法官灌输一种保持对智能系统准确性的普遍怀疑的理念，减少法官在司法人工智能中可能产生的心理依赖，并通过裁判论证促使法官运用法律推理、数据参考、价值判断等多种方法做出司法判断。

第四节　司法功能：数据驱动型纠纷预防

互联网、物联网、大数据、人工智能、区块链等智慧发展使得人类的

---

[1] 罪犯矫正替代性制裁分析管理系统的独立测试表明，黑人被评估出的再犯风险几乎是白人的两倍，但这其中实际上只有20%的人会继续犯罪。朱体正：《人工智能辅助刑事裁判的不确定性风险及其防范——美国威斯康星州诉卢米斯案的启示》，载《浙江社会科学》2018年第6期。

[2] 参见徐骏：《智慧法院的法理审思》，载《法学》2017年第3期。

经济关系、生活方式、思想观念等都发生了前所未有的深刻变革，从而"产生了更多选项、更多机会、更多关系、更高的多样性、更强的一致性、更多思维、更高层的美好，还有更多问题"[1]。就司法而言，双重空间所产生的纠纷的数量和复杂性都呈现几何式增长，社会信息化所带来的问题不仅涉及传统的司法专业知识在"互联网＋"时代的艰难应对，而且触及司法如何在社会变迁中维持其纠纷解决的能力。随着当今世界全球化、多极化、扁平化趋势愈加显著，社会交往的复杂性和不确定性急剧提升，随之而来的是不断增长的纠纷数量以及新兴技术引发的前沿性案件。如果仅仅关注事后规制和争议解决，某些局部事件或突发事件的风险效应可能会造成超于事件本身的社会后果。因此，法律系统正在逐渐取得更高的"学习属性"[2]，能在事前甚至即时性地进行反馈式规制，司法也应突破仅仅被理解为是一种事后救济手段的设定，通过数据、平台与司法活动参与者之间的互动，发挥纠纷预防作用，应对智慧社会的风险和变化。

一、纠纷预防的必要性和重要性

一直以来，纠纷解决都是司法的基本目标和功能。杨一平教授认为："在现代意义上，司法是指包括基本功能与法院相同的仲裁、调解、行政裁判、司法审查、国际审判等解纷机制在内，以法院为核心并以当事人的合意为基础和国家强制力为最后保障的，以纠纷解决为基本功能的一种法律活动。"[3] 芦部信喜也认为司法是"在当事人之间存在有关具体案件之纠纷的情形下，以当事人提起诉讼为前提，由独立的法院基于其统辖权，通过一定的诉讼程序，为解决纠纷，形成何者为法的判断，保障法的正确适用之作用"[4]。可见，司法总是在纠纷发生之后，且当事人愿意通过司

〔1〕 [美]凯文·凯利:《科技想要什么》，严丽娟译，电子工业出版社2016年版，第391、385页。
〔2〕 在以往，法律通过"深度不学习"的方式化约社会复杂性，稳定社会规范性预期。而在以人工智能为代表的认知性技术兴起之后，法律开始从"不学习"向机器学习转变，催生"小法律""实验法"等新型学习性法律。余成峰:《法律的"死亡":人工智能时代的法律功能危机》，载《华东政法大学学报》2018年第2期。
〔3〕 杨一平:《司法正义论》，法律出版社1999年版，第26页。
〔4〕 [日]芦部信喜:《宪法》（第三版），林来梵等译，北京大学出版社2006年版，第293、294页。

法途径解决纠纷的情况下才开始干预。在前信息时代，司法运作启动的被动性符合高度确定性的社会形态，反映的是当事人对纠纷解决的要求和司法运作的权威性基础。但是随着网络时代的来临，双重空间催生了多元的社会利益与社会需求，社会结构与社会关系的流动性成为这个时代的社会特征，事后的司法干预和救济在某些方面已经很难适应数字化的发展态势，预测、预防纠纷开始显现其重要价值。

一是破解传统纠纷解决机制的困境。一般来说，纠纷被认为要经过提出、归责、主张等几个发展阶段。首先，双方当事人提出纠纷，然后识别问题的来源，即归责，再到实际提出一项诉求，即主张。只有在"主张"阶段，才算真正提出了纠纷。但是在大数据时代，整个"提出、归责和主张"的过程得到了空前的加速和扩展。"很多纠纷往往蓄势待发，潜伏的时间越来越短。对纠纷的主观感觉和委屈之间的界限，或者委屈和纠纷之间的界限，变得更难确定。"[1] 在线传递的数据总量是如此巨大，管理这些数据的程序是如此复杂，以至于即使一个问题只影响很小一部分的在线活动，也将影响成千上万的人。针对美国老年人医疗保险数据的一项研究发现，"该数据库接近1190万条记录中，包含代码错误的记录接近321300条，占总记录的2.7%"。若这些记录被发送到公共医疗机构，将导致更大范围的全国性数据错误，这将对患者的医疗策略以及整体上的疾病防控分析产生巨大影响。可以看到，在社会信息化的进程中，纠纷预防将在大规模纠纷化解中占据越来越重要的位置，因为纠纷产生的原因、存在的形式都在发生巨大变化。

二是缓解司法资源不足的现实困境。随着经济生活、社会生活的日趋多元以及公民法律意识的提高，世界各国的诉讼案件数量都在呈现上升趋势。我国法院受理案件的数量每年增长约10%，仅2017年上半年全国法院受理案件数已达1400万件。[2] 与此同时，员额制改革后全国法院的法官数量减少40%，一线承办案件的法官承担着更大的办案压力。[3] 案多

[1]　[美]伊森·凯什、[以色列]奥娜·拉比诺维奇·艾尼：《数字正义——当纠纷解决遇见互联网科技》，赵蕾、赵精武、曹建峰译，法律出版社2019年版，第25页。
[2]　《2017年上半年全国法院审判执行工作态势新闻发布会》，载中华人民共和国最高人民法院网，http://www.court.gov.cn/fabu-xiangqing-54752.html，2018年7月25日访问。
[3]　林平：《最高法：全国法官人数少4成，今年上半年结案量同比升近1成》，载澎湃新闻，https://www.thepaper.cn/newsDetail_forward_1747748，2019年6月4日访问。

人少的情况长期存在将对司法公信产生不良影响。一方面，因工作负荷过重，法官无暇与当事人耐心沟通，精心打磨法律文书，甚至出现案件久拖不决的情况；另一方面，办案质效难以保证，当事人往往会质疑法官的业务能力和作风，影响对司法的信任。[1] 在资源有限的情况下，通过诉外纠纷化解弥补诉讼救济渠道的局限性是大势所趋。《最高人民法院关于建设一站式多元解纷机制一站式诉讼服务中心的意见》出台，强调人民法院要主动发挥职能作用，向前延伸触角，为非诉讼方式解决纠纷提供司法保障，充分发挥人民法庭贴近群众的优势，积极融入当地矛盾纠纷化解工作格局，服务乡村振兴战略实施，促进基层社会治理；加拿大不列颠哥伦比亚省民事审裁处的在线纠纷解决程序以及英国司法部门正在探索的"女王陛下在线法院"（Her Majesty's Online Court，HMOC）则通过审前的自动化协商工具促进当事双方进行自由磋商，协助当事人进行早期的纠纷解决。[2] 这意味着司法干预的方式正在从事后裁判向事中协助和调解转变，而诉讼预防将有助于在更为基础的层面缓解司法资源的紧张。

三是推动社会治理法治化。在西方漫长的权力变迁史中，存在以"治理"取代主权、规训等其他权力形式的倾向，这一稳定的变迁趋势派生出一系列的治理装置（govern-mental apparatus）及一整套与之有关的知识。从治理主体与治理技术来看，由于法律越出了它本来固有的领域，成为对整个社会进行治理的工具，法律的目的不仅仅是审判，还包括改造社会，科层制的法院组织系统本身即构成国家权力治理社会的装置。[3] 此外，法院系统本身也是具有充分能动性的显性治理主体，20世纪50年代以来，美国联邦法院开始通过个案裁判推进废除种族隔离、保护被告人刑事权利、堕胎正当化等涉及民权的公共政策；作为大陆法系国家的代表，德国的宪法法院也在通过其司法决策对德国社会和政治生活产生巨大影响。在治理法治化的语境中，法院不再仅是解决纠纷的机构，而是政治与社会改革的引领者。伴随着信息技术带来的经济结构、社会结构、利益结构的深

〔1〕 黄彩华：《无须诉讼的司法秩序——科技革命对纠纷解决模式的影响》，载《中山大学法律评论》第16卷第2辑。

〔2〕 俞锦峰：《三种方式推动一站式多元纠纷解决》，载《人民法院报》2019年8月26日，第2版；［美］伊森·凯什、［以色列］奥娜·拉比诺维奇·艾尼：《数字正义——当纠纷解决遇见互联网科技》，赵蕾、赵精武、曹建峰译，法律出版社2019年版，第236—238页。

〔3〕 鲁篱、凌潇：《论法院的非司法化社会治理》，载《现代法学》2014年第1期。

刻变化，我们正在经历规模宏大的、急剧的社会转型，这不仅容易导致法律自身在治理规则、治理范围和治理方式等方面发生巨大变化，而且会使法律在应对社会变化、治理社会矛盾、调处转型危机、维护转型秩序等方面遭遇在社会常态下无法比拟的难题与挑战。[1] 司法的重要性在于，它既是公民表达权利、实现正当利益的保障机制，也是动态社会秩序发展的促进和保障机制，而诉讼预防正是进行诉源治理的重要方式。

二、纠纷预防何以可能

传统上，法院诉讼程序涉及纠纷解决、法律解释以及填补法律漏洞。"当法院判决是清楚的，且渗透进公共领域时，潜在纠纷可能得到防止。"[2] 但是这种方法依靠人工对纠纷数据的分析，因而存在滞后性和不精确性。法律的目的之一就在于稳定社会规范性预期，法律通过传播期待什么、禁止什么、允许什么，以及以特定方式行事的后果是什么来引导和规范社会行为。从网络平台治理中，我们看到了大数据在纠纷预防中的应用潜力，通过对历年维权案例录音和文字的语义分析，梳理出上百个退款原因、不同类别商品纠纷比例，针对不同纠纷类型提供不同预防机制，从而实现纠纷总量降低、纠纷率下降、客户满意度提升、纠纷解决团队减员增效的四大目标。[3] 智慧社会的生产生活方式不只是带来更多的矛盾纠纷，也使得一种新的纠纷预防成为可能。通过大数据的收集、使用和反复利用，从争议源头上实现社会治理，由此我们可以防止纠纷再次产生，从而达到预防纠纷的目的。

首先，大数据为化解社会矛盾纠纷提供了新的方法。在大数据出现以前，社会调查研究一般是以社会学、人类学研究方法为基础的，也就是通过样本数据抽样调查，对事件的预防、发生过程和解决方案等进行定量和定性分析。比如，可以通过相关指标体系来"深描"个案中当事双方的行为逻辑，从微观角度记录整个纠纷案例的解决过程，并且在此基础上，通

〔1〕 杨建军：《通过司法的社会治理》，载《法学论坛》2014 年第 2 期。

〔2〕 ［美］伊森·凯什、［以色列］奥娜·拉比诺维奇·艾尼：《数字正义——当纠纷解决遇见互联网科技》，赵蕾、赵精武、曹建峰译，法律出版社 2019 年版，第 244 页。

〔3〕 龙飞：《从马云的大数据理念看大数据时代纠纷的预防与解决》，载新浪网，http://news.sina. com. cn/pl/2016 -10 -27/doc-ifxxfysn7850077. shtml，2019 年 11 月 26 日。

过法学的方法构建一个具有普遍意义的纠纷解决机制。[1] 然而,大数据的到来为我们开启了"全样本"时代。通过大规模的数据采集,我们几乎可以掌握和分析研究领域的"全部"信息,由此给社会学、法学和人类学研究提供了更为全面的视角。也就是说,研究者可以通过人工智能的深度学习对发生过的纠纷事件的全部样本进行分析,从而收集所有社会纠纷之所以发生、发展及其处理结果的全部信息,进而通过数据平台对所有信息进行归纳、总结和分析,发现各种相似纠纷发生的征兆和处理类似纠纷的方法。[2] 也正是在这个意义上,大数据技术可以做到防患于未然,为社会矛盾纠纷的预防和化解提供新的方法。

其次,从法律事实到客观事实的司法大数据。目前,我们的司法大数据大多是指从司法文书中所获得的案件信息,其中,法官所认定的法律事实及证据构成了司法大数据的主要内容。但是,这种大数据实际上经过了法官的"加工"和"整理",呈现出来的是法官认知中的事实与法律适用。在智慧社会中,更多的社会行为和活动将被计算机记录,包括个人的自然信息、交易记录以及全方面的人、财、物的流转信息。这些数据反映了可能发生的纠纷中的客观事实,这将使我们不再需要通过各种审查方法一一甄别证据的真实性和有效性,而这种转变将极大地减少由于隐藏证据或篡改证据引起的矛盾纠纷,起诉将变得不再必要。其实过去一直都存在对某些纠纷的预防活动,但人工分析具有局限性,专业人员不仅需要长期从事纠纷解决工作,还要对类型化纠纷的处理和制度十分熟悉,在个人经验的基础上才能进行识别。数据的直接收集和分析正在为顽固的社会问题提供更有效的解决方案,纠纷预防应当成为智慧社会司法运行的重要指向。

最后,司法平台成为社会治理的基础设施。司法活动的平台化将使纠纷解决的一切行为和当事人特征被自动记录,由此产生大规模的实时数据。这些数据是司法决策的战略资源,对其进行深度分析有望帮助我们发现新问题、新模式,以及预测案件趋势,为司法执法部门提出有针对性的决策建议。在这一思路下,"大数据"正在发展成为一种警务工具。一些国家的警务部门使用数据分析来绘制犯罪和社区数据的"热"图,以制定

---

[1] 王云飞:《标准化:大数据时代社会矛盾纠纷化解新途径》,载《人民法治》2018 年第 2 期。
[2] 王云飞:《标准化:大数据时代社会矛盾纠纷化解新途径》,载《人民法治》2018 年第 2 期。

预测性警务策略。地理空间技术的发展使得大数据技术的应用得到显著扩大，使视觉和分析目的绘制信息成为可能。一些国家的警务部门将预防和应对策略与支持其调查的直觉、观察以及减少和预防犯罪的经验的理论联系起来，以支持预测性警务策略的使用。预测性警务是对多个不同的数据源进行分析，通过了解现有数据的趋势和模式来预测和应对未来的犯罪。专注于这些趋势和模式，警察能够更有效地指向地点、嫌疑人类型、犯罪类型和其他独特的分析单位，减少不良偏见，使执法选择看起来更专业、更标准。因此，在数据化分析成为执法工作新趋势的背景下，警务部门试图使用预测模型来增强其专业性和客观性。[1] 数据记录和数据研究是纠纷预防活动的核心，它们基于纠纷预防过程中的质量控制和检测，以公平、公正、公允的方式进行运作。对纠纷预防的重视以及对纠纷预防观念的积极转变，可以显著扩大"接近正义"中的"接近"部分。[2]

三、数据驱动型纠纷预防运行机制

随着信息革命的到来，整个人类的生活已经发生了深刻的变革，我们把这样的时代叫"平台＋智能"时代。平台是指在各个细分领域出现的集成性的物联中心，这些"大平台"掌握了这个领域的"大数据"，并且以此为生产资料。人工智能则是在数据学习基础上的生产力形态。在工业时代，石油是最为明显的战略资源，具有不可再生性；在第四次科技革命之后，数据转而成为最为重要的战略资源，其特点在于可以反复利用，甚至可以在深度解析中实现价值增值。数据、平台、人工智能的出现不仅打破了传统工业时代的生产方式和权力格局，而且为我们开启了全新的社会治理的视角。随着智慧社会的到来，"基层空间双重性和共振性导致社会风险大幅升高，基层生活流动性和智慧化导致治理机制超载运行等问题日渐凸显"[3]，我们需要结合数字时代的技术优势和社会特性，建立数据驱动

---

〔1〕 Laura Myers, Allen Parrish & Alexis Williams, *Big Data and the Fourth Amendment: Reducing Overreliance on the Objectivity of Predictive Policing*, 231 (8) Federal Courts Law Review (2015).

〔2〕 ［美］伊森·凯什、［以色列］奥娜·拉比诺维奇·艾尼：《数字正义——当纠纷解决遇见互联网科技》，赵蕾、赵精武、曹建峰译，法律出版社2019年版，第76页。

〔3〕 马长山：《智慧社会的基层网格治理法治化》，载《清华法学》2019年第3期。

型纠纷预防运行机制，推动司法功能的社会转向。

一是搭建矛盾纠纷多元化解一体化平台，整合纠纷解决资源。我国部分地区已经开始通过建立"一站式"纠纷解决平台快速整合解纷资源，实现类型化的纠纷专业化处理。例如，浙江省杭州市余杭区人民法院打造的道路交通事故纠纷"网上数据一体化处理"平台，内设责任认定、理赔计算、在线调解、在线鉴定、在线诉讼、一键理赔等模块，打通公安部门、司法行政、保险监管、人民法院的数据壁垒，统一赔偿标准，实现报警、接警、责任认定、鉴定、调解、开庭、判决、理赔等事项的网上一体化处理；四川省成都市中级人民法院推出的"和合智解"e调解平台，会集了专家学者、律师、公证员、陪审员、退休法官、调解员等在内的社会调解力量，通过建立"七大机制"——裁判规则导引、纠纷案例学习、调解资源整合、远程视频调解、诉调对接、调解员准入、经费保障，为当事人提供经济、方便、快捷、高效的纠纷解决渠道。[1]

上述纠纷解决平台在一定程度上打破了地区内各部门之间的数据壁垒，但是覆盖人群和案件受理范围仍然具有较大局限。当今社会的人口流动速度越来越频繁和资源流动速度越来越频繁，我们需要在更为广阔的空间进行探索，为纠纷解决及纠纷预防的数据收集奠定基础。比如，逐步建立省级、国家级的矛盾纠纷化解一体化平台，促进全国纠纷解决资源的整合，实现各类纠纷解决资源效用的最大化；将司法系统内部的在线法院与司法系统以外的在线纠纷解决平台进行对接，解决当前行政机关、司法机关、调解组织、仲裁机构等各自为战、缺乏信息共享和有效衔接的问题，发挥互联网互联互通的优势；整合各个平台的案例资源、调解员资源，为社会公众提供一体化的在线纠纷解决服务。[2]

二是建立统一管理的纠纷数据库，通过数据分析掌握纠纷产生的趋势和动向。数据记录和数据研究是纠纷预防活动的核心。纠纷解决过程中的质量控制和监测有助于发现矛盾源头，推动社会治理。首先，依托矛盾纠纷多元化解一体化平台，建立统一管理的数据库，最大限度地掌握纠纷解

---

〔1〕 参见刘畅：《京津冀地区纠纷解决机制的司法流程再造——以诉源治理推进纠纷"一站式"多元解决为视角》，载《天津法学》2019年第4期。

〔2〕 参见龙飞：《大数据时代纠纷解决模式之变革》，载《人民法院报》2016年11月2日，第8版。

决过程中的数据信息，如纠纷案例数据、纠纷类别数据、解纷人员数据、解纷过程数据、诉调对接数据、用户反馈数据、用户行为数据和平台运行数据等；而后，充分运用大数据分析和挖掘技术，对纠纷化解平台中的案件情况进行实时评估，特别是对解纷典型案例、用户反馈信息、解纷工作成效等进行深入挖掘分析；最后，在数据分析的基础上，把握纠纷化解平台运行的热点问题和用户需求，对矛盾纠纷的整体情况和发展趋势进行分析预测，为司法决策提供真实的数据参考。[1]

三是利用智能技术识别纠纷模式，预测纠纷产生的情况，预先对问题采取补救措施。我们常说，要在悬崖顶上设置栏杆，而不是在悬崖底下停放救护车。传统型审判管理是在案件发生后提出解决措施，可以集中智慧解决当前审判面临的问题，但是对类案缺乏预测，前瞻性不足。[2] 而且以往"据统计"三个字是建立在法院系统从最基层到最高层，层层报送的统计报表上的，一些重要数据汇总需要很长时间。[3] 对争议发生频繁的区域、领域或人群，只有在纠纷萌芽状态进行干预，才能减少纠纷产生。基于大数据的智能技术应用于平台化的司法管理，并通过社会学的定量和定性分析发现纠纷及司法矛盾产生的症结，将有助于大幅提升审判质效。上海市高级人民法院依托上海法院大数据信息系统，整合全市法院司法资源、高校研究机构成立了全国首家升级法院司法智库。智能系统不仅实现了数据报表即刻生成，而且关注的样本源从微观转为宏观，数据收集对象转为动态数据、系统化数据，这样可以及时发现并解决法院治理过程中存在的倾向性、苗头性问题。大规模数据标注之后，人工智能可以通过推送类似案件的审判结果，以至实现案件预测全覆盖，即"通过构建一系列智能导诉系统，提供专业化的案件预测、诉讼引导，帮助诉讼参与人做出理性的预判"，从而降低诉讼成本，纾解因沟通不畅而导致的司法矛盾。[4] 因而，智能技术的深度应用是推动数据驱动型纠纷预防机制运行的重要力量。

---

〔1〕 参见龙飞：《大数据时代纠纷解决模式之变革》，载《人民法院报》2016 年 11 月 2 日，第 8 版。

〔2〕 参见高一飞、高建：《智慧法院的审判管理改革》，载《法律适用》2018 年第 1 期。

〔3〕 参见蔡立东：《智慧法院建设：实施原则与制度支撑》，载《中国应用法学》2017 年第 2 期。

〔4〕 邓恒：《人工智能技术运用与司法创新》，载《人民法院报》2017 年 12 月 14 日，第 2 版。

探索中国特色的智慧司法模式

本书主要从法治范式变革的视角研究司法的范式转换问题。笔者认为，因应智慧社会网络化、信息化、智能化的社会逻辑，司法系统将发生面向智慧司法的范式转型。

随着机器学习的革新与发展，人工智能技术的应用已经不再局限于计算机领域，而是与云计算、云服务结合起来，在商业交易、资源供给、电子政务等多方面回顾数据以预测需求。伴随着互联网的普及、云计算能力的大幅提高，人类开始进入大数据与人工智能的时代。在这里，人们的行为被全时段、无差别地记录，深度学习算法通过大数据洞察和解析人们的行为规律，数据和算法构成了社会结构的基础。这不仅促成了经济发展模式的转变，而且通过技术植入的方式推动了国家治理方式与法治建设的转型。在司法领域，智能辅助审判系统、网络诉讼平台正在越来越多的司法案件中深度参与审理和裁判。通过知识图谱、深度算法等应用，人工智能构建证据模型、量刑模型，探索可解释的类案推送，为司法裁判提供全方位的智力支持；实体性规则和程序性规则被转化为计算机化的表达形式，以自动化或半自动化的方式影响决策；司法运作的场域也逐渐从"剧场式"的物理空间结构转向场景化的多维立体空间。在司法实践中，面向后现代的转向正在发生，关于司法范式的理论也必须在社会变化和法治创新中进行调整，以应对智慧社会的挑战。

对于当下中国而言，司法转型的需求尤为迫切。原因在于：其一，急剧的社会转型带来的司法供需矛盾。今天的中国实际上兼具多种社会形态，我们刚刚摆脱了农业社会，进入工业化的发展阶段，但同时一条腿已经迈入后工业化的信息社会中。伴随社会急剧转型以及由此带来的社会结构的进一步开放，人们的生活方式与价值观念日益多元化。这不仅带来了社会纠纷数量的骤然增加，而且要求司法部门在快速变化的现实社会中提供多元化、便捷化的司法产品和司法服务。其二，智能互联网时代的新型法权要求。随着互联网和智能手机的普及，2017 年中国网民已达 7.51 亿，中国一跃成为网络规模和用户全球第一的"网络大国"。[1] 网络与数据的交融发展塑造了以数据和算法为基础的新型法权关系，先前主要回应工商业社会问题的司法逻辑与司法方法显得力不从心，因而中国司法需要技术背景下的跨越式转型以回应社会需求。其三，新时代中国特色社会主义法治建设的内在要求。党的十八届四中全会提出建设中国特色社会主义法治体系的目标，中国法治的时代使命就是要最大限度地聚合创新发展的法治动能，加快构建推动创新发展的法治体系。[2] 这意味着我们要将信息化、数据化和智能化作为推动中国法治建设高速发展的手段，因而以算法监督司法、以技术促进公平正义的智慧司法就成为新时代中国特色社会主义法治建设的必然要求。

可以说，当代中国的社会发展与法治实践都在呼唤面向智慧社会的司法转型。在这样一种状况下，我们不应当重蹈司法范式演变的西方化道路，而是要立足于中国问题以及后信息化社会的时代特征，探索中国特色的智慧司法模式。

一是自主性的司法文明建设。从清朝末年仿照西方三权分立建制修律，到新中国成立后大量借鉴苏联的法律制度甚至法学术语，两次工业革命的滞后不仅让我们在经济上处于世界产业链的末端，而且在法律制度建构中步步落后，不得不通过移植政治法律制度以达到快速现代化转型的目的。而互联网信息技术和人工智能所引发的新一轮产业革命，让中国又一次有机会与发达国家站在同一起跑线上。全新的技术手段赋予我们追求司法愿景的想象和动力，也让我们有机会打造一个真正适用于中国现代司法文明的运行模式。因此，司法转型不仅要着力解决社会转型期"案多人少"和"同案不同判"的中国问题，还要迈向在线程序和大数据基础上的"数字正义"。一方面，要发挥算法在数据分析和建模辅助决策方面的能力，在立案、庭审和制作司法文书等环节帮助法官提高办案效率，促进司法审判的标准化和规范化；另一方面，要通过场景化的司法运作扩大公众接近正义的途径，提高司法供给能力。

二是反思性的司法模式创新。无论是中国传统的"德""礼"兼治，

---

〔1〕 《中国不仅网民规模世界第一 还有一项也是全球首位》，载中国网，http：//news. china. com. cn/world/2017 -12/05/content_ 41966837. htm，2020 年 4 月 1 日访问。
〔2〕 公丕祥：《经济新常态下供给侧改革的法治逻辑》，载《法学》2016 年第 7 期。

还是西方思想中的自然理性，都表达了人类对于公平正义的永恒追求。然而，近年来频繁出现的冤假错案难免让民众对司法公正产生质疑。最高人民法院发布的白皮书显示，2013—2016 年，全国法院纠正重大冤假错案 34 起，受理国家赔偿案件 16889 件，赔偿总额近 7 亿元。[1] 其中的"聂树斌案""呼格吉勒图案""张氏叔侄案"引起巨大社会反响。纵观近年来的错案，其形成的主要原因就是非法证据的存在、对证据的审查疏漏以及办案人员的个体差异性。[2] 因此，我们应当探索全程留痕、动态监督、实时智能化预警的人工智能辅助司法裁判，从技术上减少人为因素在司法裁量中的过度任意，让算法监督司法，确保"无罪的人不受刑事追责，有罪的人受到公正惩罚"。当然，我们也必须意识到，人工智能存在自身难以逾越的局限性，在司法领域的应用中可能存在着潜在风险，比如智能辅助审判系统运行过程中概率预测的不准确性、数据库人工标注中的隐含价值预设以及计算机思维与法律语言的张力。[3] 作为人类高度理性化的产物，计算机也不能完美地达成其控制者的所有愿望。因此，我们还需要在智慧法治的框架内把握数据利用的尺度，以谨慎乐观的态度对审判理念、技术伦理等进行策略上的分析和探索，促进司法系统信息化、智能化转型。

随着社会信息化、智能化的加深，以及智慧法院建设的深入展开，有关智慧司法的实践样态将更加清晰，对于智慧法治语境下司法问题的讨论也将日趋现实化或有针对性。这也就意味着，本书对于智慧社会的司法范式的探讨，仅仅是一个起点，而非终点。

---

〔1〕 参见中华人民共和国最高人民法院：《中国法院的司法改革（2013—2016）》，人民法院出版社 2017 年版，第 14—19 页。

〔2〕 参见余东明：《上海应用"人工智能"办案防范冤假错案 全国首个"智能辅助办案系统"问世》，载《法制日报》2017 年 7 月 11 日，第 1 版。

〔3〕 参见师奕男：《智能司法的潜在风险及其应对策略》，载《学术交流》2020 年第 1 期。

参考文献

一、著作类：

［1］信春鹰、李林主编：《依法治国与司法改革》，中国法制出版社 1999 年版。

［2］黄竹胜：《司法权新探》，广西师范大学出版社 2003 年版。

［3］程春明：《司法权及其配置：理论语境、中英法式样及国际趋势》，中国法制出版社 2009 年版。

［4］汪习根：《司法权论——当代中国司法权运行的目标模式、方法与技巧》，武汉大学出版社 2006 年版。

［5］孙万胜：《司法权的法理之维》，法律出版社 2002 年版。

［6］胡夏冰：《司法权：性质与构成的分析》，人民法院出版社 2003 年版。

［7］宋冰编：《读本：美国与德国的司法制度及司法程序》，中国法制出版社 1998 年版。

［8］徐昕主编：《司法·第四辑：司法的历史之维》，厦门大学出版社 2009 年版。

［9］马长山：《国家、市民社会与法治》，商务印书馆 2002 年版。

［10］朱苏力：《法治及其本土资源》，中国政法大学出版社 2015 年版。

［11］崔亚东：《人工智能与司法现代化》，上海人民出版社 2019 年版。

［12］韩德明：《司法现代性及其超越》，人民出版社 2011 年版。

［13］［德］马克斯·韦伯：《经济与社会》（上卷），林荣远译，商务印书馆 1997 年版。

［14］［美］哈罗德·J.伯尔曼：《法律与革命》，贺卫方等译，法律出版社 2008 年版。

［15］［美］昂格尔：《现代社会中的法律》，吴玉章、周汉华译，译林出版社 2001 年版。

［16］［德］黑格尔：《法哲学原理》，商务印书馆 2010 年版。

［17］［美］罗斯科·庞德：《通过法律的社会控制》，沈宗灵译，商务印书馆 2010

年版。

　　［18］［美］克里斯托弗·沃尔夫：《司法能动主义——自由的保障还是安全的威胁》，黄金荣译，中国政法大学出版社 2004 年版。

　　［19］［英］韦恩·莫里森：《法理学：从古希腊到后现代》，李桂林等译，武汉大学出版社 2003 年版。

　　［20］［美］诺内特、塞尔兹尼克：《转变中的法律与社会：迈向回应型法》，张志铭译，中国政法大学出版社 1994 年版。

　　［21］［美］罗伯特·斯考伯、谢尔·伊斯雷尔：《即将到来的场景时代》，赵乾坤、周宝曜译，北京联合出版公司 2014 年版。

　　［22］［美］伊森·凯什、［以色列］奥娜·拉比诺维奇·艾尼：《数字正义——当纠纷解决遇见互联网科技》，赵蕾、赵精武、曹建峰译，法律出版社 2019 年版。

　　［23］［美］罗纳德·德沃金：《认真对待权利》，信春鹰、吴玉章译，中国大白科全书出版社 1998 年版。

　　［24］［美］杰弗里·罗森：《最民主的部门：美国最高法院的贡献》，胡晓进译，中国政法大学出版社 2013 年版。

　　［25］［美］欧文·费斯：《如法所能》，中国政法大学出版社 2008 年版。

　　［26］［以色列］尤瓦尔·赫拉利：《人类简史》，林俊宏译，中信出版集团 2017 年版。

　　［27］［以色列］尤瓦尔·赫拉利：《未来简史》，林俊宏译，中信出版集团 2017 年版。

　　［28］［美］卢克·多梅尔：《算法时代：新经济的新引擎》，胡小锐等译，中信出版集团 2016 年版。

　　［29］［美］尼尔斯·尼尔森：《理解信念：人工智能的科学理解》，王飞跃、赵学亮译，机械工业出版社 2016 年版。

　　［30］［美］本杰明·卡多佐：《司法过程的性质》，苏力译，商务印书馆 1997 年版。

　　［31］［德］哈贝马斯：《在事实与规范之间：关于法律与民主法治国的商谈理论》，童世骏译，生活·读书·新知三联书店 2003 年版。

　　［32］［美］米尔伊安·R. 达玛什卡：《司法和国家权力的多种面孔》，郑戈译，中国政法大学出版社 2015 年版。

　　［33］［美］劳伦斯·莱斯格：《代码 2.0：网络空间中的法律》，李旭等译，清华大学出版社 2009 年版。

　　［34］［法］让-弗朗索瓦·利奥塔尔：《后现代状态：关于知识的报告》，车槿山译，南京大学出版社 2011 年版。

［35］［美］曼纽尔·卡斯特：《认同的力量》，曹荣湘译，社会科学文献出版社2006年版。

［36］［美］霍姆斯：《法律的生命在于经验——霍姆斯法学文集》，明辉译，清华大学出版社2007年版。

［37］［美］杰罗姆·弗兰克：《初审法院——美国司法中的神话与现实》，赵承寿译，中国政法大学出版社2013年版。

［38］［法］孟德斯鸠：《论法的精神》（上册），张雁深译，商务印书馆1997年版。

二、论文类：

［1］季卫东：《人工智能时代的司法权之变》，载《东方法学》2018年第1期。

［2］马长山：《新一轮司法改革的可能与限度》，载《政法论坛》2015年第5期。

［3］徐骏：《智慧法院的法理审思》，载《法学》2017年第3期。

［4］舒国滢：《从司法的广场化到司法的剧场化——一个符号学的视角》，载《政法论坛》1999年第3期。

［5］高志刚：《回应型司法制度的现实演进与理性构建——一个实践合理性的分析》，载《法律科学》2013年第4期。

［6］贺日开：《司法改革：从权力走向权威——兼谈对司法本质的认识》，载《法律科学》1999年第4期。

［7］葛洪义：《司法权的"中国"问题》，载《法律科学》2008年第1期。

［8］胡云腾、袁春湘：《转型中的司法改革与改革中的司法转型》，载《法律科学》2009年第3期。

［9］沈德咏等：《国家治理视野下的中国司法权构建》，载《中国社会科学》2015年第3期。

［10］冯姣、胡铭：《智慧司法：实现司法公正的新路径及其局限》，载《浙江社会科学》2018年第6期。

［11］郑旭江：《互联网法院建设对民事诉讼制度的挑战及应对》，载《法律适用》2018年第3期。

［12］肖建国、庄诗岳：《论互联网法院涉网案件地域管辖规则的构建》，载《法律适用》2018年第3期。

［13］周翠：《互联网法院建设及前景展望》，载《法律适用》2018年第3期。

［14］李桂林：《司法能动主义及其实行条件——基于美国司法能动主义的考察》，载《华东政法大学学报》2010年第1期。

［15］刘艳红：《论刑法的网络空间效力》，载《中国法学》2018 年第 3 期。

［16］王婧：《论 14 世纪至 19 世纪英国上议院司法权的变迁》，载《政治与法律》2011 年第 2 期。

［17］林来梵、刘练军：《论宪法政制中的司法权——从孟德斯鸠的一个古典论断说开去》，载《福建师范大学学报》（哲学社会科学版）2007 年第 2 期。

［18］钱大军：《司法人工智能的中国进程：功能替代与结构强化》，载《法学评论》2018 年第 5 期。

［19］黄京平：《刑事司法人工智能的负面清单》，载《探索与争鸣》2017 年第 10 期。

［20］郑戈：《算法的法律与法律的算法》，载《中国法律评论》2018 年第 2 期。

［21］芦露：《中国的法院信息化：数据、技术与管理》，载《法律和社会科学》2016 年第 2 期。

［22］余成峰：《法律的"死亡"：人工智能时代的法律功能危机》，载《华东政法大学学报》2018 年第 2 期。

［23］吴习彧：《司法裁判人工智能化的可能性及问题》，载《浙江社会科学》2017 年第 4 期。

［24］段厚省：《远程审判的双重张力》，载《东方法学》2019 年第 4 期。

［25］余盛峰：《全球信息化秩序下的法律革命》，载《环球法律评论》2013 年第 5 期。

［26］马长山：《智能互联网时代的法律变革》，载《法学研究》2018 年第 4 期。

［27］罗洪洋、陈雷：《智慧法治的概念证成及形态定位》，载《政法论丛》2019 年第 4 期。

［28］雷磊：《中国特色社会主义智慧法治建设论纲》，载《中共中央党校（国家行政学院）学报》2020 年第 1 期。

［29］葛翔：《司法实践中人工智能运用的现实与前瞻——以上海法院行政案件智能辅助办案系统为参照》，载《华东政法大学学报》2018 年第 5 期。

［30］周尚君、伍茜：《人工智能司法决策的可能与限度》，载《华东政法大学学报》2019 年第 1 期。

［31］朱体正：《人工智能辅助刑事裁判的不确定性风险及其防范——美国威斯康星州诉卢米斯案的启示》，载《浙江社会科学》2018 年第 6 期。

［32］朱彬彬、祝兴栋：《类案推送的精细化：问题、成因与改进——以刑事类案推送为例》，载《法律适用》2018 年第 20 期。

［33］王禄生：《大数据与人工智能司法应用的话语冲突及其理论解读》，载《法学论坛》2018 年第 5 期。

〔34〕黄彩华：《无须诉讼的司法秩序——科技革命对纠纷解决模式的影响》，载《中山大学法律评论》2018 年第 2 期。

〔35〕周佑勇：《智能技术驱动下的诉讼服务问题及其应对之策》，载《东方法学》2019 年第 5 期。

〔36〕李晗：《回应社会，法律变革的飞跃：从压制迈向回应——评〈转变中的法律与社会：迈向回应型法〉》，载《政法论坛》2018 年第 3 期。

〔37〕刘少杰：《网络化时代的社会结构变迁》，载《学术月刊》2012 年第 10 期。

〔38〕陈鹏：《人机关系的哲学反思》，载《哲学分析》2017 年第 5 期。

〔39〕〔德〕图依布纳：《现代法中的实质要素和反思要素》，矫波译，强世功校，载《北大法律评论》1999 年第 2 卷，第 2 辑。

〔40〕〔英〕布里格斯勋爵：《生产正义方式以及实现正义途径之变革——英国在线法院的设计理念、受理范围以及基本程序》，赵蕾编译，载《中国应用法学》2017 年第 2 期。

〔41〕Marius J. Duker, Giovanni Sartor & Karl Branting, *Judicial Applications of Artificial Intelligence*, 14（3）International Review of Law, Computers & Technology 411（2000）.

〔42〕Ryan Calo, *Artificial Intelligence Policy：A Primer and Roadmap*, 51（2）University of California Davis Law Review 399（2017）.

〔43〕Benoit A. Aubert, Gilbert Babin and Hamza Aqallal, *Providing an Architecture Framework for Cyberjustice*, 3（4）Laws 721（2014）.

〔44〕Philipp Kastner, *Transitional Justice + Cyberjustice = Justice2?*, 30（3）Leiden Journal of International Law 753（2017）.

〔45〕Doron Menashe, *A Critical Analysis of the Online Court*, 39（4）University of Pennsylvania Journal of International Law 921（2018）.

〔46〕Peter Jackson, Khalid Al–Kofahi, Alex Tyrrell, Arun Vachher, *Information extraction from case law and retrieval of prior cases*, 150（1）Artificial Intelligence 239（2003）.

〔47〕M. Ethan Katsh, *Dispute Resolution in Cyberspace*, 28（4）Connecticut Law Review 953（1996）.

〔48〕de Laat, P. B. , *Emerging roles for third parties in cyberspace*, 3（4）Ethics and Information Technology 267（2001）.